浙江中医临床名家

总主编　方剑乔

王坤根

智屹惠　主编

科学出版社

北京

内 容 简 介

本书是"浙江中医临床名家"丛书之一，介绍了浙江名医王坤根。王坤根教授是首届全国名中医，浙江省国医名师，王坤根全国名老中医药专家传承工作室指导老师，第四、五、六批全国老中医药专家学术经验继承工作指导老师，国家中医药管理局"十一五"重点学科中医脾胃病学、"十二五"重点学科治未病学学术带头人，"十二五"重点专科重症医学顾问，国家中医药管理局血液病联盟指导专家。全书内容共分六章：中医萌芽、名师指引、声名鹊起、高超医术、学术成就、桃李天下。全书回顾了王坤根教授的从医经历、成才之路及为浙江中医药事业所做出的贡献，重点介绍了他的"辨证与辨病相结合""脾胃分治、五脏共调"等学术观点，结合具体病例展现了他从五脏、气血、阴阳调治临床各科疾病，尤其是消化、心血管、老年和肿瘤等疾病的学术经验和成就。

本书可供中医临床、科研人员及在校学生阅读使用，也可供中医爱好者参考。

图书在版编目（CIP）数据

浙江中医临床名家·王坤根 / 方剑乔总主编；智屹惠主编.—北京：科学出版社，2019.8

ISBN 978-7-03-062122-1

Ⅰ.①浙… Ⅱ.①方… ②智… Ⅲ.①王坤根-生平事迹 ②中医临床-经验-中国-现代 Ⅳ.①K826.2 ②R249.7

中国版本图书馆CIP数据核字（2019）第179767号

责任编辑：郭海燕 刘 亚 /责任校对：王晓茜
责任印制：徐晓晨 /封面设计：黄华斌

科学出版社 出版
北京东黄城根北街 16 号
邮政编码：100717
http://www.sciencep.com

北京捷迅佳彩印刷有限公司 印刷
科学出版社发行 各地新华书店经销

*

2019 年 8 月第 一 版 开本：720×1000 B5
2019 年 8 月第一次印刷 印张：14 1/4 插页：2
字数：233 000

定价：68.00 元
（如有印装质量问题，我社负责调换）

全国名中医王坤根教授

2017年在北京参加第三届国医大师暨首届全国名中医表彰大会

（左起：王坤根、王永钧、葛琳仪、范永生）

王坤根为患者讲解病情

2019年王坤根团队成员合影

浙江中医临床名家

丛书编委会

浙江中医临床名家·王坤根

编 委 会

总　序

　　中华医药，博大精深，源远流长。灵兰秘典，阴阳应象，穷万物造化之妙；《金匮》真言，药石施用，极疴疾辨治之方。诚夷夏百姓之瑰宝，中华文明之荣光。

　　浙派中医，守正出新，名家纷扬。丹溪景岳，《格致》《类经》，释阴阳虚实之论；桐山葛岭，《采药》《肘后》，载吴越岐黄之央。固钟灵毓秀之胜地，至道徽音之华章。

　　浙中医大，创业惟艰，持志以亢。忆保俶山下，庠序进修，克艰启幪；贴沙河干，省立学府，历难扬帆；钱塘江畔，名更大学，梦圆字响。望滨文南北，富春秋冬，三区鼎足，一校华光；惟天惟时，其命维新，一德以持，六艺互襄；部省共建，重校启航，黾勉奋发，踵武增华。

　　甲子校庆，名医辈出，几代芳华。值此浙江中医药大学建校六十周年之际，特辑撰"浙江中医临床名家"丛书，以五十二位浙江中医药大学及直属附属医院名医为体，以中医萌芽、名师指引、声名鹊起、高超医术、学术成就、桃李天下为纲，叙名家成长成才之历程，探名家学术经验之幽微，期有益于同仁之鉴法、德艺之精进。

时己亥初夏

目　　录

第一章

中 医 萌 芽

第一节　耳濡目染初结缘

浙江西北部富春江畔有一座小城——桐庐，历史悠久，人杰地灵，享有"钟灵毓秀之地、潇洒文明之邦"的美誉。

桐庐自然风光旖旎、气候温和、草木资源丰富，相传华夏中药的鼻祖桐君老人曾在这里采药结庐，因此得名"桐庐"。据称桐君是最早有记载的中药学家，《桐君采药录》即是他所著，经过几千年的传说，桐君老人成为中医药理论的奠基人之一。桐庐人为了纪念他，在桐君山上建造了桐君祠。这座祠堂几经损毁又几经修复，仍然保留着最初的印记，彰显着桐庐与中医药文化的不解之缘，而时至今日，桐庐的中医文化氛围也依旧浓厚。

1945 年金秋，王坤根出生在萧山所前镇传芳村的一户农耕人家。他在童年漂泊不定，因着谋生的需要，两岁时随父母迁居桐庐高翔，5 岁时沿分水江而下，来到桐庐城关镇，10 岁时又随父母顺富春江而下迁居到了离桐庐十里之隔的杨家坞，20 世纪 60 年代中期才又返回城关。

在王坤根两岁这一年，发生了一个事故。那时他们刚搬到高翔，租住在一户农家。那天，隔壁人家正在造房子上楼板，爷爷领着小王坤根去看热闹，在二楼看工人铺钉时，顽皮的小王坤根一不留神从近 3m 高的楼板缝中跌下，直坠于地。这次意外他差点丢掉性命，每当王坤根提起自己过去的时候，总是会说那一次大难不死多亏了一位乡下郎中的诊治。

在今人的想法中，一旦发生意外事故需要紧急处理、救治，第一反应就是寻求西医的帮助。确实，随着现代医学与科技的发展，西医的各种抢救器械、药品和手段不断完善，与中医相比，在急救上确实有着比较大的优势。但是

70 年前的桐庐，西医力量是非常薄弱的。

据有关资料记载，在 20 世纪 20 年代桐庐曾有人创立桐江医院，这是民营西医医院的发端，但三年后即停业。其后陆续有同仁、仁爱、大华等民营西医医院建立，规模皆甚小，且建院不久即告歇业。这些西医医院无法持久的原因当然很复杂，但其中一个重要原因就是当时农村的老百姓经济能力有限，不能负担昂贵的西医西药。抗战时期创立了桐庐县卫生院，1949 年 5 月人民政府接管时，只有 9 名工作人员，4 张简易病床，医疗设备更是十分简陋。县城尚且如此，下属的各个乡镇、村庄就更不用说了。从个体行医的人数来看，1949 年整个桐庐地区登记在册的个体行医人员大约只有 123 人，主要都是中医药人员。当时这样薄弱的西医医疗条件，是不能承担起维护广大人民群众生命健康任务的。作为桐君结庐采药之地，桐庐当时的中医中药发展显然优于西医。到 1949 年，桐庐城乡地区共有西药店 9 家，而中药店有 101 家，遍及大村小镇，星罗棋布，其中城关镇上就有中药店 5 家。一般中药店里都有郎中坐堂，有些中药店就是郎中自己开设。50 年代较有名的有康寿堂、太和堂、延寿堂、陈大生号等，药材道地，深受广大人民群众信赖。自古医药不分家，中药的发展尚且如此，中医在桐庐的发展就更不用说了。因此在那个年代的中国，对于一个相对封闭的小城市，特别是乡镇、农村来说，中医中药是老百姓赖以救死扶伤的中坚力量。

这也就不难理解为什么年仅两岁的王坤根从二楼不慎摔下之后，他的父母在担心和着急之际，首先想到的是中医了。当时的小王坤根口鼻流血，左耳撕裂了半边，早已人事不知。闻讯赶来的父母同爷爷一起小心将他抱回家中，安置在床上。不敢搬动已经昏厥过去的孩子，于是母亲留在家里负责照看，父亲在乡邻的指点下同爷爷一起赶紧去延请附近一位颇有名望的郎中来家里救人。郎中一听是个两岁的小伢儿从高处摔落，情况非常紧急，于是二话不说，背上药箱跟着王坤根的家人赶到王家。小王坤根昏迷在床，呼吸急促，偶尔呻吟一声，郎中见状，立即对围在床边的家人说："你们家里还有没有 5 岁以下的男伢儿？没有的话赶紧去附近邻居家找一个过来，然后再准备一盏热黄酒备用。"黄酒不是稀罕物事，几乎家家都有，乡里人丁兴旺，小伢儿也多，焦急的家人很快找来一个小男孩，热腾腾的黄酒也已准备好了，这郎中却丝毫没有动笔开方的意思，孩子病情这么重，等不起啊！王坤根的父母硬着头皮催促郎中："先生，您看是不是赶紧先开个方子呀？""不用啥方子，药都现成的，再给我一个汤碗。"

　　郎中把碗递给找来的那个男伢儿："来，伢儿往这个汤碗里撒尿。"这时候家里人明白了，原来是要灌童子尿啊！虽然浙江地区有些地方有吃童子蛋（就是用5岁以下小男孩的小便来煮鸡蛋）的习俗，据说有很好的预防保健、强身健体的功效，但是用童子尿来抢救这么严重的摔伤，这能行吗？

　　接童子尿也有讲究，郎中避过男伢儿头尾的尿，只取中间，然后从随身携带的藤药箱里取出了一包药粉，用药匙取了半匙，嘱咐小王坤根的妈妈用半勺热黄酒和童子尿调了药粉喂给小王坤根。

　　母亲拿着小勺，一点一点地把冒着热气的黄酒、童子尿和药粉喂进了昏迷的小王坤根嘴里，过了一会儿，孩子的呼吸没有之前急促了，但却依然昏迷不醒。父母急着央求郎中："先生，求你救救孩子，再给开一服中药，不管多少钱都行！"郎中起身道："不用了，这包三七粉留给你们，你们别嫌弃这药普通，坚持像这样用热黄酒和童子尿一起吃两天，如果不行就只有另请高明了。"

　　父母送走了郎中，虽然有心延请名医，奈何地处偏僻乡村，哪有什么名医可请呢？只有每天遵照郎中的嘱咐给王坤根服药。没想到，两天后，昏迷的小王坤根竟然睁开了眼睛。小孩子病得重好得也快，继续服用三七粉后小王坤根逐渐恢复了健康，什么后遗症也没留下，简单包扎的左耳也逐渐长好，居然没有留下什么疤痕。小小年纪的王坤根虽然经历了这一场磨难，但是有惊无险，在神奇的中医中药的帮助下，他的命就这样被救回来了，而且用药价格低廉。

　　直到后来王坤根有幸步入中医大门后，回过头来看这件事情，才慢慢了解其中的奥秘。

　　三七自不必说，《本草纲目拾遗》记载："人参补气第一，三七补血第一，味同而功亦等，故称人参三七，为中药之最珍贵者"，功能散瘀止血，消肿定痛。《本草纲目新编》言其："三七根，止血之神药也。无论上、中、下之血，凡有外越者，一味独用亦效"，三七的妙用，不仅在能止血，还能祛瘀生新，《玉楸药解》言其："三七能和营止血，通脉行瘀，行瘀血而敛新血。凡产后、经期、跌打、痈肿、疤痕，一切瘀血皆破；凡吐衄、崩漏、刀伤、箭伤，一切新血皆止"。对于小王坤根这样的跌扑损伤，以今人的经验来推断，不仅存在外伤出血，很有可能还存在颅脑损伤，如外伤性脑出血或者脑挫裂伤的可能，三七无疑是非常有效且合宜的一味主药。

　　救其命的另一大功臣——黄酒，是中药里很重要的辅料或"药引子"。《神

农本草经》中已有药材的"酒煮""酒浸"的记载，《本草纲目》二十五卷有"诸酒醇醨不同，唯米酒入药用"的记载。方剂中使用酒（如瓜蒌薤白白酒汤）或以酒与水共同煎煮药物（如炙甘草汤）的历史已很久远，《长沙药解》记载黄酒能："行经络而通痹塞，温血脉而散凝瘀"，《医林纂要·药性》言其可："散水和血行气"。中成药以酒为引者亦颇多，如薯蓣丸、肾气丸、侯氏黑散等。《汤液本草》云："酒能行诸经不止……为导引，可以通行一身之表，至极高分"。以温黄酒为引，除了能引药物直达病所、增强活血通络的作用外，还能祛除药物不良气味，有利于药物发挥疗效。

童便作为一种药材早就应用在中国古代的临床实践中了，而且效果非凡。关于童便的记述最早见于陶弘景的《本草经集注》："人溺，治寒热，头痛，温气，童男者尤良。"童便味咸性寒，其功效主要为二：一是滋阴降火，二是活血化瘀，一般用作药引，以增加药的疗效。童便具有与三七止血不留瘀相似的功效，《外科发挥》认为"童便不动脏腑，不伤气血，万无一失，军中多用此，屡试有验"。凡折伤跌扑，童便入少酒饮之，推陈致新，其功甚大。《傅青主女科》生化汤用黄酒、童便各半煎服，是以黄酒温散以助药力，童便益阴化瘀，并引败血下行。

医治王坤根的这位郎中虽身处僻壤，然深谙用药之道，以温热的黄酒、童便调服三七粉，其中三七止血祛瘀，黄酒、童便为引助力，复增其活血化瘀之功，这就是王坤根当时能从鬼门关被拉回来的关键之所在了。

古老的中医药，就这样用朴实而又原始的方法，保护着中华民族远离病痛困扰，在漫漫历史长河中为后人留下了无数的传奇故事，并且不断地延续和创造新的传奇。王坤根与中医的结缘也正是从这里开始的。

可能是因为两岁时的这段经历，与其他同龄的孩子相比，王坤根从小就对中医中药特别感兴趣。当时老百姓很多请不起郎中看不起病，就自己总结出了不少简、便、廉、验的治疗方法。在王坤根的记忆中，过年过节杀鸡时，母亲都会小心地将鸡肫皮从鸡肫内剥下，要注意鸡肫不能下水，否则就剥不下来了。剥下的鸡肫皮用清水洗净，晾干存放在贴灶神爷的灶壁壁龛中，这样放不会发霉变质。家中有人腹痛食积，便会取出放在灰火中煨熟，研细粉吞服，效果立竿见影。就连小王坤根偶有腹痛，都知道拉着妈妈去壁龛里取那黄黄小小的鸡肫皮。

家里有人感受风寒，头痛鼻塞，妈妈会在菜园子里拔一把葱白，篱笆边摘一把紫苏叶，再取生姜一块煎服，感冒很快就会好。邻里有人有小病伤风之类的，会互相用揪痧的方法治疗，简单点就用屈起的手指揪痧，复杂一点会用瓷勺沾上菜油刮痧。小王坤根就经常看着妈妈帮邻居阿姨揪痧或刮痧，这真是一个奇妙的过程，随着妈妈娴熟的动作，患者白皙的皮肤上逐渐出现暗红色的斑点，接着斑点融合成片，看着实在有点恐怖，小王坤根想，这该有多疼啊！可是原本头昏无力，周身不适，下不了地的阿姨，经过妈妈揪痧或刮痧后，立马感觉浑身轻松，又能扛起锄头下地劳作了，而且当小王坤根问她痛不痛时，阿姨会笑着告诉他一点儿也不疼。

碰上饮食起居不留神，出现腹泻时，不用急着请郎中。抓一小把酒药研碎放在锅里炒香后，加水煎汤服用，如果没有酒药，抓一把米放在锅里炒焦，再加水煎汤或直接用开水冲泡服用，腹泻大多可以治愈。焦米茶香香的，小王坤根挺爱喝，有时家里或邻里有人腹泻喝焦米茶时，他还会去蹭两口。春夏之季，最易感到疲乏无力，为这样的小毛病犯不着看郎中，老百姓们用采来的平地木跟红枣一起煎汤服用，条件好一点的采一点土黄芪，再杀一只鸡一起炖来吃，又美味又能消除疲劳。这就难怪小王坤根有时会装着跟妈妈说自己没力气了。妇人产后家里人也会到药店配生化汤，药店柜台上用来压纸条的板上记录了很多常见方，有十全大补汤之类，非常方便。最神奇的是中暑后胸腹疼痛，老百姓会煮一个鸡蛋，趁热剥下蛋白，跟乱发一撮、银戒指一枚、桃树叶七张一起放入小手帕中包紧，趁热在患者四肢、胸腹按摩，现在看来这简直不可思议，仿佛过去的"祝由"之术，但小王坤根确曾亲眼见过患者的胸腹疼痛得到缓解。

每当家里请郎中上门看病的时候，王坤根都会凑上前去，在边上静静地看着郎中给自己的家人看病：从问诊开始，到望舌，到摸脉，然后思考须臾，提笔写成一张处方，最后交代煎药和吃药、饮食起居的注意事项。一整套流程下来，简直行云流水，虽然当时并不知道这是在干什么，为什么要这么做，但是郎中耐心问病、细心开药，临走时还不忘嘱咐的温馨场景，至今还鲜明地留存在王坤根脑海中不曾淡去，并时刻提醒着他要对病人保持温和、耐心的态度。

逢到有小的病痛父母亲自己去诊所看病的时候，王坤根总爱跟着一块儿去。别看小王坤根平时在家里很是活泼好动，经常和邻居家的孩子一起疯玩，可是每次带他去诊所的时候，也许是因为诊所安静的氛围和中药独特的香味抚平了他内心的躁动，也许是老中医那聚精会神看病的神情、认真负责的态度触动了他，他都是安安静静待在一旁，就算在候诊的时候也不吵不闹。看

着一个个面带愁容的病人恭敬地进诊室坐下，经过医生的诊治后，又满怀希望地捧着一张药方走出诊室。那时的他觉得中医中药真神奇，可以给人带来美好的希望。

长大后的王坤根经常会想起当年跟着父母去中医诊所看病时的画面：一间小小的诊室里，有一张不大的桌子，桌上放着一些纸笔和几本书，还有一个脉枕，一位年长的老医师一边诊脉、一边询问病情，然后执笔处方，坐在桌边的病者和紧张地等待、陪同他的家人，以及几个候诊的病人，他们安静地看着前面一个病人满怀希望地离开。想着想着，鼻尖似乎又嗅到了隔壁针灸室里飘来艾叶的幽香。

那些年，中医联合诊所没有自己的药房，但是有名气的中药店很多，所以每次看完病拿到处方后，都要去中药店里抓药。对于年幼的王坤根而言，还无法窥见高高的柜台后面发生的事情，只觉得那是一个极具吸引力的神奇过程，就像变戏法一样：父母亲走到柜台前，把一张纸（处方单）递给太和堂的伙计，过了没多久，就拿到了一串纸包的"小枕头"，把其中一个小枕头打开后，里面还有很多更小的小枕头，虽然每次拿回来的小小枕头的数量会不太一样，少的时候有八九包，多的时候会有十二三包，但是把它们拆开倒进瓦罐里煮了之后，都会变成或黑或黄的苦汤水，更重要的是父母喝完了之后，病就差不多好了！小王坤根怎么也想不明白为什么一张薄薄的纸会变成一个个包着中药的小枕头，为什么那些苦汤水喝了病就好了。

于是有一次，在跟着父亲去太和堂的路上，王坤根提出了这两个问题，父亲说："这第一个问题到了药铺就可以让你知道。但是第二个问题嘛，就得去问问刚才给我看病的那个爷爷了，或者你以后要是有机会自己当医生了，也就能知道了。"王坤根听完后马上回应说："好呀好呀，爸爸，那我以后也要去当个医生，也要变这么神奇的戏法。那你先告诉我为什么一张纸会变成一串小枕头啊？""哈哈，好伢儿，等会到了太和堂，你自己看了就知道了。"

说着说着，爷俩就走到了太和堂门口。这是一座颇为古朴的建筑，药店面积不大，装修质朴简单，木质的大门上方挂着一个牌匾，上面写着"太和堂"三个金色的大字，阵阵浓郁的药香从门内飘散而出，被微风送向远方。门口的人们进进出出，进去时拿着药方，出来时就变成细麻绳串起来的药包，然后汇入熙熙攘攘的人群中不见踪迹，同时带走了缕缕药香。

爷俩走进了药店，药香更加浓郁了，父亲拉着他的小手，走到那个比他还高的长长的深褐色木质柜台前，父亲把药方递给柜台后的伙计，然后一弯腰，把他抱了起来，小王坤根终于能看到柜台后那一方神奇的天地了。只见柜台后面靠着三面墙的地方摆满了高高的木头柜子，比那些正在忙碌的伙计的个头还高，柜子顶上，放着一个个白底蓝花的瓷瓶，正面贴着白边红底的笺纸，上面用毛笔端端正正地写着字，后来王坤根才知道这里面一般放着蜜炙的药物及易霉变的药物，如炙甘草、炙冬花之类。柜子上嵌着一个个小抽屉，每个抽屉上面还贴着两个小小的白底红框的笺纸，上面也是端庄的小楷字。伙计们拿着一把戥子在这些柜子和抽屉间穿梭，拉开一个个抽屉，抓出一把把东西放到秤盘里称量。父亲告诉王坤根："这些都是药柜，那一个个小抽屉里装的都是中药材，上面的标签写的是每个抽屉里放的药材名字，我们到家里煮出来喝的那些苦汤水啊，就是用这些东西煮出来的。"

在离药柜不远的地方，还有一张大大的方桌，伙计们称好了中药就回到这张桌前，桌子上铺着大大小小的黄色的方纸，一张挨着一张，也有像扇子一样铺开放着的。王坤根看着那些伙计，把秤盘里的中药往小方纸上倒一点、称一下，然后再移到下一张小方纸上倒一点、再称一下，偶尔会再抓一点回来或者再倒一点到纸上，直到把药全部分完，然后把分好的药裹成一个个小枕头的样子，再放到一张大黄纸上，也包成一个枕头的样子，这样一味药算是抓好了，然后，继续下一味，直到这个方子里所有的药物都抓完，最后把那些大黄纸包叠起来用细麻绳一绑、一串，就拎着绳子把药给了在柜台外面的人。这一套动作在熟练的伙计做起来简直如同行云流水，让小王坤根看得眼花缭乱，眼睛都不舍得眨一下。伙计们虽然忙碌，但分工明确，接方的接方、抓药的抓药、审核的审核。很快父亲的药就抓好了，这次药味不多也不重，伙计含笑特意把药递给了这个一直在父亲怀中凝神观看的小伢儿，小王坤根抱着药包从父亲怀里挣扎下来，自己抱着回去了。

从那以后，每次跟着去药店抓药，他都要让父母亲抱着看那些伙计抓药，等到大了些，就自己扒着柜台踮起脚尖看后面那个熟悉却总感到神奇的一方天地。看得越多，他发现的新鲜有趣的东西就越多，有些中药配时需要再加工，如桃仁，伙计会用一把铜杵在杵罐中杵碎，声音清脆悦耳，紧凑连贯，后来王坤根才知道，之所以要临用之前加工是为了避免油性成分走失。后来王坤根又发现了让他更感兴趣的事，那就是看药工加工中药。一把药刀飞快地在技艺娴熟的药工手中拖动，草类和块根类的药材就成了均匀的饮片。最有趣的是炮甲片的制作过程，药工把穿山甲的鳞片放到烧烫的白砂中，鳞片很快就向内卷曲而膨胀，成为金黄色松脆的块状物，同时散发出淡淡的焦香味。

小王坤根看得目不转睛，常常恨太和堂的伙计手法太熟练，抓药的时间太短了。

回到家里，煎药也是让小王坤根备感兴趣的一件事情。他看着母亲把一包包黄色的小药包打开，倒进瓦罐里，放入冷水浸泡，这时他会跑开玩一会儿，但总牵记着，时时回去看一眼母亲有没有把瓦罐放在小炭炉上熬煮。有一次他催促母亲快点熬药，母亲笑着告诉他不要着急，煎药的事情可马虎不得，有规矩的，这药还要再泡一会儿，这让小王坤根觉得煎药真的是一件很神圣的事情。

浸泡之后，母亲会把瓦罐搁在专门用来煎药的小炭炉上，因为不能沾染上油烟气，因此不在做饭的大灶上煎药。这个小炭炉晴天搁在天井中，雨天移到屋檐下。母亲把包药的黄纸用水浸湿后封在瓦罐的罐口防止药的气味散发，而煎药的整个过程母亲是须臾不离的，关心着火候。药要趁热不烫嘴时服用，喝完药后会吃少量水果压一下，空碗倒放，人要到被窝里睡一会儿，以助药力。与现在很多人选择代煎药不同，过去的煎药服药都是极富仪式感的。

当瓦罐里的水开始沸腾，中药的香味开始飘散时，小王坤根就再也顾不上玩耍了，他每每搬个小凳坐在炉边，托着腮帮凝神看着瓦罐上氤氲的蒸汽，嗅着中药独特的香气，直到中药煎好。母亲常笑着问他："这中药的苦味道好闻吗？臭不臭？"王坤根总是抬眼认真地回答："很香啊！"母亲会说："这孩子真奇怪，我怎么觉得中药臭臭的，你这么爱闻中药的味道，将来也做个郎中吧！"

因为父亲身体不好，经常要请郎中看病和吃中药，慢慢地，小王坤根弄清楚了中药有的要先煎，有的要后下。他已经可以帮助母亲煎药了，这是他童年最爱干的家务活。他的童年经常被诊所的艾草香味和太和堂的中药气息围绕着，也使他不断地接受着中医药的熏陶。

日子一天天过去，王坤根也从小伢儿长成了翩翩少年，一眨眼，他就要中学毕业了。别看他小时候比较调皮，可上学念书的时候是非常用功的，因此在学校里他的成绩还不错，特别是语文成绩更是名列前茅。那时候他最大的理想是做工程师，因为觉得工程师很伟大，可以建设祖国。在那个当兵光荣的年代，他也曾萌生过当兵的念头。他还曾想过考美院当画家，因为从小他画画就很好，得到亲朋好友一致的夸赞。

虽然他从小就对中医药有着特殊的感情，儿时也曾想过当一名医生，但年岁渐长后却未曾再动过学医的念头，一是因为觉得医生是一项高尚的、令人敬佩的职业，他没有这样的奢望。二是随着年龄的增长，他了解到学医要有一个好的老师肯传道授业，而他没有这样的资源，因此觉得自己和医生这个职业是没有缘分的。

但是幸运总是会在不经意间来临，党和国家的一项中医政策，意外地使王坤根有机会踏入中医学的大门，同时也彻底改变了他的人生轨迹。

第二节　政策开启新篇章

中医药是中国老百姓自古以来维护生命健康的重要手段，也是中华文明得以传承和发展的重要保障之一，但自近代以来，中医的发展却经历了一段坎坷的历程。

1840 年第一次鸦片战争爆发后，西方科技、政治、经济、文化等不断渗入中国，近代中西文化激烈碰撞、交流、融合。特别是从新文化运动开始，"反传统、反孔教、反文言"的思想文化革新不断进行，中医药作为中华民族传统文化的重要组成部分，也受到严重的冲击。当时曾有一些知名人士站出来反对中医，主张用西医取代中医，并推行了一系列举措，这种在文化、政治层面的打压，给中医药带来了极大的伤害。

其实"中医"这个名词是近代西方医学进入中国并得到迅速发展，中西碰撞后的产物。西学东渐后，学术界把中国固有的文化称为"中学"，而把西方文化称为"西学"，伴随西学而传入的西方医学被称为"西医"，并作为规范化的概念逐渐流行起来。一度有人把西医称为"新医"，把中医蔑称为"旧医"。当时中医界为表示反对自称"国医"，并于 1931 年成立国医馆。1933 年国民政府立法院讨论通过《国医条例》时，决定改"国医"为"中医"，1936 年国民政府正式颁布《中医条例》，至此"中医"这一名称才在法律层面得以确立。随着西方文化强势地位的不断明确，西医的影响力不断扩大，中医的生存危机也接连而至。各种批评中医愚昧落后之声不断，相当一部分人认为中医已落后于时代，是封建迷信的骗人把戏，废止中医的思潮甚至成为当时政府着手处理中医相关事务的思想基础，并且制造各种障碍企图阻止中医的发展，甚至想要通过行政手段消灭中医。

民国初年，北洋军阀政府统治时期，政府以中西"致难兼采"为理由，把中医药完全排斥在医学教育系统之外。北洋政府的教育总长甚至公开提出：

"余决意今后废去中医，不用中药。"拒绝将中医列入教育计划。中医药的教育没有得到官方的承认，有地方政府甚至明目张胆地颁布了取缔中医章程。

1916年，余云岫发表了一部全面批判和否定中医理论的书《灵素商兑》。批判中医学是腐朽的、陈旧的、落后的，中医应当"废医存药"。

1929年，民国第一届中央卫生委员会议，讨论并通过了《废止旧医以扫除医事卫生障碍案》，规定了6项"消灭"中医的具体办法：①施行旧医登记，给予执照方能营业，登记限期为一年。②限五年为期训练旧医，训练终结后，给以证书；无此项证书者停止营业。③自1929年为止，旧医满50岁以上、在国内营业20年以上者，得免受补充教育，给特种营业执照，但不准诊治法定传染病及发给死亡诊断书等，此项特种营业执照有效期为15年，期满即不能使用。④禁止登报介绍旧医。⑤检查新闻杂志，禁止非科学医学宣传。⑥禁止成立旧医学校。这就是历史上的"废止中医案"。此案立即引发了医界的震动，暴发了中医历史上空前的抗议风潮。全国中医界人士通过成立国医工会、游行集会、请愿罢市等活动表示抗议和强烈反对。最后政府取消了这个提案，但这次事件给中医发展造成了沉重打击和伤害。

20世纪30年代以来，国民政府虽然没有再次明确提出"废止中医"，但是废止中医的政策一直在变相地进行，严重打击了中医药的发展。

中医药重新受到政府重视是在新中国成立之后，这与当时毛主席的大力扶持和国内缺医少药的大环境是分不开的。新中国成立初期，经过多年战争创伤，国家千疮百孔，百废待兴，卫生事业也是如此。当时中国的医疗卫生条件非常落后，全国各地普遍存在缺医少药的问题，特别是农村地区，甚至疫疠流行。根据不完全统计，当时全中国的卫生工作人员大约50万名，其中正规院校毕业的西医只有2万，他们大多在各个城市中执业，因此单纯靠西医来解决全国范围的卫生保健工作是根本不可能的。而中医有48万左右，且大多分布在广大农村地区。

针对这种情况，毛泽东在接见全国卫生行政会议代表时指出：必须很好地团结中医，提高技术，搞好中医工作，发挥中医力量，才能负担起几亿人口的艰巨的卫生工作任务。他还为1950年8月召开的第一届全国卫生会议题词，指出要团结新老中西医各部分医药卫生人员，组成巩固的统一战线，为开展伟大的人民卫生工作而奋斗。会议提出要团结占全国卫生工作人员大多数的广大中医，充分发挥中医药在治疗疾病和预防保健中的作用，从而更好地为人民服务。这也成为当时全国卫生工作的主旋律，各中医研究、培训机构相继成立。

但是由于历史原因和认识上的一些偏差，当时卫生部门的个别领导干部对中医还存在歧视和排斥思想，认为中医是"封建医"，应当随着封建社会的消灭而被消灭。这极少数的卫生工作领导干部，没有认真执行中央团结中西医的政策，反而限制和排挤中医，具体表现在：① 1951 年中央卫生部颁布的"中医师暂行条例"和"中医考试办法"，提出了一些苛刻的、不合实际的规定，限制了中医的作用；②公费医疗制度中没有考虑发挥中医的作用，吃中药不报销，使中医业务大为缩小；③中医进修学校里主要教授简单的新的诊疗技术，鼓励中医改学西医，起了逐渐消灭中医的作用；④高等医学院校中没有设立中医中药课程；⑤中华医学会不吸收中医参加；⑥中药产销无人管理，盲目取缔中成药。这给全国卫生工作带来了严重的后果。

在 1953 年中央卫生部直接领导的中医资格审查中，全国 90 多个城市、160 多个县登记审查的结果显示只有 1.4 万多名中医合格，绝大多数中医被取缔。在这种情况下，全国的疾病预防和卫生保健工作几乎不能满足人民群众的需求，特别是农村地区，缺医少药的情况尤其突出。卫生部的这些规定，引起了广大中医和人民群众的不满，不少中医不愿子孙继承事业，有人甚至自己也打算放弃行医，更有人已经转业经商或当小学教员去了。这个情况引起了党中央的注意，并采取一系列措施进行纠正。

纠正这个错误思想用了 2 年多的时间，在此期间党中央重新明确了中医政策，国家各级卫生行政部门开始重新组织和学习党的中医政策和毛主席关于中医工作的指示。1955 年 11 月，党中央作出批示，要求各地遵照报告精神，根据具体情况，制定改进中医工作的具体方案，务必采取积极措施，在一定时间内切实做出成绩，彻底扭转在卫生部门中歧视和排斥中医的现象。

根据党中央的指示，中国中医研究院从 1954 年 10 月开始筹备，并于 1955 年 12 月 19 日正式成立。同时，第一届全国西医学习中医研究班开学，宣告了"西医学习中医"工作的正式开始。这是中医工作改进的第一项重大政策，同时也为国家培养了一大批中西医兼通的新型人才，为中国医学发展做出了重大贡献，大大改善了中医发展的环境。

1956 年 1 月 23 日，卫生部在北京召开了全国卫生工作会议，这次会议通过了另一项对中医药的传承和发展起到重要作用的政策，允许中医采取传统的带徒方式培养人才，也就是现在常说的"师带徒"政策，并很快进行了落实。同年 4 月 16 日卫生部颁布《卫生部关于开展中医带徒弟工作的指示》

明确指出：师带徒是一项重要任务，各级卫生领导机关必须做出有效的措施，保证做好这项工作。同时对于中医带徒的师资、方式、学习对象、学习要求等也有相应提及。在《1956～1962年全国中医带徒弟的规划（草案）》中，计划七年中以师带徒方式培养的新中医要达到48万名左右，通过中医学院和中医学校培养高中级中医2万人左右。同时还明确了这48万名中医的大致分布：当时全国已经建立的22万多个乡镇卫生所或联合诊所，大约每个带两名，共计44万人左右；其他个体执业的中医和已开办的各个中医学习班加起来大约培养4万名。并根据各地情况，将各省市七年内应培养的数额分配下去，方便各地落实调整。

为什么会出台"师带徒"政策呢？这是由当时中医教育的现状决定的。以浙江省为例，在中西文化交汇、冲突的大背景下，浙江诸多有志之士探索中医教育新模式，1885年"利济医学堂"是我国第一所采用欧美办学模式开办的中医学校。继后"浙江中医专门学校""兰溪中医专门学校""温州国医国学社""宁波国医专门学校""吴兴中医补习班"等相继开办。虽然模式多样，开办时间有长有短，但都为中医教育进行了有益的探索。对中医教育有深远影响的"杭州中国医学函授社"由国医大师何任先生于1944年创办，办学八年中培养2000多名学生，为浙江中医药人才的培养做出了积极贡献。其后还有"浙江省中医进修学校"创办于1953年，至1959年六年中共办8期进修班，2期中医师资班，2期针灸进修班，3期针灸训练班，共结业学生1100名，为提高浙江中医队伍素质，为1959年浙江中医学院的建立奠定了坚实的基础。但由于诸多因素的影响，师带徒家传私授仍然是中医药传承的主要途径。

当时正规中医教育还未成型，1956年尚在筹建北京、上海、广州、成都四所中医学院及全国各省的高级中医学校，要迅速改变广大农村缺医少药的情况是极其困难的，因此"师带徒"政策是当时扩大基层卫生队伍的重要途径。

在党中央的关心和卫生部的督促下，各级卫生行政部门纷纷根据本地区状况制定了"中医带徒"的具体规划。这项工作进行得非常迅速，据相关统计，到1960年，全国中医学徒已达8万多人，出师的已有约1.4万多人，在此基础上，各地区继续按计划分批次招收中医学徒以期按时完成卫生部定下的目标。

王坤根就是当年那些中医学徒中的一个，也正是这项政策的相关规定和要求，才让他有缘进入桐庐梅蓉联合诊所学习和工作，并自此步入中医的大门。因此他在后来谈起自己的学医经历时常说，要是没有党中央的中医政策，他就不可能会去学医，也不可能达到今天这样的成就。"师带徒"政策为中医药发展保留了大量火种，培养了大量能直接上临床的中医师，使许多老中医的宝贵经验得以传承。时至今日，当年那批中医学徒，很多已成为中医界的顶梁柱，并仍在临床上散发着自己的光与热，为中医的传承和发展贡献着自己的力量。

1961 年王坤根中学毕业了，这一年暑假，王妈妈身体不适，梅蓉联合诊所的范士彦先生到王坤根家里出诊，为王妈妈看病。这本来是一件挺平常的事，范先生是王家的老熟人了，王坤根陪父母去梅蓉联合诊所诊病时经常能见到范先生，范先生也曾多次来到王坤根家里出诊，可是这一次，范先生跟平时却有点不一样。本来诊务繁忙的范先生来家里出诊后最多寒暄两句就会匆匆告辞，这天范先生竟一反常态坐下慢慢品起了茶，他同王妈妈闲聊了几句家常，话题就转到了王坤根身上："时间过得真快啊，一转眼，坤根就中学毕业了，长成大小伙子啦！对啦，坤根，我眼神不太好了，你帮我念一份报纸吧，喏，就这一篇新闻。"说着，范先生从诊箱里取出一份报纸，指着上面的一篇新闻递给在一旁作陪的王坤根。尽管觉得很突然，但一向谦逊有礼的王坤根还是恭敬地接过了报纸，这是一篇很长的新闻稿，略一浏览后，他大声地朗读起来。王坤根的语文本来就很好，反应也敏捷，尽管这篇文章很长，又是第一次接触，他却能流畅地读完，一点不打磕巴，口齿清楚，范先生听得直点头。报纸读完，范先生又问王坤根："这篇新闻稿都讲了什么，你是怎么想的？"毕竟已中学毕业，这点问题难不倒王坤根，他立即言简意赅地总结了这篇新闻稿，并简单谈了一下对这篇文章的看法。范先生频频点头，未置一词，只转头对王妈妈笑着说："你这个儿子生得好，很聪明啊！"

稍微闲聊了几句，范先生就起身告辞了，王坤根送范先生出门，并目送他远去后，并没有把范先生这次的反常之举放在心上。当时的他还不知道，这位老先生即将成为他在中医路上的领路人，带他走进中医学的大门。而那天在家中的问答就是一个老师对学生的面试，也是王坤根学医路上的第一块敲门砖。

又过了几天，因着母亲生病，王坤根天天都在家里帮忙劳作。这天傍晚他刚砍柴回来，王妈妈就一把拉住了他："坤根啊，你今后想去学医做个郎

中吗？"学医曾是王坤根儿时的梦想之一，再次提起，王坤根不免心动，但是多年前纠结的那个问题仍然横亘在眼前："想是想，可是上哪儿能找个老师愿意教我呢？"王妈妈笑着说："你看，范先生好不好？今天我去诊所复诊，范先生说想收你为徒，问你愿不愿意呢。"王坤根简直大喜过望了，范先生是邻近乡里知名的大夫，医术高明，口碑很好，擅长妇科和内科疾病，临床经验非常丰富。已年过花甲却还没见他有徒弟，周围百姓曾念叨过，难道就没有一个小伙子能入得了范先生的法眼？现在，范先生竟然主动上门愿意招王坤根为徒，这真是天上掉下的大馅饼呀。王坤根高兴得说不出话，只会连连点头。王妈妈虽也高兴，却郑重地告诉王坤根："范先生能看上你这是好事，爸爸妈妈很高兴，也支持你去学医。但有一件，学医可不是简单的事，人命关天，马虎不得。你既然决定要跟着范先生学医，就得认认真真地学，将来可不能砸了范先生的招牌。这是一件大事儿，你可得考虑清楚了！"王坤根立刻表态："妈，我想跟着范先生学医！您放心，我一定认真学！不给爸妈和范先生丢脸！"

就这样，16岁的王坤根一头挑着大米和柴火，一头挑着简单的铺盖，怀着惴惴不安的心情走进了范先生所在的梅蓉中医联合诊所，从此与中医结下了不解之缘。

第三节 读书侍诊学医路

1961年9月，在签订了师徒合同后王坤根正式成为了梅蓉联合诊所范士彦先生的徒弟。作为学徒，跟着老师学中医的日子是辛苦而充实的，幸而王坤根早早做好了思想准备，他深知，不管哪个行当都不轻松，要想有出息，必须勤奋。

然而，中医学徒，并不是想象中的纯粹读书，每天清晨，王坤根就早早起床打扫卫生，地要扫干净，桌椅、药柜、一众器皿都要擦干净，就连桌上的煤油灯也要揩得放亮。老师上班后，他便坐在一旁侍诊抄方；下午则在诊所的中药房里帮忙，范先生娴熟药性，深知要想牢固掌握中药知识必须多加实践，因此要求王坤根每天下午翻晒整理、炮制加工中药。不仅如此，联合诊所还承担了当地百姓的防疫工作，这也是王坤根的一项工作内容。在有些传染病的流行期间，王坤根常常忙到深夜，挨家挨户收取标本，分发药物。白天根本没有空闲看书，只有到了晚上，夜深人静的时候，他才有机会在亲手揩亮的煤油灯下静心读书学习。就这样，在一天天的挑灯夜读中，王坤根像小树一般，如饥似渴地吸收着书本里的养分，不断成长。

范先生年过花甲，才收此关门弟子，对这个徒弟的培养是花过大心思的。范先生推崇《医学心悟》，按照中医师承相传的一般规矩，跟师的前两年，范老师先后将《珍珠囊补遗药性赋》《汤头歌诀》《内经知要》《医学三字经》《医学心悟》这五本中医启蒙书交给他研习，并要求他背诵前四本书。第一年，范老师要求王坤根背熟《药性赋》和《汤头歌诀》，这两本书一本讲药性；一本讲方剂。第二年就要背会《内经知要》《医学三字经》，熟读《医学心悟》。《内经知要》讲基础理论；《医学三字经》包含了中医基础理论和内、妇、儿科常见病的诊治，通俗易懂，便于入门；《医学心悟》贴近临床，内容丰富、条理清晰、颇为实用，读懂了这本书对于一些临床常见病就会有一点思路了。

尽管这些都是入门级的医书，但古文的表达方式太过简练，对于还没有掌握文言文语法规律的王坤根来说，这些书上的语言还是显得古奥了，难以看懂，更难以把那些文字与临床的所见所闻联系起来，只有在老师的说明下才能有些头绪。渐渐地，他开始意识到学好文言文对学习中医的重要性，于是开始想方设法提高自己的文言文水平。

皇天不负有心人，当时正好一位乡里的老人到联合诊所找范老师诊病。这位老人70多岁了，小时候上过私塾，是个读书人，家里藏书很多。他知道王坤根正在为学习古文发愁后，就带了一本《古文观止》送给王坤根，说是对提高古文水平很有帮助，让他自行学习。他还告诉王坤根，学习文言文最好的字典是《康熙字典》，并指点他上哪儿可以借到。于是在老人的帮助下，王坤根利用借到的《康熙字典》努力学习《古文观止》，他的文言文水平日渐提升。慢慢地，他觉得研习那些中医经典时似乎轻松了很多，每天侍诊时也有了更多新的收获。这也为他以后能研读《伤寒论》《黄帝内经》，提高自己的中医临床水平，打下了良好的基础。

范老师的女儿范孝云曾参加过何任办的"杭州中国医学函授社"的函授教育，本来按照范老师的设想，要王坤根在学徒的第二个年头也去参加这个函授班，以求更全面系统地学习中医知识。然而地处乡村，信息闭塞，等到想报名的时候才发现这个函授班早在1955年就已经停办了。幸而范老师对函授班的课程有一定了解，于是推荐王坤根看北京、南京、上海、广州、成都这五所中医学院共同编写的中医学院试用教材，包括《内科学讲义》《伤寒论讲义》《温病学讲义》；以及南京中医学院编写的《中医诊断学》，这也

是王坤根第一次接触到系统的中医教材和中医四大经典。

在认真学习中医学院的教材后，他觉得很有收获，自己的中医理论水平有了很大提高，他深切体会到了广泛阅读的好处。于是在学徒生涯的第三年，得知当时第二版全国统一的中医学专业教材出版后，他咬咬牙花了1个月的工资都买回了家。在以后的日子里，这套教材为王坤根奠定了坚实的中医基础。

当时桐庐梅蓉联合诊所里只有3名中医师，当地老百姓身体上的大小问题都需要他们解决，各种急危重症甚至是一些大型的传染病，也靠他们用中医中药针灸来抢救，至于常见病就更不用说了。当时生活水平低下，老百姓没有多余的钱看病，因此要求医生必须迅速拿出疗效来，发热的病人体温必须尽快退掉，中药一般也只能配两三剂，因此这批基层老中医的临床经验是非常丰富的。

范老师在收王坤根为徒时已60多岁了，虽已年过花甲，仍辛勤奔波于方圆一二十里地，替那些不便去诊所就医的患者解除病痛。因此王坤根不仅需要在诊所侍诊，还要陪着范老师出诊。范老师不会骑自行车，外出都是靠步行，以前是自己背药箱，现在当然是王坤根抢着背起了药箱，陪着范老师走遍梅蓉村附近的各个乡村。当时的诊箱里其实只有听诊器、体温表、针灸针等简单的医疗器械，因此范老师往往都是就地取材，用简、便、廉、宜的方法处理村民的大小病痛。

曾经有村民急性腰扭伤，疼痛难忍，别说下地干活了，翻身起床都有困难。范老师赶到后，取出药箱里常备的针灸针，让家属帮忙卷起裤腿，用针刺委中，放出几滴黑血后，村民的腰痛就立即缓解了。不同部位的扭伤疼痛处理方法也不一样，如果是四肢关节扭伤的疼痛，就用鲜栀子捣烂包扎在痛处，疼痛很快可以缓解。夏季眼目发红痛痒，易于传染，那时候没有什么眼药水可点，范老师在患者背部找到红点，用针挑筋，就能很快痊愈。有村民眩晕发作，无法动弹，不敢睁眼，稍一动就天翻地覆，恶心、呕吐。范老师让家属上山采来仙鹤草，煎汤服用，移时即可睁眼，恶心、呕吐也大为减轻。跟着范老师出诊，王坤根学到了许多简便易行而又行之有效的治疗方法。

除了乡里村民的一些常见病、多发病，有时还会遇到突发事件需要紧急抢救。夏季多有溺水之人，王坤根在跟随范老师出诊时，就曾碰到一个溺水的年轻人，村民们将他从水中救出时，小伙子已没了呼吸。在当时的乡村，还没有心肺复苏术,范老师让村民将其俯卧在牛背上,用鞭抽打令牛奔跑,这么做的目的是控出肺中及腹中积水。当然,用今天的眼光看来这很不科学,但在当时却真救了这个小伙子的性命。

当时的农村,医疗条件就是这么简陋,而当时的乡村医生正是在如此简陋的条件下,靠自己丰富的经验和辛勤地工作,保障了一方乡里的卫生健康。

范老师的临床经验非常丰富,相对而言对于中医理论和医学最新进展的了解稍有欠缺。范老师深知自己的不足,为了开拓王坤根的眼界,他推荐王坤根订阅中医杂志。王坤根听从教导,订阅了《中医杂志》《浙江中医杂志》《江苏中医》等杂志。当时的《中医杂志》不仅有中医临床研究的最新进展,还经常会刊登一些中医大家的经验心得。这些文章都是岳美中、任应秋、方药中等一代大师亲自撰写的,有些文章仿佛他们就是为基层医生和中医初学者专门写就,指点路径,答疑解惑。进入这个新世界后,王坤根的理论水平开始快速提高。给他印象最深刻的是岳美中老先生的一篇《论读古医书与临证》。

王坤根在攻读古籍的过程中常常会有各种困惑,或拘于文字,以今义解之不通,而古义莫辨;或泥于旧说,验之临证不通,而莫知对错;或略有所得,按法遣方,却效失参半,而奥妙难寻。岳老在文中提出的"读古书应当知道时代背景""读书宁涩勿滑,临证宁拙勿巧""医律务求过细"等观点正好解决王坤根当时所困惑的这些问题,直到现在,王坤根仍然对岳老的教诲铭记于心。董建华著《病机十九条解释》、焦树德著《用药心得十讲》,单独成册发行后都是中医学生的必读书目。而当时这些宝贵经验都是先发表在杂志上的。每每读到这样的好文章,王坤根都视若珍宝,反复研读,深感收益良多。

从 1964 年开始,王坤根每个月的工资大部分都投在了各种不同的书本和杂志上。在读书的过程中,他不断积累中医基础知识,翻阅杂志,这为他开启了一扇通向新世界的大门,极大地拓宽了他的眼界,使他对中医知识的理解更上了一层楼。这也是他在相对封闭的桐庐小乡村里,为数不多的能与外界医学圈子交流的机会。他执着地认为只有靠多读书,多收集信息并比较,形成自己的观点,才能进步,一个人的智慧是在读书中形成的。

与此同时,为了保证中医学徒的学习质量,当时他所在的县卫生局把参加此次培养计划的中医学徒组成一个学习班,不定期地组织集体学习讨论和

交流。并邀请桐庐地区比较有名的学识丰富、理论水平比较高的老中医如袁昌益、滕兆祥、程谦山、陈公达、周灿霖等前来讲授四大经典和临床经验，这些老先生在繁忙的诊务之余，认真备课，将自己对四大经典的理解和临床经验毫无保留地讲授给学习班的学生们。

王坤根非常希望这样的学习班能多举办几次，每一次，他都会认真记课堂笔记，回去后再仔细整理，反复翻看，慢慢吸收。在学习班里，他除了学到很多新知识，也结识了很多像陈金龙、郑天根、胡之璟、俞金木等这样志同道合的小伙伴。每次上完课，他们都会聚在一起，互相讨论在跟师学习和临证过程中的一些困惑，分享一些学习心得。在相互学习和交流的过程中，他们也都在不断成长、进步，这批人后来也都成为桐庐中医界的支柱。

学徒生涯中，除了每日侍诊、读书、不定期参加学习班之外，王坤根觉得最有意义的就属预防防疫工作了。20 世纪 60 年代初，虽然国家已建立 10 余年，经济条件有所改善，但广大农村地区仍处于缺医少药的状态，医疗卫生条件差，党中央和政府非常重视这一点。当时广大农村地区所有的预防防疫工作、疾病普查工作都是由当地的联合诊所或者卫生院来承担。而在梅蓉联合诊所，由于几位医师的年龄都偏大，且诊务繁忙，这些防疫任务的中坚力量就是王坤根这样的中医学徒了。为了充实医疗力量，县卫生局给梅蓉联合诊所分配了一名中专刚毕业的西医人员。

为了保证防疫工作能保质保量地完成，每次参加防疫工作之前，县卫生局都会组织工作人员进行培训，让他们对常见传染病的流行病学、传播途径、症状、检查、诊断、治疗和预防方法有一个初步的认识和了解。这些培训使王坤根在获取传染病知识的同时加深了他对《温病学》的理解和临床应用。

当时农村传染病很多，疟疾、丝虫病、钩虫病、流脑、乙脑之类比比皆是，村民们卫生意识薄弱，有时还很排斥打针、吃西药预防。王坤根他们总是挨家挨户打预防针，发放预防药物，一丝一毫也不敢马虎。防疫工作非常辛苦，工作量极大。比如流行于江南地区的丝虫病，想要及早确诊，必须要根据丝虫微丝蚴的夜现周期性，在晚上 9 点到凌晨 2 点抽血。因此，王坤根必须半夜里叩开村民的家门，挨个抽血。而在钩虫病流行期间，则必须要检查每位村民的大便中是否有钩虫卵。那时村民的农事繁忙，于是这个标本收集工作，只能由卫生院的医生上门去讨。将标本收集来以后，还必须赶紧淘洗、观察，以明确诊断。夏天，江浙所多的就是蚊子，这时防疟工作就是重点。光分发防疟药还远远不够。因为很多村民领到药物以后并没有服用，而是忘掉，或者干脆丢弃了。于是，联合诊所的医生必须挨家挨户按人头发药，并且当场看到村民服药，才可以离开。正是无数像联合诊所医生这样的基层卫生人员的细致工作，帮助新中国在短时间内就控制住了绝大多数为害多年的传染病，保证了国人的生命健康。

学习中医，是否需要了解现代医学知识，这一疑问起源于1964年，这一年《中医杂志》刊登的临床各科文章约150篇，近70篇用的是西医病名，这给接受纯中医教育的王坤根大大增加了阅读难度。最初王坤根感到迷茫，但沉思良久后得到启迪：如果临床上连患者得的是什么病，对应中医是何范畴都一无所知，无疑对提高自己的诊疗水平是一种阻碍。为了能看懂里面的文章，王坤根在同单位西医的悉心指导帮助下开始系统学习现代医学知识，他发现这样的学习令他拓宽了知识面，增加了临床运用中医药的底气。

就这样过了五年，王坤根跟着范老师在实践中不断学习和提高，已经达到了可以独立临证的水平了。在1966年经过申请与考核，王坤根出师了。这时的他已从一个对中医懵懂的学徒，成长为具有一定临床经验的青年中医了。

第四节　莺啼初试富春江

1966年王坤根学满出师，顺理成章地留在梅蓉卫生所继续工作（这时联合诊所已改为梅蓉卫生所），正式成为了卫生所的一位中医师。刚拥有处方权的他迫不及待地想在这片土地上大展拳脚，用自己在这五年里学到的中医知识来护卫父老乡亲的健康，这也是他决定学医以来的梦想。

在刚入门的时候，范老师曾告诉王坤根："坤根啊，以后有机会一定要多接触病人，看病的过程中要仔细，尽可能详细地收集病人的信息，再进行辨证分析。病人是我们最好的老师，我们看病看的如何，都会在病人身上直接体现出来；每次病人来复诊的时候要认真听取病人的感受，看完病后要分析疗效好坏的原因。要是能经常这么做，你的医术定会很快提高的。"

王坤根把老师的话记在了心里，平时跟范老师门诊的时候就开始接触一些病人，把他们的病情变化和老师的处方记录下来，等晚上有空的时候分析病情变化的原因，还跟书本、杂志上记载的类似病例进行比较，以开拓自己临证的思路。但这些对于王坤根来说还只是纸上谈兵，等到学习的日子久了，

中医基础知识掌握得差不多了，他就手痒痒地想要试一下身手。

在王坤根跟随范老师学徒的第四个年头，这个机会终于来了，有一天，范老师外出，王坤根一个人在诊所。下午3点左右，一位小学老师来到诊室，看只有王坤根一人在加工槟榔，便问："你老师呢？"王坤根答说外出开会了，见他噢了一声，犹豫不走，王坤根又问："您有事吗？"他说："我睡眠不好已有两个星期了，想配点药治疗一下，平时工作忙，今天难得有空过来，想不到你老师不在。对了，你学习也有几年了吧？"王坤根回答说3年多了，他又问："你应该会看病了吧？"王坤根感觉他有点想让自己开药的意思，马上兴奋起来，问道："要不我给您开个方子试试？"他说："好呀！"于是王坤根放下槟榔，立即望、闻、问、切四诊起来，见他面色萎黄，诉有寐劣易醒，难再入睡，昼日疲倦乏力，大便稀溏，舌淡苔薄脉沉弱，觉得符合心脾两虚之证，于是给他开了一张归脾汤。归脾汤出自《正体类要》，是在严氏《济生方》归脾汤的基础上加当归、远志而成，薛己书中言其"跌扑等症，气血损伤；或思虑伤脾，血虚火动，寤而不寐；或心脾作痛，怠惰嗜卧，怔忡惊悸，自汗，大便不调；或血上下妄行，其功甚捷。"是治疗心脾两虚因而心悸、怔忡、健忘、失眠的代表方剂。王坤根依样画葫芦，按范老师平时的用量开了3剂中药（那个年代开中药一般一剂一开，至多2～3剂），第四天在学校食堂碰到他，他竟主动与王坤根说："小王，中药效果不错，睡眠有好转，自觉精神好多了。"

首战告捷，王坤根非常兴奋，也有了底气，就主动跟范老师提出自己的想法："老师，下次如果有机会，能不能先让我独立诊断一个病人，然后您再给我把把关。"范老师听了很高兴："坤根啊，你能有这样的想法很好！下次有机会让你先试试。"在范老师的把关和指导下，王坤根从一次次临证中不断总结，吸取经验教训，他的临床水平逐步提高；再加上平时对于西医知识的学习，在出师前的那段日子，他已经可以独立处理当地的常见病了；并且在不断读书学习、翻阅杂志后对中医临床有了自己独到的认识和见解，有时甚至令范老师也刮目相看。

有一天下午，王坤根在卫生所值班，突然一阵呻吟声从诊所门口传了进来，王坤根赶紧跑出去，只见一个中年男子躺在竹榻上双手护着肚子不停叫痛，边上还站着几个家属。其中一个中年妇女见了王坤根，赶紧上前对他说："先生，快救救我丈夫吧，他吃过午饭肚子就开始痛了，到现在两个多钟头了，一阵一阵痛得越来越厉害，还吐了好几回，把中午吃下去的东西全给吐出来了，我想帮他揉揉肚子吧，他还硬是不让我碰，眼看实在熬不住了，就赶紧给送这儿了。"王坤根让家属把病人抬进诊室，放到床上，经过望、闻、问、切的细致四诊后，发现这个病人右上腹绞痛阵作，连及背部，按之痛甚，呕吐频作，发热恶寒，口苦口干，便秘溲赤，苔黄腻脉弦滑，应属少阳阳明同病、正邪相争导致的实证腹痛，现代医学属于急性胆囊炎。治疗无疑当用大柴胡汤清疏少阳阳明邪热。在提笔开方写到柴胡的时候，他皱起了眉头，《医学心悟》大柴胡汤里柴胡用量是一钱五分，范老师平时对柴胡用量有严格规定——不过钱半，但按照《伤寒论》大柴胡汤中的柴胡半斤折算，可以用到八钱，自己没有这样的经验，到底该用多少呢？这时他想起曾在杂志上看到有人用大柴胡汤治疗急性胆囊炎效果非常好，文章里柴胡用量是三钱，于是就放胆开了三钱柴胡，让他回去煎服，并告诉家属，如果没有缓解就赶紧送去县城。

第二天范老师来诊所的时候，王坤根向他汇报了昨天的事情，老师一看王坤根的处方居然用了这么大量的柴胡，就批评他说："叶天士说过柴胡是劫肝阴的，所以一般用量不能太大，《伤寒论》大柴胡汤原方柴胡的用量是大，可是南方人和北方人腠理疏松紧密有别，咱们江浙人不适宜用这么大量的柴胡。你开的方子虽然没有原方剂量大，可也不小了，怕是会出什么事情，你赶紧去病人家看看，以后在用药上还是要再斟酌一下啊！"王坤根赶紧去病人家里探访，发现那个病人症状已明显缓解，家属说服了一剂药后，大便泻了两次，腹痛就迅速缓解了，也没有什么不良反应。回来后王坤根向范老师汇报了患者的情况，并与老师探讨说："老师，我看这个病人目前的症状，邪气还非常旺盛，聚于肝胆，如果不用这么大量的柴胡，可能会起不到清疏肝胆邪气的效果，我还是让他继续服用了。"范老师沉默良久，点头说："你说的也有道理，那就继续服用看看吧，你一定要随访患者，关注有没有不良反应。"这例患者后来恢复良好，范老师自此更放心让小徒弟在临床摸索了。

大柴胡汤一举获效，这让王坤根欣喜又激动。一千多年前的方子应用到临床仍然有效，且应用范围还在不断扩大，王坤根体会到了经方的魅力，自此益发重视《伤寒杂病论》的学习。他先后自学了任应秋的《伤寒论语译》、秦伯未的《金匮要略浅释》、何任的《金匮要略通俗讲话》及南京中医学院编写的《伤寒论译释》、《黄帝内经素问译释》，尤其是《伤寒论译释》，浅显易懂，易于上手，王坤根一见即爱不释手，但当时无处购买，他竟然手

抄了一本。此后他还陆续阅读了《胡希恕讲伤寒杂病论》（2007年）、柯雪帆的《伤寒论临证发微》（2008年）和吕志杰的《伤寒杂病论研究大成》（2010年），每一次阅读都令他对《伤寒杂病论》加深一层认识。在桐庐学习工作的这段时间是王坤根大量阅读的阶段，他利用晚上的休息时间，先后阅读了秦伯未的《内经知要浅解》《中医入门》《谦斋医学讲稿》等书，《中医杂志》《浙江医学杂志》《赤脚医生杂志》等更是每期必看。

中医是一门非常强调实践的学科，一名出色的中医师应该在临床实践中不断与理论相结合，从而提高自己的医疗水平，王坤根就是这样一名青年中医师，他非常珍惜每一次看病机会。

刚开始挂牌的时候，王坤根也是坐了好些日子的冷板凳，因为卫生所里包括范老师在内的几位老中医都深得附近乡亲们信任。有时候病人来诊所一看，一边坐堂的是一个年轻后生，就转身去了边上的老先生那里看病，所以刚开始的时候，梅蓉卫生所里，总会看到这样一个场景：一边诊桌前门庭若市，另一边却门可罗雀。王坤根显然也是有心理准备的，每次遇到这种情况，他要么坐在诊桌前翻看中医杂志和书籍，要么干脆走到另一边老先生的诊桌边，安静地听老先生问诊，给病人望舌摸脉，然后自己默默思考如何遣方用药。

有时候几位老先生不在，病人们知道他是范士彦老先生的学生，也会找他诊病。每当有人来他这里求诊，不论是何身份地位，他都以温和的态度认真接待他们，对每个病人一视同仁。他细致耐心地通过四诊收集病人的病情资料，有时还会借助西医的器械和方法进行补充完善，仔细辨证后处以方药或辅以针灸或联合西药，往往收到良好的效果。

有一年春天，一个年轻小伙受凉后高热，同时还有恶寒、头痛等不适，去西医院就诊当作普通感冒治疗，折腾了一上午，热也没有退下来，特别是头痛明显，不能缓解。于是下午来卫生所找王坤根求诊。王坤根仔细体检后发现他后背有一个红点，询问患者家人，当时农村卫生环境较差，家人认为是跳蚤叮咬所致。王坤根仔细观察那个红点，觉得比普通虫咬的红点要大，并且周围没有红晕，倒像是一个出血点。患者有口渴、心烦、小便黄赤、舌质红、脉数等一派气分热盛的表现，又值春季，不由得让王坤根怀疑他得了春温，传变迅速已出现营血证状，应属气营两燔证，对应西医当是流行性脑膜炎，再进一步查体发现他有轻微颈抵抗，更加证实了他的判断。王坤根当机立断，按流脑来治疗，仿《疫疹一得》清瘟败毒饮用了大剂清气凉营、清热解毒之品，同时配合磺胺嘧啶。由于是轻症流脑，经过治疗的小伙子很快恢复了健康。

就这样，在出师后的三年时间里，王坤根在范老师和诊所其他医师的指导下在临床一线摸爬滚打，渐渐有了独当一面的能力。范老师也在因病回家休养之前，将梅蓉卫生所的门诊工作交代给了王坤根，自此王坤根在当地逐渐有了名气。

第二章

名 师 指 引

第一节　幸遇范师领入门

　　钱塘江是浙江人的母亲河。钱塘江水蜿蜒流过浙江省，在贯穿桐庐、富阳两县时，拥有了一个非常浪漫的名字——富春江。梁代文学家吴均在《与朱元思书》中描绘富春江景是"奇山异水，天下独绝"。就在美丽的富春江畔，桐庐县城靠江的位置，有个宁静的江南小村，叫梅蓉村。梅蓉村四面环水，景致优美，是历代文人墨客赏景吟诗作画的常去之处。早春之际，麦苗翠绿，油菜金黄，桃花粉红，梨花雪白，群芳争艳，清香袭人。每当春雨放晴，蓝天白云，宛如海上蓬莱，人间仙境。60年前，这个江南小村迎来了一位范先生（前面一章已提及过）。

　　范先生，名士彦，安徽歙县人。安徽歙县是新安医学流派的发源地，他的学术思想、用药风格源于新安医派。新安医派发源于三国时期，兴起于两宋，繁盛于明清。自宋代至清末，共有名医466人，传世著作300余部。我们耳熟能详的《伤寒论条辨》《素问吴注》《医方集解》《医宗金鉴》《医学心悟》等中医名著，都出于新安医派的名医。范先生曾在浙江龙游、兰溪一带学医，因此对浙江人民有着深厚的感情。他学成之后，先在安徽歙县行医十余年，中年时来到桐庐。原先在深澳窄溪行医，曾与人合伙开药店，前店后堂，20世纪50年代初进入窄溪卫生院工作，1959年为了加强基层卫生力量，被派往梅蓉组建联合诊所。

　　梅蓉上有新安江，下有西湖，梅蓉居中，因此，梅蓉大队成了国际外交的窗口，各国使节和外交官来浙江访问时，往往会在梅蓉停留参观。梅蓉秀美的风景和热情的村民给前来参观的外国使节留下了美好的印象，也吸引住了范先生，他留在梅蓉从此再没有离开，而他组建的梅蓉联合诊所也成为一个外宾接待点。

到了 20 世纪 60 年代，范先生已年过花甲，经过 30 年的沉淀与积累，他在当地有了不小的名气。按一般规律，范先生此时应该已经桃李满堂，传承有人，但事实上他却还没有学术传人。范先生在此之前有过三个学生，前两个是新中国成立初期招的，因好学上进，社会活动能力强，都转而从事其他行业。第三个是他的女儿，由于非常优秀被上级领导部门选中，服从安排也不再从事临床一线工作。因此，随着年岁渐长，再收一个好徒弟传承自己的学术经验亦是他当时迫切的愿望。更何况，其时国家正推行一项鼓励师带徒的政策，人民有需求，国家有政策，也许这就是开门收徒的最好时机了。

当时对中医学徒的条件国家也是有要求的，一定要有初中以上文化程度，或是高小毕业语文学得比较好的青壮年男女。以今天的眼光来看，这门槛太低了，可在当时的农村，具备这样文化程度的人并不多，当地很多年轻人都是小学毕业甚至有的都没怎么读书就辍学了。经过观察，范先生锁定了这一年刚好中学毕业的王坤根，收他为自己的关门弟子。

范先生出自"新安医派"，新安即为徽州，新安医派历代医家根据徽州的地理环境、气候条件和生活习性，总结提炼出了具有自身特色的系统的医学理论，特别重视脾胃、肝肾和气血的调养，用药平正中和。正是受职业生涯中这第一位启蒙老师的影响，王坤根在后来的行医生涯中精于从五脏、气血、阴阳调治杂病，他擅治脾胃，尤其重视肝与脾胃的关系，用药同样平正中和，应是与范先生同出新安一脉。他结合江南卑湿，今人压力较大，湿热相火为病甚多的地域与时代特点，守正出新，因地制宜，选方用药常以二陈、平胃、六君作基础方药，再紧紧联系浙江地区每多湿邪致病的特征，注重健脾化湿；他注重望舌辨苔，强调四诊合参；他虽熟读《伤寒论》能取经方之长，但又认为南人肌腠不似北人紧密而倡用时方；他谨遵范老师教诲，厚德仁爱，终于形成自己的浙派中医特色。

范先生四处游历，并不拘泥于新安医派，而是杂糅各家之长，虽然诸科皆诊，但尤精于内、妇二科，对各种疑难病的治疗往往有独到之处，治法不拘一门一派，经方、时方、验方合而用之，辨病清晰，随证下药，往往能于危难之时力起沉疴。经过学习，王坤根已可逐渐摸到范先生的一些诊治思路了。

有一次，某村民突发狂证，狂躁怒骂，打人毁物，几个壮小伙都按不住他，

终日不寐，如是经日，家属百无其法，只好求治于范先生。范先生诊治之后，认为是阳明腑实，扰动神明所致的癫狂证。于是用大承气汤加生铁落治之，生大黄重用至一两，相当于现在的30g。患者服药之后，即得大泻，泻后神安狂止。这不就是《内经》中"狂言……治之取手阳明太阳太阴""使之服以生铁落为饮"的应用吗？

有一产妇难产，其夫半夜叩门求治。范先生匆匆披衣，以最快速度赶到病人家中。询症诊脉之后，却只开了两味药：川芎和当归。病家赶紧取药煎服以后，胎儿竟然应手而下。王坤根在旁侍诊，当然知道此方为佛手散，又名归芎散，出自《严氏济生方》（卷三十七妇人门校正时贤胎前十八论治），用治"妊娠自五七月，因事筑磕着胎。……口噤欲绝，用此药探之。若不损则痛止，子母俱安。若胎已损，立便逐下"。至《世医得效方》（卷十四），加入自死干龟壳1个及生男女者妇人头发1握（烧存性），名为加味归芎汤，功能催生兼能下死胎，补气养血，扩张交骨。后世医家每多引用，如《删补名医方论》中的开骨散，《医学入门》中的龟壳散等，是治疗妊娠胎动下血，子死腹中以及横生倒生、交骨不开等各种难产的效验之方。范先生所推崇的《医学心悟》（卷四交骨不开产门不闭）中，亦有加味归芎汤的论述。先前读书时，王坤根还疑惑为什么好好的归芎散要叫佛手散呢？这方子里也没有佛手这味药呀。此番亲见范先生药下子生，才明白方名佛手，真的是治疗难产，有如佛手之神妙啊。

还有一次，一位焦急的妈妈带着出生才几个月的婴儿来看病。这个小儿一吃奶就吐，奶吃不下，孩子饿得哇哇直哭。妈妈也急得想哭，赶紧抱着孩子来找范先生。范先生仔细询问病史，得知这个孩子是受寒饱食之后出现该症状。于是取了点沉香曲，让孩子的妈妈化水喂服。药水喂下去，孩子居然没有吐，也不再哭闹了，再给他喂奶，也不吐了，这个病就这么好了。这是取沉香曲疏表和胃的作用。范老师告诉王坤根，治疗小儿常见病时要特别注意"风寒食积"，或外感风寒，或伤之食积，用辛温解表，或消食导滞即可缓解。有的小儿常会出现风寒感邪之症，就是平时说的易反复感冒，对此范老师尤重消食导滞，认为食积可导致胃肠积热，邪热内伏，若稍感外邪，即易引动内伏邪热出现外感发热等证，治疗时除疏解外邪，更当消食导滞，泻热于内，每获良效。后来王坤根读到《金匮要略·腹满寒疝宿食病脉证治第十九》："病腹满，发热十日，脉浮而数，饮食如故，厚朴七物汤主之"。立刻联想到了范老师的话，厚朴七物汤用甘草、桂枝、生姜、大枣走表和营卫以解表，用枳实、厚朴、大黄理气通腑，泻热于里，以正本清源。后世刘河间之防风通圣散、双解散，都从这个处方发展而来，效果更好。

和大多数传统中医一样，范先生也非常善于就地取材，以一方药治一方人。遇到痰热壅盛的病人，范先生常让家属去山前屋后砍些竹子来，再砍成一节节的竹筒，放在火上炙烤。很快竹筒里就会流出一些淡黄清香的液体，这就是鲜竹沥了，用来清化痰热，最是有效。而又以乡间所产的锦竹所制竹沥最佳。

最有趣的是，有一次，某村民突发腹痛，辗转呼号，伴有周身风瘰瘙痒。范先生诊断为瘾疹引起的腹痛。环顾四周，正好看到桌上有吃剩下的芋头。于是询问家人是否还有芋头，得到肯定回答后，让其家人将生芋头加上白矾，一起捣烂，外敷于瘾疹发作之处。不一会儿，不但瘾疹退掉了，腹痛也消失了。

范先生最擅长的还是妇科，对妇产病有很多经验之谈。他认为女子以血为用，血宜行不宜滞，因此在治妇科病的时候就要时时关注气血之通畅。例如补气药常易滞气，妇人用补气药时，必须防其滞气。范先生的方法是补气必与行气同用，以保证补而不滞。女子以肝为先天，但女子性多隐曲，肝气易郁。肝郁往往月经提前，这种月经先期多以血热者为多，气不摄血者少。纵然是气不摄血所致的月经先期，也宜补肾，而不宜仅以参术补气。对月经先期的治疗，范先生常以当归、赤芍、丹参、香附为基本方，或用荆芥四物汤，是取荆芥能祛血中之风。这种妇科重血分的思想也体现在他治疗其他妇科疾病上。例如对于经行感冒，常以桂枝四物汤、麻黄四物汤、柴胡四物汤为治，胃不和者则用平胃四物汤，总是在四物和血的基础上，再加对证之方药。对于育龄妇女的用药，范老师更是谨慎，尝谓如欲活血，在排卵期前用之无碍，排卵期后则须小心，否则万一有孕，未免伤及无辜，确属经验之谈。

俗话说：师傅领进门，修行在各人；授人以鱼不如授人以渔。范先生就是把王坤根领进门的那位师傅。他教给王坤根医者所应遵循的道德规范，使他在人生的道路上不致偏差；他教给王坤根规范的入门培训，使他打下扎实的基础；他教给王坤根正确的学习方法，使他哪怕在离开范先生的直接指导后，仍然能自觉地通过各种途径获取知识并不断地提高。应该说，范先生并没有很高深的理论造诣，但他有的是丰富的临床经验，并且在王坤根跟随的几年时间里，毫不保留地将自己毕生积累的临床经验悉数传授给了王坤根，使他快速成长为能独当一面的基层医疗工作者。对这位小徒弟，他既严格要

求，一丝不苟；又关怀宠溺，允许小徒弟时不时"别出心裁"。就是在范先生这种既严格、又开放的教导下，王坤根的临床水平得到大大的提高。他一面从事着繁忙的基层医疗工作，一面系统地学习中医知识，很快就开始独自应诊了。

第二节　学道王师医术增

在跟随范先生学习中医，悬壶乡里十余年后，王坤根迎来了走出去看看的机会。1975 年，受桐庐县委派，王坤根到省城杭州市红十字会医院（以下简称红会医院）进修一年。正是在这一年里，他遇到了两位对他一生影响巨大的老师：王永钧教授和吴宝森老中医。王坤根进修的科目是中西医结合内科，进修的第 4 个月开始进病房，展现在他面前的是一个全新的医疗环境，当时红会医院中西医结合病房是医院的王牌科室，名医云集，专业力量在杭州市都是数一数二的，王永钧教授就是这个王牌科室的领头人。

王坤根第一次遇到王永钧教授是在科室大查房的时候，一群医生和学生跟着高高瘦瘦的王教授。王教授查房非常仔细，不但会认真听取管床医师的病情汇报，还会亲自询问病人病情，做体格检查，然后给大家细细分析每位患者的病情，中、西医知识融会贯通，信手拈来。不但对中医经典非常熟悉，对西医最新进展也是如数家珍。王永钧教授这种挥洒自如的风度深深震撼了王坤根。"我一定要利用这一年的时间好好学习"，王坤根暗自下了决心。

但是，对一个从未进过病房的"中医学徒"来说，学习病房管理可不是件容易的事儿。仅有望、闻、问、切，理、法、方、药是不能适应的，首先必须会写大病历，这就要求必须掌握完整的视、触、叩、听技能，必须了解各种检查的意义和操作方法。王坤根至今仍然清楚地记得，第一份住院病历，他整整写了一天。不懂就查书，想不明白就请教带教老师，没多久，王坤根就完全适应了病房生活。当一年进修结束时，王坤根已经是个很不错的住院医师了。适应了病房工作以后，王坤根又捧起"小别数日"的杂志。只不过，现在王坤根阅读的杂志名录已远远不止《中医杂志》《浙江中医杂志》，《新中医》《中华内科学杂志》等更贴近现代医学的杂志也是王坤根的必读期刊了。说到《中华内科学杂志》，王坤根还记得一个小细节。有一次晨间查房，王永钧教授从中西医两个角度对高血压病的最新进展分析得非常透彻，让一众进修医生佩服得五体投地。下班以后，王坤根照例在办公室整理学习笔记，正好碰到王永钧教授也在看资料，就问起王永钧教授一些关于高血压的问题。王永钧教授说道："这些内容在最新一期的《中华内科学杂志》上都有啊。"说罢将一本杂志递给了王坤根。王坤根翻开杂志，果然那篇关于高血压治疗最新进展的论文就在其中。让王坤根吃惊的是，不仅这一篇论文，整本杂志里几乎每一篇论文都被细细读过，还做了密密麻麻的批注。原来王永钧教授大查房时的挥洒自如，是来自于平时这样认真的学习和积累。"这件事给我影响非常大，没有好的治学态度，水平是上不去的"，很多年以后，王坤根在教导学生时，以这件小事为例，阐述认真治学的重要性，而他也认为，从王永钧教授这里学到的治学精神是最大的财富。

在这样一个积极上进的学习氛围之下，王坤根几乎取消了所有娱乐。看书、听课、临床，虽然繁忙，却充满了斗志。那时红会医院的各种讲座很多，基本每周都有。王坤根当然不会错过这样的学习机会。白天听了课，晚上就在宿舍里整理学习笔记。由于具备绘画功底，王坤根的笔记图文并茂，如心脏解剖图、心电图波形等画得形象逼真，如同书上的一样，多年后他的学生偶然翻看到这些笔记时不禁咋舌，感叹于他的认真细致。在整整一年的进修时间里，王坤根只有过年时回了三天家，其余时间都用在了学习上。"进修一年，我没有看过一场电影，也没有去过一趟西湖。"很多年后，王坤根回忆那段岁月时，平平淡淡的一句话，却道尽了当时的刻苦。

王永钧教授讲理中汤的应用，强调君药可以根据不同病证而变化，有时也可用甘草为君，这种思维方式对王坤根启发很大。王教授还特别提到大柴胡汤治疗胆石症，当重剂用之方效。

王永钧教授临床非常重视病证结合，强调重证不重症，按病以索治。所以对患者的西医诊断和中医辨证分型特别重视，用药以证为主，适当结合西医的病。如治疗肾盂肾炎，初起以解表为主，久病湿邪渐伤阳气，肾气亦随之渐虚。因此，湿重者在治脾之外，还重治肾，主张要从脾肾气虚调治。而湿热甚者，则要考虑到热盛伤阴，多从肝阴虚而湿热困阻论治。针对其湿热缠绵的病机特点，将清化湿热贯穿始终。治疗慢性支气管肺炎，则以外寒内热立论，用麻杏石甘汤为主方治疗。肺心病患者多用六神丸加葶苈子泻肺利水。王永钧教授病证结合的论治思想对王坤根的影响颇深，王坤根的辨证三步法里就有病证结合的影子。

王永钧教授也是较早开展中西医结合临床研究的学者之一，他当时研

究肾脏疾病已成绩斐然。除重视肾病研究外，他还很关注肝胆疾病的研究。1975年王坤根在红会医院学习时，王永钧教授正带领团队进行急性胆道感染的研究。其中有一部分关于胆石症并发胆道感染的研究内容，需要观察患者每天的大便中是否有结石颗粒排出。每天王坤根去到病房的第一件事就是收集病人的大便，仔细淘洗、观察。

这样辛勤的工作从1971年就开始了，一直持续到王坤根进修结束，整整5年的时间里，王永钧教授团队用中西医结合方法治疗了736例急性胆道感染的病人，所有病人的临床资料都进行了详细记录和系统分析。结果治愈好转701例，转手术21例，无效者仅有6例。研究团队发现，当时的急性胆道感染以蛔虫和结石两大诱因为主，治疗上既要分清这两种病因，分别采用不同的治疗方法，也要抓住胆腑"中清不浊"和"通降下行"的特点，注意通降清化之法的应用。他们根据急性胆道感染的不同发展阶段，分别采用轻、中、重三种不同的治疗和抢救措施。

轻型病机以气滞为主，伴有轻度湿热征象。主要是一些轻型胆道感染，包括胆绞痛、胆道蛔虫继发感染、胆石症所致的轻度梗阻性胆管炎、单纯性胆囊炎等。临床表现以"绞痛"为主，伴热或不伴发热，呕恶，或轻度黄疸，局部轻压痛，无肌卫，脉弦滑、苔薄或微黄。以大柴胡汤加减而成的清胆排石汤进行治疗。同时还可配合针刺治疗，必要时联合使用解痉止痛药。

中型病机以湿热为主，伴有不同程度的气滞和腑实征象。主要是一些中度胆道感染，包括胆道蛔虫或胆石症所致的化脓性胆囊炎或梗阻性胆管炎。其临床表现以"黄疸"为主，伴有胆绞痛，寒战、高热，局部压痛，肌卫明显，甚至可以扪及胆囊包块，血象升高，苔黄或白或腻。以清胆排石汤为主进行加减，加大茵陈蒿、元明粉和生大黄的剂量，并加银花、连翘、紫花地丁、红藤等药物增其清热解毒、活血通腑之力。部分病人可根据情况加用抗生素，此型还必须注意维持水电解质平衡。

重型病机以"热毒"与"腑实"为主，伴不同程度的气湿互阻。主要是一些重度胆道感染，如梗阻性化脓性胆管炎、坏疽性胆囊炎或胆囊积脓及其并发症，如透壁性腹膜炎、败血症、胆源性胰腺炎和感染性休克等。临床表现以"热毒"和"腑实"为主，如持续性胀痛加剧，寒战高热，黄疸，便结，有压痛和肌卫，腹部包块、反跳痛，移动性浊音阳性，血压下降及全身中毒症状，脉细疾数，舌干或绛。对此型患者的治疗必须足够警惕和细心。在服用清胆排石汤的同时，还要配合电针、静脉给予敏感抗生素、纠正水电解质和酸碱平衡、抗休克及应用激素等。必要时可手术治疗。对水电解质和酸碱平衡的监测尤其重要。在 8 例死亡患者中，水电解质平衡紊乱是最重要的原因之一。

团队在临床研究的同时，还进行了一些初步的实验研究工作，发现用于治疗急性胆道感染的经验方清胆排石汤在体内试验中有很好的促十二指肠乳头肌松弛、利胆、缩胆、抑菌、安蛔、降低腹压等作用。

王永钧教授团队对于胆道感染的治疗思想令王坤根获益匪浅，后来他在临床上治疗胆囊炎、胆石症的方法即源出于此。更重要的是，跟随王永钧教授进行这些临床和实验研究，不但开拓了王坤根的视野，学会了各种临床研究方法，还学到了科学研究的精神和方法，这也是王坤根从王永钧教授那里得到的另一项宝贵的财富。

第三节　再入吴门橘泉香

在红会医院进修的头 3 个月安排的是门诊抄方，王坤根接触到了另一位对他日后行医思路有重大影响的老师——吴宝森先生。这 3 个月里，王坤根感受到了吴老师娴熟的中医辨证、丰富的临床经验和接待病人的技巧。

吴宝森先生也是师出名门。他师承于裘吉生先生。裘老是浙江省近代中医的代表人物之一，对四大经典均熟稔于心，尤其对《内经》颇有心得。裘老治学强调要多读书，多临证，树医德，重医规。他一生节衣缩食，唯独对购书毫不吝啬，一生搜集、收藏各种孤本、抄本、医稿达 3000 余种，约 2 万册。对于读书，裘老曾经说过"多读一人之书，即多有一人经验"。

裘老素重《内经》，认为只有学好经典，方能学有本源。为了方便后人研习《内经》，他还从《三三医书》中选辑了《内经素问校义》《医经读》《内经辨言》等书。在临证上，则尤为推崇金元四大家和明清江浙一带的温病学家，推崇寒温一统，提倡学有贯通，勿拘一家一门之见。他曾教导学生："学医者必须由浅入深，循序渐进。先求诸刘、张、朱、李诸家，复求诸喻、陈、叶、徐诸家。认识各家之所长，再进而读《内经》《难经》《伤寒论》《金匮要略》，则固本求源，无不豁然贯通。较之先治经书至苦、艰、深及墨守一家言而谬持偏见者，不但得门而入，亦不胶柱鼓瑟。"他一生著录颇丰，壮岁迁居杭州后遵古训"医者须读三世之书，求三年之艾，方能三折其肱。"创建"三三医社"，发行《三三医报》，开设"三三医院"，一方面积极宣传医药知识，

一方面为百姓解除病痛。还先后完成了《三三医书》《珍本医书集成》《皇汉医学丛书》等大型丛书的编印工作。提倡在整理医著的基础上要以科学原则诠释中医，改进研究中医的方法，如提出做文献整理的同时要采取"确立病名，划清界说""须明晰古今病名、治法之沿革""研究中医，须分学理、学术二门"等方法，以促进中医学术研究的改进。

吴宝森先生承其师学，不但熟稔理论，而且精于临床，善以小方治病，思路灵活，用药轻灵。在跟随吴宝森先生抄方学习期间，王坤根不但学到了很多短小精悍的临床技巧，更受其启发，将之前所学渐次贯通，隐然形成脾胃分治，调和五脏的论治雏形。

吴宝森先生对小方的运用可谓得心应手，别具一格。例如，《药鉴》言"黄芩君白术则和，乃安胎之圣药"。吴宝森非常推崇这句话，将此二味化裁而成验方安胎和中饮。方仅炒白术、青子芩、砂仁壳、煅石决明、姜竹茹、橘皮、苏梗等七味，止孕吐如神。曾有一孕妇，妊娠近三月时，孕吐日甚，常觉胃中翻江倒海，甚则稍食即吐，苦不堪言，体重不增反减，担心腹中胎儿，多方求医无效，百般无奈之下，找到了吴宝森先生。先生即处以此方，并嘱患者，连服三剂，则当必效。患者将信将疑，取药服用，果然孕吐大减，连服三天，不复再吐。

再如左金丸乃丹溪名方，今人多用于治疗反酸诸症。吴宝森先生于吞酸嘈杂、胃痛胁痛者用左金丸加乌拉草、娑罗子，常常药下痛止，不过一二剂间，其病若失。而妊娠呕吐剧烈者，常在安胎和中饮基础上再加左金丸二钱，可加强和胃止呕之功。王坤根从而学之，治肝热胃中不和诸证，左金丸乃其常用之方。

再如治顽固头痛头风之症，吴宝森常嘱患者先将白芷研细末，再将鲜生地捣烂后，两药一同拌匀和丸，患者服之，亦常一剂即止。治梅毒则以自制三花散，方用绿萼梅、金银花、槐花三味为汤剂，连服一周，即可收效。这种善用小方的思路，对王坤根日后临床颇有启发。日后尝语诸学生："小方的灵活组合，即是历代名方之源"。如其治肝火犯胃的验方柴郁二陈汤，即以二陈汤加柴胡、郁金、香附而成，热盛者再加左金丸；治代谢综合征之三术二陈一桂汤，则系二陈汤、平胃散加减而成；治下焦湿热之一草二藤三妙汤即以三妙散加减而成。而前面所引的安胎和中饮，至今仍为王坤根所习用。擅用小方，实为临床灵活组方之一大捷径。

当时吴宝森所在的红会医院是杭州市民看病的首选医院之一，每日求诊者络绎不绝，常有各种大病顽症求治于吴宝森先生，经吴先生审证用药后，往往病起沉疴。诊疗之余，吴先生也常和王坤根等一众学生讲解各种病案和诊治经验。言者结合中医诸经典，娓娓道来；听者则暗中与所学相印证，收益良多。

曾有一年仅32岁的女工，因剧烈头痛半年求医。头痛甚时如刀劈斧砍，遂至卧床不起。外院检查发现右侧顶叶及右侧额叶分别有3cm×4cm，2cm×3cm大小肿块各一枚，诊为颅内肿瘤。西医难以手术，建议中医治疗。吴宝森先生察色看脉后，认为该病人除头痛外，尚有心烦口苦、便秘尿赤等症状，诊其脉弦数，观其舌质红而苔黄。此为肝热上冲，血热相搏，瘀热成积所致，当清泄肝热为主，兼以活血散瘀。予龙胆草、黄芩、栀子、生大黄、当归、川芎、红花、蜈蚣、全蝎合犀黄丸消息治之2个月余。患者感头痛大减，已能起床。遂改用桃红四物汤合当归龙荟丸加减，坚持治疗半年后，症状基本消失，仅劳累时易作头痛。拍片复查肿块仍在，但无变化。吴宝森嘱患者不要着急，继续坚持治疗。1年后不但头痛全消，甚至恢复了工作。吴宝森先生讲这个案例时，已经有十余年过去了，病人一直没有复发。因为不复头痛，亦未复查，不清楚颅内肿块的变化情况，算是一个小遗憾吧。

另一位40余岁的男性病人，亦乃积聚之病，经吴宝森先生治疗3个月余后诸症悉除。该患者胁下瘀块作痛，如针刺锥扎，按之尤甚。外院检查发现肝功能异常及进行性肝脾肿大，诊为"慢性肝炎""肝硬化"，在家休息2年余仍未改善，乃求治于吴宝森先生。先生诊其面有赤缕，两掌鱼际殷红，身形消瘦乏力，胃纳尚可，大便正常，脉来弦涩，舌红有瘀点，苔薄。这是气血同病，气滞而致血瘀。故以活血化瘀，软坚消积之法治之，药用制香附、炒三棱、炒莪术、赤芍药、当归尾、桃仁、红花、牡蛎、炒枳壳、小青皮。加减治疗3个多月以后，患者胁下作痛明显减轻，瘀点消失，遂改予归芍地黄丸合逍遥散以收全功。之后多次复查肝功能正常，已重返工作岗位。该患者治疗过程中全无出奇之药，而收意外之功。可见立方用药，重在效而不在奇。这个思想对王坤根的影响很大。后来他在临床用药时，也是中正平和，务在切中病机以收其效，不求用药惊奇。他治疗肝硬化腹水，亦多效验。然综观其方，不过疏肝健脾，理气祛瘀之寻常方药，以其辨证精准，立法中正，久久服之，比之急躁攻伐以求速效者，反而效果更好。

在跟随吴宝森先生学习期间，王坤根不但学到了很多确有实效的临床经验，在理论上也更趋圆通。有些经验对王坤根后来的论治思路有非常深刻的

影响。例如，吴宝森先生对胃病的治疗很有心得。他认为饮食劳倦，伤脾犯胃，郁怒扰胃等都可引起脾胃升降失调，特别强调肝对脾胃的影响。治疗胃病，常从其师裘吉生所立和胃降逆、辛开苦降、消食导滞、健胃化饮、活血化瘀、补益胃气、滋养胃阴、暖胃散寒、清胃泻火、理气止痛等治胃十法入手。胃脘痛虽有气滞血瘀虚寒郁火不同，然气滞为其主要病机，故治疗注重调理气机，疏肝和胃，理气解郁，芳香化浊，行气消滞，务使气机通畅，则痛除胃安。他还有个治胃痛的验方：疏肝和胃散。王坤根常见吴先生以此方治疗肝气犯胃之胃痛，疗效甚佳。方中有香附、甘松、沉香曲、九香虫、刺猬皮、延胡索、降香、瓦楞子、黄连、吴茱萸、生姜汁及甘蔗汁诸药。王坤根认为此方当由王旭高治肝三十法而来，用治肝气犯胃之胃脘痛，效颇堪用。

吴宝森先生认为胃脘痛的基本病机是脾胃失于升降，临床论治却又脾胃有别。如溃疡病的胃痛常表现为节律性、慢性周期性发作，食后可缓，当属"时痛时止，得食则舒"的脾胃虚弱之证；而胃炎疼痛，多是持续性疼痛，食后反觉痛甚不舒，或伴饱胀、压迫感，当属胀痛拒按，得食尤甚的肝气犯胃证。据此，吴宝森先生提出别具特色的"溃疡病责之于脾，胃炎责之于胃"的观点，此论上承于叶天士所论之"纳食主胃，运化主脾，脾宜升宜运，胃宜降宜和。太阴湿土，得阳始运，阳明燥土，得阴始安，以脾喜刚燥，胃喜柔润"的脾胃分治论，下启于中西医结合之辨病论治，是基于经典再行创新的典范。

王坤根通过学习吴宝森先生的这些经验，结合前人所论，认为东垣治脾，天士治胃，旭高则脾胃共论而分治。浙江名医如魏长春、吴士彦等都有这种脾胃分治的思想。脾胃分治是浙派中医对脾胃学说的发展，因此，在临床论治脾胃病时，王坤根不但非常重视脾胃分治，而且更结合多年临床经验创痞痛舒、柔肝和胃饮等验方分别从脾胃论治胃痛。

虽然跟随吴宝森先生学习的时间很短，但是吴先生的教导帮助王坤根完善了中医知识体系，为日后返回桐庐，继续深入研习《伤寒论》《金匮要略》诸经典，承担卫校的教学工作打下了坚实的基础。

第四节　一字之师知其要

昔年唐代僧人齐已带着自己写的诗拜见郑谷，诗作中有一首《早梅》："前村深雪里，昨夜开数枝"，郑谷读了以后说："'数枝'就不是早春了，不如改成'一枝'的好。"齐已大为赞服，遂称郑谷为"一字之师"。在王坤根的成长过程中，也有很多这样的一字之师，他们或是一句话，或是一个观点，在因缘巧合之下，对王坤根产生了巨大的影响，堪称王坤根的一字之师。

一、梅蓉中医联合诊所的陈延寿

在这些"一字之师"中，王坤根印象最深的还是陈延寿老先生。陈延寿是王坤根进入梅蓉中医联合诊所学习时，诊所中三名中医师之一。为人幽默风趣，很愿意提携后辈。刚开始学医，面对浩如烟海的医学知识，王坤根常有漫无方向之感。白天跟着老师侍诊、制药，有很多不明白的地方，也不知道从何学起。陈延寿看到以后，就主动和王坤根说，学医最重要的是多读书，读好书。而读书的最好去处就是书店。还亲自带他去桐庐县城的一家书店去挑书、买书。像秦伯未先生的《谦斋医学讲稿》《医学入门》，俞根初的《通俗伤寒论》都是这个时候购得的。

可以说陈延寿也是提携王坤根步入中医之门的启蒙老师之一，如果没有陈延寿老师指点他多读书、读好书，也许王坤根在入门之路上不免停滞不前，或迂曲难行，甚至畏难而退也未可知。

二、桐庐窄溪卫生院的袁昌益

梅蓉与窄溪镇相隔仅十里之地，梅蓉村但凡有稍复杂的妇科疾病，必去窄溪找袁昌益老先生。袁老先生出身中医世家，袁氏世代以妇科闻名乡里，袁先生精于妇科，为人爽直，口碑甚好。

王坤根因慕其名，每有去袁先生处求诊，后又来联合诊所续方者，必将袁先生的处方抄录。研读其方，发现他的处方用药、药名书写及药量颇似《丁甘仁医案》，形神皆俱孟河医派。后来才知道他毕业于上海中医专门学校，因成绩优异曾留校任教，并得到学兄程门雪的指教。其后不久，抗战爆发，上海沦陷，先生乃返回乡里开业，是当时桐庐中医师公会会员。袁先生亦精于内科，对四时热病、疑难杂症均疗效卓著，威望甚高，王坤根仰慕已久。

1979 年 8 月，时任桐庐卫生进修学校副校长的王坤根有幸请到袁昌益老先生来卫校，为中医班学生讲中医妇科学专题报告。桐庐的 8 月正是炎夏之季，那时不知空调为何物，好在卫校身处山坳之中，上午尚有凉爽之感。袁先生是 8 月 2 日到的卫校，3 日休息一天，4 日开始讲课，连续讲了 8 天。这次讲座有四个方面令王坤根至今记忆尤深。

一是开场白很特殊。袁先生从中医的特点讲起，认为中医先有方药，然后才有理论，理论很重要，但实践更重要。学习理论的同时，一定要去临床应用，理论要受实践的考验，要学以致用，不要空谈理论，怎样把病治好才是当医生的根本宗旨。

二是这次的专题报告涵盖了中医妇科学的全部内容，十分详尽，单月经病整整讲了三个半天，继后是崩漏、带下、恶阻、胎漏、胎动不安、滑胎小产、产后证。

三是没有讲稿，只有提纲，虽然他用窄溪方言讲课，但条理清楚，声情并茂，十分生动。

四是每讲一病必有自己的体会，以体会的形式表达这一病的理论依据、临床治疗的常与变，细至方中某一药的炮制，非常实用。如讲崩漏一证，是指妇女非经期阴道大量出血或持续淋漓不断地出血。出血量大，山崩地塌谓之崩；出血量少，如屋漏水谓之漏，两者可以相互转化。孕期出血不属崩漏，而属小产范畴。若老年人绝经后反复发作，要警惕占位性病变，也有部分与炎性病变有关者，可按崩漏辨证治疗，但必须行妇科检查。青春期出血属于崩漏范围，但治疗较为复杂，疗程较长。子宫有异物出血，不属于崩漏的范围。崩与漏仅是出血程度的不同，病势缓急不同。此证虚多实少，程门雪曾告诫他："崩者宜温涩，漏者宜清通。虚者必补，气为血之帅，血崩要责之于气，当益气摄血，宜用独参汤急救用。他曾见一产后血崩致厥脱患者，用野生别直参四钱，频频服之，逐渐恢复后用归脾汤。对归脾汤的用法，也有他的经验，加熟地补肾之精血，名黑归脾汤；若失眠重，方中抱茯神应用辰砂拌；方中当归、白芍在于养肝血，不能照搬四物汤，其中川芎当忌；阿胶补血，但脾虚之人易便溏，所以要炒珠；加炒艾炭 3g、白芷炭 9g 止血塞流；头昏甚可加煅牡蛎，此即补血之源、塞血之流的大法。

听他的专题讲座，真是醍醐灌顶，受益终生。这次专题讲座充分展示了袁昌益先生深厚的中医基础理论，丰富的临床实践经验，更重要的是他将袁氏妇科的精髓完全奉献给后学，这一精神令王坤根尤为敬佩。

三、浙江省中医院魏长春

"师者，所以传道授业解惑也"。有些老师虽未曾亲自指点，然慕其声名、习其论著、心向往之、以其为楷模，亦可称之为师，魏长春老先生即为此例。

魏长春，字文燿，宁波慈城人，师从浙东名医颜芝馨，年仅20即悬壶慈邑，闻名一方。1956年受聘赴杭，翌年任浙江省中医院副院长、浙江省中医学会副会长。他从医60余年，学养俱丰，医术精湛。早年以治疗外感时病为主，后又专攻内伤杂病调治，擅长诊治消化系统疾患及急重症，享有盛誉。

还在跟随范士彦老师学徒之时，求知欲极强的王坤根在范老师的书架上发现了一本1959年编的《杭州市中医验方集锦》（第二辑），正是在这本书中，他第一次知道了魏长春这个名字。这本书是一本验方集，其中魏老先生提供的验方给王坤根留下了深刻印象，这是因为魏老先生提供的方子有三个特点：一是数量众多，达40余首，涉及内、外、妇、儿各科，是提供验方最多的专家之一。二是每方均注明出处，并有自己的实践体会，每方均经他自己临床应用，证实确实有效。如书中提到治久痢脱肛的保元化滞汤：生黄芪二两，滑石及白糖一两；注明出自王清任的《医林改错》，并经范文虎先生临床应用有效，他自己又临诊使用，确有疗效。还有金钱开郁散治疗胆石症、胆囊炎初步有效；猪胆汁藿香治鼻渊，出自慈溪民间验方，写得详实之至，可信度极高。三是他的经验方，都能行之有效。当时在基层诊治疾病，老百姓不求理论高深，只要见效快，价格廉。魏老先生提供的方子有这样的特性，对临床有很强的指导意义。如当时农村麻疹流行，闭证甚多，用紫金锭透发麻疹即得益于他的验方。

王坤根在临床经常使用魏老的验方，魏老一直是他心目中的老师，虽然无缘直接聆听魏老的传授，但他十分注意收集魏老的经验信息。后来，王坤根又有机会学习了魏老编撰的《慈溪魏氏验案类编初集》和《察舌辨证点滴纪要介绍》，其中《魏氏验案类编初集》收录了魏老的验案182则，共分六淫病案、急证脉案、内伤杂证验案及痛、疸及妇科病证四卷，先审证，后议病，处方药味较少，颇能变化，甚合基层临床所需。他还抄录过魏老的《诊脉须识常与变》及有魏老按语的《范文虎医案》，都有启发，获益匪浅。他在脾胃病诊治中倡导脾胃分治，就是受《魏长春临证经验集》中调治内伤病脾胃当分治的启发，而更坚定这一理念的。

1966年，王坤根有机会来杭州，他首先就到浙江省中医院参观。适逢魏老门诊，诊室内病人良多，络绎不绝。王坤根不便打扰，无以向心目中的老师表达倾慕之情，于是静静地站在魏老身后，仔细倾听魏老与患者的对答及对学生的讲解，不知不觉两个多小时过去，因还有其他活动，只能恋恋不舍地离去。

四、杭州市第四医院的俞尚德

俞尚德先生是浙江诸暨人，第二批全国老中医药专家学术经验继承工作指导老师，师从上海名医蔡济平先生，是浙江省第一个综合性医院中医科的创建者。曾襄助儒医王邈达先生注释《伤寒杂病论》，毕生潜心研究消化系统病证的临床诊治，倡导"审病－辨证－治病"的诊疗思维。发表论文50余篇，并编撰《内经知要选讲》《中药不良反应防治》，主编《俞氏中医消化病学》等专著。

俞尚德曾至桐庐上课，讲四大经典，讲临床经验。比如他讲胆系病的治疗，主方用苍术、炙甘草、赤芍、姜黄、木香、枳壳、酒大黄、蒲公英等为主，炎症甚则加黄柏；胆石症则加金钱草、海金砂；肝内胆管结石则合用红灵丹；胆道蛔虫加吴茱萸、乌梅丸，纲举目张，井井有条。他还认为治疗胆系病，最重要的是利胆通腑，而酒大黄正是利胆通腑的要药，酒制之后，可引药入肝胆。他还强调六腑以通降为顺，但又各有偏重，通降各异，在胆则以利胆为通降，在大肠则以通肠为通降，在胃则当和降胃气，在小肠、膀胱以利尿通淋为主，在三焦则以行气利水为主。

俞尚德先生对各种脾胃病的诊治颇有心得。对于腹痛喜按的"虚痛"，他根据《素问·举痛论》中"寒气客于肠胃之间，膜原之下，血不得散，小络急引，故痛。按之则血气散，故按之痛止。"提出"血不得散"和"小络急引"是腹痛喜按的重要病机，可与西医认为的此症多由单纯性肠管痉挛或梗阻所致互为印证。既然有"血不得散"，说明局部当有血气涩滞的存在。因此，腹痛喜按不但说明患者是中焦虚寒，还应有气血停滞的因素，治疗上要在益气温中基础上加用运行血气之品。常在黄芪建中汤基础上再加姜黄、制军、木香甚至乳香、没药之类治之。

俞尚德先生的这种珍贵的临床经验当然对王坤根有很大帮助，但真正让王坤根始终难忘的却是一次夜谈。有一次，俞尚德先生到桐庐讲课，当晚，王坤根前去拜访，二人便闲聊起来。谈到如何写好医学论文时，俞尚德先生旁征博引，一口气就讲了一晚上，硬是将一次夜间"闲聊"变成了一对一的授课。王坤根赶紧掏出随身携带的笔记本，将这次难得的"讲课"记录了下来。

俞先生说写论文的时候，第一个要点是题目一定要小。只有题目够小，才说明对问题的提炼够明确，研究起来才能足够深入，否则就难免失于泛泛，甚至漫无目的，无处入手。而且，对于初学者来说，由小的题目入手，也更容易把控，论证起来更简单一些。第二个要点是作为一篇学术论文，一定要有明确的论点。所谓论点，就是作者自己的观点。这个观点当然不是拍脑袋想出来的，而是基于足够多的理论和临床资料提炼、思考得来的。俞先生还举了一个很生动的例子。说是过去有一个人写文章，捱了半天也没写出什么东西来，他的妻子嘲笑他说："你怎么写个文章，比我们女人生孩子还难！"结果那个人说："你生小孩是肚子里有货色，我肚子里没有货色啊！"说明足够的资料是形成论点的基础，也是论文能充分展开论证的基本材料。而这些资料从哪里来呢？第一个是来源于实践，对中医来说，就是病历；第二个，就是文献资料。

这样的话，病历资料就必须详实，否则就会降低甚至失去它应有的价值。而文献资料则可从经典著作着手，渐及各个专业的代表性著作和期刊论文。这些资料都要注意平时的积累，有了足够的资料，就有了写文章的材料。这就好比做饭烧菜，有了好的食材，再进行思考加工，就可做出各种美味佳肴了。有了鱼和佐料，做西湖醋鱼也可以，做红烧鱼也可以，做宋嫂鱼羹也可以，自然可以左右逢源。第三个要点是每篇文章的小结很重要。小结最忌写成正文内容的简单重复。好的小结是对全文提纲挈领地总结和归纳，让读者可以清楚地看到文章的最终结论和主体论证思路。

后来，王坤根又在杂志上找到了俞先生发表的《怎样搜集和积累总结经验、写论文的资料》一文，结合笔记反复揣摩，终于对"写论文"这件看起来很了不起的事情有了初步的认识。后来进修结束，被组织委派到卫校授课，自己编写教材；调到浙江省中医研究院，撰写研究报告和科研论文，王坤根都能轻松驾驭。这次珍贵的讲课，实在是居功至伟。再后来，王坤根重回临床，非常注重病历资料的完整书写，学生整理起来非常轻松，细想起来，也是源自于此。

浙江中医临床名家·王坤根

第三章

声名鹊起

第一节　悬壶乡里救俯仰

时光荏苒，1966 年对于王坤根来说是生命中一个重要的时刻，忙碌而充实的 5 年跟师学习生涯结束了，他终于可以独立行医了。此时的王坤根，已不再是当年那个懵懂、紧张、刚刚踏入医学之门的毛头小子。经过 5 年的学习和历练，他对中医有了初步的认识，并急于想在实践中不断提高，他迫切地想在梅蓉中医卫生所的门诊记录里留下自己的笔迹。

当时在梅蓉卫生所的几位医生中，王坤根是最小的一个。在刚刚独立接诊患者的时候，他也不可避免地遇到了每一位年轻大夫都会遇到的尴尬局面——无人问津。上面有几位德高望重的老先生，谁还会找一个学徒刚满师的毛头小子诊病呢？

王坤根没有气馁，他深知只要认真处理好每个病人，认真积累每个病人，自然会有口碑。一天中午，其他大夫都回家午休了，诊所只有王坤根在，他整理完上午的门诊记录，正要吃饭时，突然传来了急促杂乱的脚步声。抬进来一个十几岁的孩子，面色苍白无泽，腹痛难忍，捂着肚子在诊查床上辗转呻吟。王坤根立刻放下饭碗，快步走到床边，对病人进行四诊。家属用急切、企盼又疑惑的眼光看着他检查，仿佛是问：今天老医师不在，你能治吗？如果不行我们只能送县医院了。王坤根静下心来专心四诊，当他撩起孩子的衣服进行腹诊时，一眼就看见孩子的腹部有包块拱动。5 年跟师的经验使王坤根一眼便知这是蛔虫导致的肠梗阻，这在卫生条件较差的农村是常见病，必须赶快想办法把蛔虫排出来。王坤根找来肥皂水给孩子灌肠，不多时解出蛔虫数百条，孩子的腹痛也随之缓解。继而用五味异功散合使君子散汤剂调理，孩子很快就恢复了健康。"小王医师不错"的传闻慢慢多起来了。

又是一天中午，诊所里抬来了一个10岁左右的小孩，面色苍白，神情萎顿，亦诉腹痛。王坤根为其四诊和体格检查时发现，患儿腹部压痛明显，且呈板状腹，"急性腹膜炎"这个诊断立刻跳入了王坤根的脑海。望着孩子苍白的小脸，明明天气炎热，可是孩子却有瑟缩畏寒的表现，抚其四肢，触手湿冷，观其舌苔，淡而无华，诊其三部，脉微欲绝，这仿佛是气随血脱的表现啊！王坤根立刻给孩子量了血压，果然，孩子已处于休克状态，病情非常危重，一刻也不能耽搁了。王坤根一面迅速给孩子打上吊针，挂上盐水，一面向孩子的家属了解起病的经过。原来适逢水稻收割的季节，孩子在晒场上玩，打稻的稻筒翻下，正好压在其腹部，起初孩子未觉明显不适，可是半小时后却诉腹痛，并不断加重。王坤根立刻判断是腹腔脏器出血，叮嘱患儿家属立刻抬送县医院，并让他们告诉医生怀疑是腹腔出血。由于初步判断准确，运送及时，这名患儿手术后转危为安。就这样，"梅蓉卫生所里那个范老先生的小徒弟虽然年纪小，医术却不简单"的消息不胫而走，王坤根的病人逐渐多了起来。

当时的卫生所虽是中医诊所，面向的却是一方百姓，交通不便，老百姓们不管大病小病，第一时间都会想到卫生所。因此，王坤根要面对的不仅是头痛脑热，他必须内、外、妇、儿都通晓，还要面对各种传染病如流脑、乙脑、流行性出血热等的诊断治疗，甚至包括中毒的急救。

一个初冬的夜里，天上下着雨，气温骤然下降，王坤根患病初愈，打算早早钻入被窝睡觉了。躺下不到5分钟，大约8时许，突然听到急促的拍门声和叫喊声："小王、小王，赶快！陈家有急病！"王坤根立即披衣起床下楼，背起出诊箱就到陈家。原来，陈家两个孩子白果中毒，当时症状非常严重，神志不清，角弓反张，呕吐食渣，脉象细数，口唇发绀，每刻都有呼吸麻痹的危险。王坤根想起曾在《重庆堂随笔》中看到"解白果毒白果壳煎汤服。白鲞头煎汤频灌"的记载。便立即让家属取白鲞头煎汤频频灌下，患儿边灌边吐，很快吐出一大堆的胃内残渣，内中还有未消化的白果。经过一系列的抢救，在胃内的白果全部呕出，患儿慢慢得到康复。

令王坤根印象深刻的还有一位中年妇女，平素反复咳嗽咳痰，痰色黄脓量多，偶有痰中带血，因家境不裕迁延未治，渐至形体消瘦，面色㿠白。入秋后感寒又致咳痰黄脓，某夜突然咯血，家属急送至卫生所诊治，至诊所时咯血已盈盆，纯血鲜红，其夫跪地泣求王坤根救命。王坤根忙拉起家属，急

至竹榻前，观其面色潮红，咳声频频，大口鲜血随咳嗽涌出，听诊两肺均可闻及湿啰音，舌红脉数，立即判断为咯血之血热妄行、络伤血溢证，因出血量大，应立即凉血止血，防止窒息。情况紧急，王坤根立即仿犀角地黄汤之意用水牛角、鲜生地、鲜小蓟、生侧柏叶、紫草煎汤送服三七粉和蒲黄粉，频频服用，未几咳血之势渐缓，渐至痰中夹血，继用滋阴止血收功。

当时的基层医院医疗条件还是相当薄弱的，不仅没有什么特效抢救药物，也没有什么检查设备。如何快速判断患者病情，确定诊断并给予有效的或初步的治疗？王坤根觉得运用好望、闻、问、切四诊，对病人细致认真的观察是非常重要的。

一年冬天，卫生所来了一位老人，诉右半身疼痛难忍，坐卧不安，去过几家大医院诊治无果，止痛片吃了七八天疼痛依旧，抱着试试看的心态又回到梅蓉找到卫生所的王坤根。王坤根让患者儿子脱下老人的衣服检查，起先家属还怕老人着凉，待到衣服脱下家属目瞪口呆，只见右侧腰背部大片疱疹，皮肤潮红，疱壁紧张，原来是缠腰火丹，也就是带状疱疹。因冬季天寒衣厚，老人裹衣而睡，别说家属，就连老人自己也没发现身上出了这么多水疱，而他跑了几家大医院，也没有一个医生让他脱下衣服检查。诊断清楚了，再一问老人局部灼热疼痛，口苦溲黄便干，舌红苔黄脉弦，当是肝经火毒，发于肌肤，阻于经络，当即予灯心麻油灸其疱疹两端，继以龙胆泻肝汤加全蝎、蜈蚣；服后疱疹逐渐结痂愈合，疼痛缓解。

细致地观察，不仅指症状体征，还包括详细了解病人的治疗经过，亦有助于正确分析病情，提高疗效。曾有一中年男性，便秘已3～4年，更衣2～3日一行，便干难解，延医诊治多年，或无效，或反致泄泻，慕名前来延王坤根诊治。王坤根闻其便秘腹胀、寐劣易醒，观其形体消瘦、舌淡边有齿痕、苔薄白、脉弦。问其诊治经过，患者取出一叠处方，王坤根一一检视，发现多以通利攻下治之。结合四诊情况，因思患者为肝郁脾虚，予补中益气汤加疏肝解郁之品治之，症状很快缓解。患者惊喜之下，到处宣传："王医生真不简单，多少医生治不好的病，到他这里几剂药就好了！"王坤根心里清楚，这不循常理出牌的"塞因塞用"的方法，如果不是仔细了解了患者的诊治经过，恐怕他也是会走一下弯路的。

除了认真观察，对病人密切随访也是非常重要的。王坤根始终认为病人是我们最好的老师，通过密切观察患者对治疗的反应，及时修正诊断及治疗方案，不仅能迅速发现重要的问题，防止漏诊和误诊；也能通过观察理法方药的变化、与常规治疗的异同所带来的病情变化，不断总结经验教训，提高自己的业务水平。王坤根早在跟师学习时就养成了随访病人的好习惯。经常有病人几剂药拿走就不再复诊了，究竟是病情好转所以不来了，还是治疗无效另请高明了？不搞清楚怎么能总结提高？因此，凡是王坤根经手的病人，几天没来复诊，他一定会抽空主动到患者家中或者田间地头对病人进行回访，观察疗效。这个习惯即便在王坤根已成为正式医生后，也没有改变。白天在诊所诊病，晚上除了看书整理资料，他还有一项重要的活动就是随访病人。乡里人淳朴，病家往往会招呼王坤根一同晚饭，王坤根不愿打扰，总是挑晚饭过后的时间才出门。几家访视下来，往往已是月朗星稀，回去的路上，一路蛙鸣，王坤根会随身携带一个网兜，捕得青蛙数只，回去诊所煮一碗香喷喷的田鸡面条，吃完了还可以再学习一段时间。至今回忆起那段时光，王坤根仍有苦中作乐之感。

曾有一胃脘痛病人，在上级医院住院按胆囊炎治疗出院后仍感右上腹不适，适逢"双抢"，王坤根正在这村的巡回医疗点，病人找王坤根看诊。王坤根发现病人面色萎黄，食欲不振，疲乏无力，主诉腹胀，触摸腹部有膨满之感，似属鼓胀之证。触诊时发现患者肝脏肿大，当时根本没有 B 超检查，更遑论 CT 等先进检查设备，王坤根敏感地意识到患者有肝积病之可能，但由于病人没有基础资料，不知道他过去肝脏的情况，难以判断，于是要求患者过两日再来复诊检查。两日后患者未来就诊，王坤根坐不住了，主动跑到了患者家中。原来，患者自觉这两天并无不适，就没有去复诊，王坤根让患者躺在床上再次触诊了患者的肝脏，隔了短短两天，他感觉患者的肝脏好像又大了，究竟是错觉还是真有变化？细心的王坤根做了标记，要求患者隔两日再来复诊。如此反复一周后，王坤根确定患者的肝脏确实在不断增大，于是嘱咐患者儿子赶紧带患者去大医院检查，不久家属反馈来了检查结果，患者是巨块型肝癌。虽然已无法治疗，但是家属对王坤根却心怀感激，因为帮助患者及时明确了诊断，也让家属对患者的预后有了充分的思想准备。

逐渐地，梅蓉村周边的老百姓们都认可了王坤根，他在当地积累了不错的口碑。

讲到名气与口碑，王坤根始终觉得：在基层，要让群众信任你，一是能看好病，为他们解决痛苦，使他们康复，这是主要的；二是即使治不好，但诊断要正确，比如你的诊断与上级医院是一致的；三是体现出你有责任心。只要做到这三点，老百姓一有病就会想到你，千方百计地找你治疗，明知是

不治之症，能找到你让你给看一看也就瞑目了。

王坤根就是按照这个方向去努力践行的，多年以后，当他已经成为浙江省名中医后，一次有位老乡陪人来他这里就诊，老乡心诚感激地说："王医师，我谢谢您！您几十年前教我的两味药，至今一旦上火就取来煎服，只要服一剂，火气就退下去！"王坤根早已不记得了，便问是什么药，老乡诡秘地说："桑叶，稽豆衣呀！"就是这么简单的两味药，老百姓会惦记你一辈子，几十年了有相熟的人想要寻个好大夫看病就会想到你，大老远地领着人来找你，这是真正的名气与口碑，而对这传统的中医药我们又怎能有半点的不敬和懈怠呢？

第二节　究心谋病起一经

20世纪60年代后期，赤脚医生出现，这些没有纳入国家编制的非正式医生，承担了大量的防疫工作，这大大减轻了王坤根他们的负担，使他们能把精力集中到临床工作中来。但是，培训赤脚医生也是王坤根的工作之一，他不仅教授他们医学理论，还要教他们新鲜草药的采集应用。王坤根明白了"教学相长"的道理，在对赤脚医生的教学工作中，自己的理论水平也不断得到了提高。

70年代，桐庐甲肝流行，当地群众接连染易，患者之多已达到应接不暇的程度。疫情汹涌，被动地等待患者发病了再去治疗肯定不是办法，应该从源头上做好预防工作，这个艰巨的任务该交给谁呢？大家不约而同地想到了头脑灵活、总有不少好思路的王坤根。王坤根临危受命，他翻查资料，自拟由黄木耳草、金钱草、茵陈等清热解毒中药组成的协定方，然后组织赤脚医生上山采药，回来大锅熬制，再分送到各家各户。同时组织当地群众，由他亲自教授甲肝防治科普常识，受众达3000余人，如此坚持15天，终于成功压制了疫情蔓延的势头。

功夫不负有心人，多年刻苦学习和认真实践使王坤根的医术日益精湛，远近前来求诊的患者络绎不绝。但是王坤根却丝毫没有骄气，仍是一如既往的谦逊有礼。他总记得恩师范士彦对他的谆谆教导："我们身上都穿着一件红马甲啊！"医生的身上背负着人命，一有不慎，不仅为病家带来痛苦，也会为自己惹来官司。因此，王坤根在行医路上一直遵循着精、勤、谨的原则，不敢有丝毫懈怠。

"病人至上"是王坤根一向秉承的原则，他谨记"夫医者，非仁爱之士不可托也，非聪明理达不可任也，非廉洁淳良不可信也"之古训，凡有求治，风雨寒暑勿避，远近晨夜勿拘。病人上门求诊，他即便刚端起饭碗，也必立即搁筷救治；遇到危重和疑难病，不论贵贱、贫富、亲疏，必定上门救治，抢救病人往往通宵达旦；不管病人是何身份，全都一视同仁。他精湛的医术和高尚的医德深得群众信任，与他们建立了深厚的友谊，在当地名声渐起，口碑颇高。

1977年底，为了培养基层卫生人才，当时的县卫生局打算将位于分水山坳内的一所战备医院改造成桐庐县卫生进修学校，领导慧眼识英雄，挑选了王坤根领衔筹建卫生进修学校，并让其担任主持工作的副校长。王坤根不负众望，首开中医班，在担任副校长的同时，承担了《中医基础理论》《中医方剂学》《中医诊断学》《中医内科学》等课程的教学工作，为基层培养了一大批"留得住"的中医药人才。其中不少学员现在已成为当地的中医骨干，有的还成为市级名中医。如桐庐济民医疗康复门诊部主任、杭州市名中医臧明，桐庐县中医院桐君药祖国医馆馆长，杭州市名中医姚梦华等。

分水的山坳景色宜人，春天繁花似锦，头上是桃李争妍，脚下是碧草如茵，门前小溪潺潺，屋后青山婷婷。环境虽然优美，生活却单调简朴，连半导体收音机都是稀罕之物。王坤根与同事每天晚餐后在山坡散步，天色暗下来就到办公室读书、学习、备课，将近两年的时间里只看过一次电影。这期间他还是每夜抄《伤寒论》从不间断，这时的他早已不再是为自己留一份参考资料，而是在不断地抄写中体悟经典，加深理解。早在培训赤脚医生期间，他就已深刻体会到"教学相长"的道理，现在更是机会难得。两年的时间，王坤根的中医理论水平又上了一层楼，教学水平更是得到了很大提高。

机遇总是青睐有准备的人，1979年王坤根迎来了生命中第二次重要的转折。

当时在基层工作的中医药人员，多数是源于师承的学徒出身，拿极少的下拨工资，也没有专业技术级别，还有通过短期培训的赤脚医生，仅拿微薄的补助。但这些人热爱中医事业，通过勤奋自学，寒窗苦读，在中医学术和临床诊疗方面有一定的经验和成就。他们中很多人可能没有高深的理论水平，但有丰富的实践经验，他们默默扎根农村，栉风沐雨，治病救人，承担了大量的人民卫生保健工作，做出了不可磨灭的贡献。

1978年，卫生部组织力量在全国进行了一次广泛深入的调查研究，指出

当时青壮年中医重西轻中、弃中学西的情况普遍存在；大批中医药出师学徒因工作得不到安排而被迫走上其他谋生之路；中医药队伍后继乏人的情况严重。提请国家计委拨出 1 万名劳动指标，从集体所有制医疗机构和散在城乡的民间医生中，通过考核选拔一批具有真才实学的中医药人才，充实加强全民所有制的中医医、教、研机构。

党中央对此事十分重视，批示强调要培养一支精通中医理论和有丰富临床实践经验的高水平的中医队伍，造就一支热心于中西医结合工作的西医学习中医的骨干队伍。各地党委和政府纷纷响应，给当地中医增拨录用指标，此次考试全国实际录用共 2 万多人。

浙江省响应党中央的号召，也紧锣密鼓地组织了中医招贤考试，考试分初、复试两场，试卷由省卫生厅统一出题印制，全省共有 6000 余人参加，王坤根也坐在了考场中。考场纪律严格，县卫生局组织专人监考，开考铃声一响，王坤根运笔如飞，凭借扎实的理论基础和临床功底，做来得心应手。当然，几家欢喜几家愁，场中也有考生晕倒在地，被扶出考场。待到成绩揭晓时，他以全省名列第一的优异成绩，被选拔调入浙江省中医药研究所（现浙江省中医研究院）从事中医内科临床研究。这次考试，全省共从基层选拔 500 名人才，中医药研究所共招 13 人。

1979 年 12 月，王坤根正式加入浙江省中医药研究所临床研究室心血管组。转换了一个新环境，工作性质也完全发生了改变，由原来的临床工作转向科研工作，这对他是一个极大的挑战。

王坤根先是参与了"大蒜油治疗高脂血症"的课题研究，掌握了基本科研方法后，在当时心血管组负责人樊良卿的领导下，他开始从事课题"心本质的研究"。"五脏本质的研究"是当时全国研究的热点，几乎每一家省级中医院及研究所都在如火如荼地研究五脏本质。王坤根所在的小组选择了心功能、血液流变学和血清多巴胺-β-羟化酶这三部分指标与冠心病不同证型进行相关性分析，以期寻找冠心病分型的客观指标。小组在红会医院收集观察冠心病病例，王坤根负责中医辨证。心本质研究的开题报告在红会医院举行，组长樊良卿推荐王坤根主讲，报告的中医部分也由他执笔。虽然是第一次作开题报告，但有过多年教学经验且准备充分的王坤根不慌不乱，娓娓道来，有理有据，层次分明，给台下的同事和领导留下了深刻印象。

心本质的研究是有意义的，研究观察到：冠心病心气虚与左心功能异常密切相关，提示左心功能是辨证心气虚较特异的客观指标；心阴虚患者血清

多巴胺 -β- 羟化酶指标偏高，提示阴虚似与交感神经功能偏亢有关；凡辨证心气虚、心气阴两虚者，心脏收缩时间间期异常率高，冠状动脉病变严重。成果以文章的形式呈现，《冠心病中医辨证分型的客观指标探讨》一文发表于《中医杂志》，遗憾的是该成果比北京晚了 3 ～ 4 个月。

当时的临床研究室共分四个组：心血管组、呼吸组、消化组和肿瘤组，组员中有理论功底扎实、临床经验丰富、娴熟中医药研究的老专家，也有与王坤根年龄相仿志同道合的年轻人，又共用相邻的办公室，很快大家就成了好朋友，工作上常常互相切磋探讨。当时临床上肿瘤的治疗以清热解毒、活血化瘀祛邪为主流，而肿瘤组已进行以扶正为主治疗肿瘤的研究，扶正以黄芪、冬虫夏草为主，抗癌则以西药放化疗为主。消化组的研究重点是慢性萎缩性胃炎，代表成果为人参香茶片（胃复春的前身）和养胃冲剂。呼吸组的研究重点是艾叶油（萜品烯醇）治疗慢性支气管炎。同事们的研究对象都是当时的常见病多发病，他们的研究成果代表了当时最前沿最先进的方法和知识。王坤根耳濡目染，聆听老专家的指导，与同事们互相交流，共同提高，不仅科研能力得到了长足的锻炼，理论水平也有了新的提高。至今，这些常见病的治疗思路和理念还体现在王坤根的临床实践中。

在心血管组工作期间，王坤根还分别参与了浙江省中医学会主办的针灸进修班和中药进修班的授课任务，由于理论基础深厚，教学经验丰富，他的授课得到了一致好评。

1982 年年底，组织上调整王坤根的工作岗位，把他调入研究所办公室，成为一名普通科员。王坤根的角色再一次发生了变化，最初，他心里是有点纠结的，在心血管组虽然主要从事科研工作，但毕竟跟临床有密切关系，大量的研究工作还需要在临床完成，并且，通过研究工作还能提高自己对临床的认识。到了办公室，就离自己最心爱的临床越来越远了。但是，那时候的人都比较单纯，组织上交给的任务，绝不会质疑推脱，只会无条件接受，王坤根也是这样。尽管思想上有点犹豫，但他还是痛快地接受了新岗位，并且暗下决心，无论在什么环境与岗位，都要做好这个环境和岗位需要他做的事，要做到干一样，学一样，爱一样。

因为是年底到岗，刚一去王坤根就接了一个棘手的任务：写当年的工作总结，这是他从没干过的。王坤根深知，这是研究所领导给他的一个考验，但是，在他的字典里，从没有退缩这两个字。查找资料、对比研究、仔细推敲、字斟句酌，熬了好几个晚上，王坤根拿出了初稿，在当时的副所长宫云志的

指导帮助下，又几经修改，终于完成了工作总结，也完成了所里给他的第一个考验。

讲到科员王坤根，当时研究所的职工都会夸一句"这年轻人，不错！"这是因为，王坤根是真正把自己放在为所职工服务的地位上的。他谦逊有礼，凡有人进办公室必起立相迎；他耐心细致，仔细倾听记录每一位来访职工的诉求；他待人真诚，对于所里职工反映的问题都尽其所能予以帮助；他恪尽职守，认真完成所领导交给的每一项任务。他还善于协调工作，解决矛盾，因此得到了研究所从上到下一致的好评。

在担任办公室科员期间，王坤根还负责组织了一次浙江省43名高级中医师义诊活动，这43名高级中医师都是当时浙江中医界的顶尖专家，这也是浙江省有史以来第一次组织如此规模、如此规格的名老中医义诊活动。王坤根殚精竭虑，悉心准备，从场地安排、人员调配到专家接待、群众宣传，事无巨细，面面俱到。为期三天的义诊活动盛况空前，人潮涌动，第三天天公不作美，下起了雨，即便如此，现场热度丝毫不减，参加义诊的专家也被群众的热情感染，诊病至晚上9～10点，毫无怨言。此次义诊活动非常圆满，受到了群众的交口赞扬。

1983年在干部"革命化，年轻化，知识化，专业化"的大背景下，卫生厅给浙江省中医药研究所发出了调令，正式将王坤根调入浙江省卫生厅中医处从事中医管理工作。王坤根又迎来了人生的第三次转折，他走上了行政管理的道路。

第三节 案牍虽劳能济世

1983年底，38岁的王坤根再次变换了工作岗位，一入卫生厅即担任中医处副处长一职。当时全省的中医事业正处在百废待兴的复苏阶段，中医处编制紧缺，统筹全省的中医工作，人手少，事情多。于诗俊处长全面负责，王坤根作为副手配合，没有明确的分工，他接触较多的是具体的业务管理。1986年，中医处更名为中医管理局，王坤根担任副局长职务。1991年因于诗俊老局长极力推荐，王坤根接班主持浙江省中医药管理局工作。他在浙江省中医药管理局这个岗位上一干就是14年多，是浙江省中医药事业"七五""八五""九五"发展规划的制订者和实践者；他任劳任怨，在全国率先实施了全省中医医院分级管理评审工程；开拓了中医科研管理工作，使浙江省成为全国最早独立管理中医科研的省份之一。

中医医院建设一直以来都是中医处中医局抓中医工作的核心内容之一。于诗俊老局长曾不止一次感慨地回忆，他主持中医处工作后，将中医医院的建设作为切入点来抓，召开了一次全省中医医院院长会议，所有中医医院院长全部到齐只有9人。在老处长的努力下，到王坤根进入中医处时已有近40所市县的中医院开始陆续建立起来。

1982年，于诗俊处长为摸清陆续建立起来的中医医院的基本情况，组织了一次全省中医医院大检查，当时还是研究所办公室科员的王坤根被抽调到调查组担任组长，这是王坤根第一次接触到中医医院管理工作。1983年王坤根进入中医处时，浙江省正面临全面贯彻"衡阳会议"精神。1982年5月卫生部召开了"全国中医医院和高等中医教育工作会议"，因在湖南衡阳召开，所以被称为"衡阳会议"。这次会议在总结近30年中医医院建设和发展正反两个方面经验的基础上，提出了关于加强中医医院整顿和建设的意见，出台了第一部《全国中医医院工作条例（试行）》。这个试行条例分6章27条，对中医医院的性质、组织体制、医疗、教育、科研管理、思想政治工作做出了具体要求，首次提出了中医医院编制、各类人员比例的量化要求等一系列规定。浙江省正处在摸索符合浙江省中医医院建设的路子的阶段，王坤根紧密配合于诗俊处长，深入各市县，一方面鼓励支持各地恢复和建设中医医院，另一方面探索总结中医医院建设经验。

1984年在全省中医院中开展了"争创文明中医院"的活动，王坤根配合于处长和处室同志一起制定了《浙江省文明中医院基本要求》和《浙江省文明中医院检查评审标准》，至此，中医医院建设标准的雏形开始形成。

1989年，趁国家中医药管理局出台《中医医疗机构管理条例》（试行）之际，浙江省中医药管理局在老局长主持下着手编写浙江省中医医院评审标准。1989年秋天在杭州梅家坞召集了部分中医医院院长进行可行性论证，争论非常激烈，相当一部分中医医院院长有抵触情绪。因为当时中医医院的条件实在太差，跟现在的中医院无法比拟。

当时中医医院存在的主要问题有三条：一是发展慢，底子薄，医疗用房不足，设备简陋，医疗仪器陈旧落后。有一所市级中医院建院25年，日平均门诊量1200人次，为当时这一地区的首位，但医疗用房只有846m²，门诊候诊室仅20m²，挂号室设在马路上。还有的中医院竟没有食堂和厕所。二是中医医院到底怎么建，存在诸多困惑，科室设置、队伍建设没有统一规范标准。

三是整体基础薄弱，至 1983 年全省仍有 35 个县市没有中医医院。在这样的现实情况下，标准制定低了，造成误解，会影响投入，阻碍发展；标准制定高了，又怕达不到，挫伤积极性，会产生消极情绪，也会阻碍发展。

针对这一思想情绪，会上阐述了进行等级医院评审的战略意义和现实意义：从战略意义看，实施等级医院评审，一是中医院全方位加强内涵建设的重要措施；二是为中医医院建设立标杆，有可操作的标准和规范；三是引进全面质量管理的理念；四是有利于加强学科建设，提高医疗水平；五是对中医医院坚持中医特色，发挥中医优势的办院方向提出了可控的量化要求。从现实意义看，1994 年 9 月 1 日起将实施《医疗机构管理条例》，每一个单位都必须进行注册、登记、评审，具体标准就是分级评审标准；医疗改革中的收费标准、用药原则将按医院等级拉开档次；尤为重要的是有利于争取地方政府对中医院的投入。

为此在金华专门召开了中医医院院长会议，统一思想。从 1990 年开始评审第一周期启动，至 1992 年底有 33 所中医医院进入等级档次，占全省中医医院的 38.8%。

1991 年国家中医药管理局推出了"杏林计划"，发布了《中医医院分级管理办法》试行草案。王坤根和局班子成员及时研究、商量、决定并提出"全面部署、两标递进、积极稳妥、逐步深入"的十六字原则，使"省标"和"国标"逐步并轨。至 1998 年全省 92 所中医医院中有 72 所通过等级评审，有力地推进了全省中医医院的快速发展。

以 1995 年底统计为例，①中医医院资源总量显著增加：到 1995 年底，中医医院数达 88 所，比"六五"末增加 25 所，增长 39.68%，中医医院床位数 8579 张，比"六五"末增加 5579 张，增长 185.97%，中医医院卫技人员达 12 527 人，比"六五"末增加 5820 人，增长 86.78%。②硬件建设迅速改善：医疗用房 1995 年底为 60.43 万平方米，比"六五"末增加 43.65 万平方米，增长 260.12%（不包括在建的 24.65 万平方米），医疗设备值 1995 年底为 16 922 万元，比"六五"末增加 14 276 万元，是"六五"末的 6.32 倍。③服务功能明显增强：门诊人次 1995 产底为 1167.16 万人次，比"六五"末增加 416.98 万人次，增长 55.58%；急诊人次 1995 年底为 51.92 万人次，比"七五"末增加 20.96 万人次，增长 67.7%；出院人次 1995 年底为 13.53 万人次，比"六五"末增加 8.76 万人次，增长 183.65%。④经济效益较大增长：业务收入 1995 年底为 89 678 万元，比"七五"末增加 69 965 万元，是"七五"

末的 4.55 倍；人均收入 1995 年底为 5.31 万元，而"七五"末仅为 1.79 万元。

王坤根亲身经历了浙江省中医医院等级建设的全过程，后期又主持浙江省中医药管理局工作，他是这样评价这项工程的："如果讲创建文明中医院是以治理中医院脏、乱、差为目的，那么，浙江省等级医院评审是以促进中医院外延、内涵、硬件、软件协调发展为目的。如果没有这项工程，就没有全省中医院的今天。这是浙江省中医药管理局几代人共同努力的标志性工程，在全国中医医院中，用分级管理标准进行建设，浙江是首创，为全国中医医院分级管理工作提供了实例和经验。"

等级医院标准关键在实施。以标准为抓手全面推进全省各级中医医院的建设是王坤根从副职到正职一以贯之的重要工作之一，他有一个不成文的规定，每年约有 1/3 时间深入基层第一线，每年到全省每一个中医医院考察一次。有人问："您每年花这么多时间跑遍每个县的目的是什么？"王坤根回答："有三个目的：一是与当地县市政府领导沟通，宣传党的中医政策，加大地方政府对中医工作的重视及对中医医院的投入；二是调研总结当地中医医院按分级管理标准建设中医医院、提高医疗质量、硬件配套设施、提高服务水平、坚持中医特色的经验，以利推广；三是发现问题与中医医院班子共同商讨解决办法。"

如果说重视中医医院建设是王坤根十余年来孜孜以求的一个目标，那么，从副职开始到担任浙江省中医药管理局局长期间，抓科研是他另一个工作重心，他亲身经历了浙江省的中医药科技管理工作从无到有，从弱到强，由小到大，逐步发展的过程。1986 年第一次振兴中医中药大会明确了中医药科技的管理体制，由浙江省中医药管理局主管全省中医药科研工作。年轻的副职王坤根主动承担了中医药科研管理开创性工作，和浙江省中医药管理局成员一起迅速搭起管理构架。"七五"期间科研管理工作以增强中医药科技意识为主线，方法上是"广种薄收"。有了"七五"的基础，"八五"浙江省迎来了中医药科技发展的一个重要时期，在这一阶段，浙江省中医药科技工作取得了显著成绩。中医药科研在保持稳定发展的基础上，开始向"探索重点"的目标迈进，并在增强中医药防病治病能力，保障人民健康，促进国民经济和社会发展方面发挥了日益重要的积极作用。

具体表现在：

（1）科研工作硕果累累。"八五"期间，共开展中医药科研项目 248 项，比"七五"增加 52 项，增长 26.5%，有 134 项获厅局级以上科技进步奖，比

"七五"增加81项,增长153%,共有26项获省部级以上奖励,其中国家中医药管理局科技进步奖7项,浙江省科委进步奖19项。一些重大研究项目对中医药学术发展、临床治疗水平的提高及浙江经济建设产生了较大影响。

（2）科研条件得到改善,内涵建设不断加强,为浙江省中医药科技发展奠定了扎实的基础。

浙江省中医药研究院作为全国1/3中医药科研专业机构重点建设单位,临床研究基地初具规模。先后成立了"浙江省中医临床研究中心""浙江省中医肾病研究中心""浙江省中西医结合研究所""浙江省中医药文献信息检索中心",其中,检索中心被国家中医药管理局确定为全国第一批中医药行业科技查新单位暨中国中医药文献检索中心分中心。

中医药科技投入逐年增加。"八五"期间中医药科技投入平均增长率达5.8%,浙江省政府还专项补助了中医药科研经费,用于中医药科研工作。以改革运行机制、提高人员素质、增加科研能力为重点的内涵建设得到了加强。

（3）科研人才培养初见成效。"八五"期间全省共举办中医药科研方法、思路、科技动态等各类学习班、专题讲座11期,使专业科技人才的科研水平得到提高,广大中医药人员的科研意识得到加强。引进了一批中医药科研学科带头人,充实了中医药科研队伍。"浙江省中医药科研青年基金"的设立为一批中青年中医药科技人才的脱颖而出创造了条件,几年间已有30余名中青年科技人才崭露头角,为科技工作发展提供了后劲。

（4）中医药科技成果推广转化迈出新步伐。中医药科技成果推广网络逐步形成,建立了"浙江省中医药科技成果推广中心",负责全省中医药科技成果的推广转化工作,1993年举办了全省首次中医药科技成果展示交易会,为中医药科技成果的推广转化作了新的尝试。开展科技下农村工作,使一批疗效好、适用性强的成果推广到基层医院,有效地丰富了临床单位的治疗手段,提高了疾病防治的能力和水平。1995年,浙江省被国家中医药管理局确定为全国中医药科技推广转化工作仅有的两个试点省之一。

回顾浙江省中医药科技工作,从1986年中医药科技归口管理起到1995年的十年间(即"七五""八五"期间),最具有代表性的显著特点是在科研管理、科研方法上紧紧围绕中医药科技为医疗和经济建设服务这两个主体,努力实现三个"转变"。即:①管理方式上,从经验管理向科学化、规范化管理转变。根据中医药科技工作的特点和工作需要,制定并实施了一系列管理办法和规定,如《浙江省中医药科学技术进步奖励暂行办法》《浙江省中医药科研计划课题有偿资助暂行办法》《浙江省中医药科技成果推广奖励暂行办法》《浙江省中医药科研重点学科实验室建设试行方案》等。这些管理办法的出台和实施，对规范中医药科研管理，引导科研适应市场经济新形势的需要，起到了积极作用，初步形成具有中医药特点的科技工作管理雏形。②科研方向上，从单一研究向研究、转化、应用、推广并重转变。明确提出"以应用研究为主，面向临床和开发研究"的指导思想。经费资助方面采取向重点项目倾斜的做法，注重经费的使用效益。加大科技成果转化力度，增强科技成果的商品化意识，实现中医药科研的社会效益和经济效益同步增长，同时也提高了科研单位的条件和科研人员的待遇。③科研力量上，从单一性向跨学科、多行业合作转变。进一步发挥中医、中西医结合、西医三支力量的作用，开展中医药科技研究。采取专业研究人员和临床人员相结合的方式，使项目和成果更富科学性和实用性。多学科、多行业参与中医药研究，提高中医药研究水平。

在王坤根担任浙江省中医药管理局局长的 7 年期间，还和全局同仁一起完成了两件大事，一是筹备召开第二次振兴中医中药大会；二是组织起草《浙江中医发展条例》，这两件大事都为浙江中医事业的发展做出了不可磨灭的贡献。

中医药是中华民族优秀传统文化中的瑰宝，为中华民族的繁衍昌盛做出过重要贡献，现在和将来依然是重要的卫生资源。新中国成立以来，党中央重视中医工作，为中医事业的发展制定了一系列方针政策，成为中医事业发展的根本保证和动力。省委、省政府也高度重视中医事业的发展，1986 年底浙江省召开了第一次振兴中医大会，其后的 8 年，在浙江省委省政府的领导下、各地政府的重视支持下，全省中医药人员共同努力，中医药工作得到迅速发展，成绩显著。8 年来，我国的政治、社会、经济形势发生了显著变化，卫生系统面临 2000 年达到初级保健的任务，继续振兴中医药被列为 20 世纪90 年代卫生工作的三大战略重点之一。

浙江省是中医中药资源大省，但仍存在不少突出的矛盾和问题。主要表现在：①中医服务功能不全，中医医疗资源未得到充分开发和利用，严重制约了医疗业务的开展和服务功能的发挥；②中医教育和人才培养滞后，学术带头人匮乏，导致中医学术发展缓慢，成为中医事业发展的滞后因素；③农村中医工作仍比较薄弱，乡镇卫生院中医药人员逐年减少，一些地方已出现农民看不到中医，吃不到中药的严重情况；④中医行业的改革和对外交流与

合作没有大的突破和进展；⑤中医管理体系不健全；⑥对中医事业发展的投入严重不足；⑦随着改革开放不断深入，社会主义市场经济体制逐步建立，中医事业在发展中暴露出一些深层次的问题。如在新的医疗服务环境中，中医资源的合理配置，中医机构的巩固和发展；在社会医疗保障制度改革过程中，中医服务功能如何得到进一步的肯定和发挥等。如何抓住机遇，使浙江中医中药冲出国门，走向世界，争取主动，成为迫切需要解决的问题。

王坤根深知贯彻党的中医政策，发展中医事业，仅靠卫生行政部门难以完成，必须使贯彻党的中医政策，完成战略任务成为政府行为，才能达到目的。为此，他建议浙江省政府召开第二次振兴中医中药大会，这立即得到卫生厅的重视支持和浙江省医药管理局的响应，并上报浙江省政府同意。由浙江省政府组织、浙江省卫生厅中医药管理局和浙江省医药管理局共同承担会议筹备工作，王坤根是会议筹备工作及主报告起草的主要成员。

此次会议于1994年12月底召开，会议具有以下显著特点：一是中医中药一起研究，共同发展，同步振兴；二是时间跨度大，总结前八年的成绩和问题，提出后六年的奋斗目标；三是会议规格高，规模大，浙江省委省政府高度重视，参加会议的有各市地县分管市、县长、卫生局长、中医中药界特邀代表500余人，是一次贯彻学习宣传党的中医政策的学习班，使各级领导对党的中医政策有一个概括的了解。

会议时间虽短，但内容充实，会上各方交流经验，集思广益。制定了中医事业发展"九五"计划及至2010年规划，明确中医事业发展的方向目标和重点，出台了一系列的政策和措施，包括：①对中医中药事业的投入应随着经济的发展逐年增长；②安排基建计划时，对中医机构的立项审批、基建拨款等应给予优先考虑；③"九五"期间，省政府根据财力可能增加中医专项经费；④继续扩大试行贷款贴息补助办法；⑤"九五"期间，重点扶持建立20个专科专病基地；⑥从1995年开始到"九五"期末，在全省分年度评选150名新一代名中医；⑦建设好六个省重点实验室等。

此次会议在全国范围产生了一系列的影响。1995年1月全国中医药厅局长会议，专门邀请浙江省省长出席，做了题为《加强领导制定政策促进浙江省中医中药事业全面振兴与发展》的发言。3月12日健康报在头版头条的显眼位置刊登了《浙江省提出跨世纪发展目标》的文章，并记以编者按。同年4月王坤根赴京汇报"二次会议"贯彻情况，从副局长到司长近20人听取汇报，明确表示在经费上予以支持。兄弟省市纷纷来信来电要求浙江省提供"二次会议"的资料，福建、江西、广东、河南等省也都抓紧筹备召开二次振兴中医会议或省中医工作会议。

浙江省委省政府十分重视中医药工作，省政府下达浙政发（1995）9 号《关于加快发展我省中医药事业的通知》，确定 1995 年主要任务为贯彻落实"二次会议"精神。省财政 1995 年继续给中医以倾斜，中医事业费增长 22%（卫生 9.7%），安排专款 135 万元，继续试行贷款贴息办法，落实省长机动经费专款 100 万元、省中医药研究院 II 期征地专款 750 万元及省中医院门诊综合楼 II 期立项、设计等经费 300 万元。

有了国家局的关心及省政府的大力支持，浙江省中医界士气大涨，齐心协力，会议后的两年间各项工作都得到较快的发展，比如，按时、按计划完成了全省中医临床专科专病建设基地的定点任务；浙江省名中医评选和全国老中医药专家学术经验继承工作有序进行。第一批 29 位名中医于 1996 年 5 月 20 日由省人事厅和卫生厅联合下文正式公布。第二批浙江省名中医的评审工作按序进行。完成了第二轮全国老中医学术经验继承的 22 名指导老师及 31 名继承人遴选工作，标志着浙江省中医学术高层次学科带头人的造就和老中医经验继承工作又进入了一个新阶段。加强了中医药重点实验室建设，6 个中医药科技重点实验室中的 5 个在浙江省的中医药科技研究上档次上水平，形成优势方面已经初露锋芒，据统计，到 1996 年底，这些实验室中，有三项研究课题被列为国家自然科学重点资助项目，有两项被列为卫生部科学研究重点资助项目，中医脾胃病研究重点实验室已被确定为全国中西医结合消化内科硕士点。

"二次会议"出台的各项政策和措施的贯彻实施，使浙江省中医药事业发展存在的问题逐步得到解决，使浙江省中医药事业得到全面振兴和发展，为弘扬民族优秀文化，保障人民健康，促进浙江经济建设和社会进步做出了贡献。但是，王坤根清醒地认识到，要使中医事业能持续、稳定、健康地发展，必须尽快制定一个适合浙江省情的地方性法规，使党的中医工作的各项方针、政策及措施法规化、具体化，为发展中医事业创造一个良好的社会环境。同时，运用法律手段管理中医工作，建立健全法律、法规和监督执法体系，使中医工作做到有法可依，有章可循，依法行政，维护中医工作的正常秩序，保障中医事业持续、稳定、健康地发展与全面振兴，为浙江省人民健康和社会经济发展做出应有的贡献。因此，他毅然建言省人大出台《浙江中医发展条例》（下简称《条例》），这一建言立即得到各级领导的认可和重视，并列入省

立法计划。

一直以来，浙江省卫生厅及浙江省中医药管理局对全省中医工作开展了一系列全面的基础调查工作，包括中医医院的建设和社会经济效益、中医人才的培养、中医科研的开展、农村中医事业的发展等方面的现状，都有详实资料，这是起草《条例》的基本条件。

1995年，以贯彻落实二次振兴中医中药大会精神为抓手，再次着手进行了大量调查研究工作，有针对性地组织了四项专题调查：一是进行了农村中医人才需求调查；二是对全省中医科研发展现状作了调查；三是对不发达地区中医事业的发展途径及措施组织了研讨；四是对"八五"期间中医专款使用情况作了调查。在此基础上，经过认真研究和论证，以浙江省中医药管理局为主成立了起草小组，于1995年底草拟了《条例（草案）》初稿。1996年3月，在全省中医工作市地卫生局长会议上，广泛征求了各地和省级医教研单位、学术团体的意见，各市（地）卫生局长、中医处（科）长及各省级中医机构负责人等对《条例（草案）》第二稿进行了讨论。3月下旬，浙江省人大科教文卫委员会和省政府法制局加入起草小组，联合对《条例（草案）》第三稿进行了详细地逐条逐句逐字乃至逐个标点符号的讨论修改。同年4月，专程赴云南考察了立法工作，又书面征求省计经委、教委、科委、财政厅、人事厅、劳动厅等十几个部门对《条例（草案）》第四稿的意见，并通过座谈形式征求了在杭老中医药专家们的意见。在综合各方意见的基础上，对《条例（草案）》作了5次修改并经省卫生厅党组审议通过后，形成送审稿，于1996年7月4日正式上报浙江省人民政府。

此后，又会同浙江省政府法制局，通过书面或座谈形式，广泛征求了各市、地政府、省级各有关厅局和中医学术团体、基层中医医疗机构和中医行政管理部门的意见，并依据有关法律、法规和政策，对意见进行了论证研究和筛选，对送审稿作了数次修改。最后的修改稿经1996年12月19日省政府70次常务会议讨论通过，形成提请浙江省人大常委会审议的《条例（草案）》。浙江省八届人大常委会第三十三次会议审议了《条例（草案）》，并印发市、县人大常委会、省级有关部门和省人大代表征求意见，还派员到富阳、奉化等地调查研究，并组织部分浙江省内著名中医药专家、学者进行了论证。根据委员审议意见和有关方面的意见，法制委员会和教科文卫委员会对条例草案作了多次讨论修改，形成草案修改稿。1997年4月10日，法制委员会举行会议，对草案修改稿进行了审议。并于4月20日经浙江省第八届人民代表大会常务委员会第 35 次会议通过，最终形成《浙江省发展中医条例》，于 4 月 25 日起施行。

从最初的调研到最终的出台，王坤根见证和参与了《条例》诞生的全过程，是组织协调调研工作和起草《条例》的主要成员。《条例》共分五章 38 条，分别就条例的适用范围、发展中医的方针、中医管理机构和职责、中医医疗、教育、科研及保障措施和法律责任等作了规定。特别就中医事业的继承发扬、发展农村中医事业、中医药队伍建设、健全中医管理体系、增加对中医事业发展的投入等一系列问题在政策法规上作了规定。

浙江省是全国第三个出台《条例》的省份，仅次于云南、四川，至今仍是全国唯一有财政支持刚性条款的《条例》。《条例》的出台，是浙江省中医事业发展史上的一件大事，它标志着浙江省中医事业发展从此有了根本的法律保障，中医事业将由此进入一个以法管理、以法发展的崭新阶段。《条例》从法律上为中医事业发展提供了可靠的经费保证和组织保证，为保障浙江省中医药事业发展提供了坚实的地方法规依据。王坤根深有感触地说："《条例》的出台和实施，充分说明省委省政府对中医药工作的重视，是广大人民群众对中医药的厚爱，是全省中医药工作者共同努力的结果。我和浙江省中医药管理局的同仁只是做了一些具体的服务工作而已。"

1998 年，王坤根的工作岗位再一次发生了变动，组织上要求他到浙江中医学院担任副院长，兼任浙江省中医院（以下简称省中）党委书记及院长职务。对这次工作上的调动，王坤根并不排斥，他曾在临床一线摸爬滚打了将近 20 年，深深热爱临床工作。到浙江省中医药管理局后一直从事中医管理工作，但是过去的老病人仍然会从桐庐找到杭州来求诊，他的空余时间都贡献给了这些患者，也借此与临床保持着一丝联系。尽管他也明白，自己在浙江省中医药管理局从事的管理工作，实际上是在更高的层面上制定浙江省中医中药事业的发展方向和规划，是为更广大的患者服务，但他还是盼望着能回到临床。现在，虽然同样是从事管理工作，但工作的地点发生了改变，去到省中，毕竟离他热爱的临床更近了一些。

1998 年 3 月 20 日是一个十分特殊的日子，那一天大雪纷飞，却又春雷隆隆，时有一缕阳光从厚厚的云层间隙中透出。大雪、雷鸣、阳光交织在一起，十分奇特，那情、那景，王坤根终生难忘。这景象昭示着什么？可能每个人角度不同会有不同的分析。王坤根就是在这样一个背景之下，怀着复杂的心态步入浙江省中医院大门的。

当时的浙江省中医院由于毗邻西湖这一特殊的地理位置，占地狭小，病房楼一共只有七层，床位仅 510 张（包含加床），硬件滞后已成为医院发展的主要制约因素。医院内部大家积极求发展，但条件滞后，随之产生诸多矛盾，如中西医之间、老中青之间、医疗与教学之间的矛盾时隐时现，碰撞不断。王坤根坚信，这些矛盾和困难只有在发展中才能逐步解决，谋发展，成为王坤根在任期间的主旋律。

由于多年在浙江省中医药管理局工作，王坤根对省中的情况了然于胸。一到省中他就和医院领导班子成员一起提出按三级甲等中医院建设规模的标准合理规划，科学设计，调整制定好医院发展的总体规划，这其中病房楼的扩建势在必行。但是西湖边寸土寸金，螺蛳壳里怎样做道场？班子成员的脑筋动到了医院西面的六都宾馆。六都宾馆正嵌在省中院区的西面，建筑面积 2500m²，当时规定医院建筑必须与六都宾馆保持 13m 的间距，根本无处扩建。经过深思熟虑后，医院决定斥资 1500 余万元买下六都宾馆，这在当时可是一笔巨资，也引来上级领导的疑义，但是作为党政一把手的王坤根坚持促成了此事。买下了六都宾馆，没有了间距 13m 的问题，终于可以建新病房大楼了。按照当时规定，西湖边最高建筑不得超过 9 层楼，地方小，想要容纳更多的床位就只有在高度上做文章。班子成员四处奔走，向各有关部门说明情况，最终争取到 13 层楼的高度，使二期综合病房楼的总建筑面积能达到 23 000m²。万事俱备，根据医院总体规划，对 7 层病房楼的改建与二期病房楼的建设立刻紧锣密鼓地开展起来，通盘考虑、同步论证、同步审批、同步设计，全院的工作重心就是保证病房楼的建设工程能尽快完工。

1999 年 9 月 1 日，投资 2000 万元，建筑面积 8300m² 的二期门诊大楼投入使用，大大改善了门诊就医环境。2000 年首次确认医院面积为 20 亩（1 亩 ≈ 666.7m²），领到了土地证。"十五"期间，投资 10 166.4 万元、面积 26 000m² 的现代化综合病房大楼投入使用，大大改善了住院环境。面积 32 000m² 的医疗综合楼也于 2005 年 12 月 31 日顺利结顶。

"十五"期间，省中共投资 9850 万元购置螺旋 CT、DSA、DR、彩色超声多普勒诊断仪、大型全自动生化分析仪等先进的诊疗设备。医院设备总值已达到 1.7 亿元，成为省内设备最先进的医院之一。在学院领导统一部署下，医院制剂室与学院中药系联合组建的制剂中心也已启用。至"十五"末，医院资产总值达 6 亿元，较 2000 年增长 88.5%。

在王坤根任期内，在班子成员和全院职工的共同努力下，省中的硬件建设取得了明显的成效。

1997 年底，省中医院职工人数 911 人，核定床位 510 张，门诊人次 758 586 人次，出院人数 6840 人次，业务收入 12 743.77 万元，收支差额 2402.41 万元。年末固定资产总值 10 710 万元，专业设备价值 4814 万元，房屋及建筑物价值 5314 万元，业务用房面积 29 000m²。

2005 年度在职职工 1246 人，核定床位 1300 张，门诊工作量 1 202 079 人次，出院人数 19 835 人次，业务收入 45 563.47 万元，收支差额 319.37 万元。全院资产总值达到 6.1 亿元，固定资产总值 34 171 万元，专业设备价值 17 318 万元，医疗用房面积达到 80 000m²，房屋及建筑物价值 14 740 万元，净资产 5.53 亿，净资产率为 90.66%。

为拓展发展空间，医院抓住机遇及时做出兼并杭州市经济技术开发区医院的决策，2000 年，省中与杭州经济技术开发管委会正式签订转让协议，占地 52 亩，建筑面积 26 000m² 的"开发区医院"成为省中下沙院区，以"一院两区"模式进行管理，这在当时的杭州也是首屈一指的。按照"完善综合功能，移植优势学科"的建设思路，下沙院区经过 4 年建设，已取得显著成绩。随着院区各主要职能科室设置的完善，主要业务负责人的上任，综合实力不断增强，学科建设初见成效，经济业务指标持续增长，逐步形成急救创伤中心、康复中心、肝病科、妇儿中心、预防保健中心等学科优势，急诊、门诊、病房设施齐全，基本能满足杭州经济开发区医疗需求。2005 年下沙院区门诊量 233 792 人次，其中急诊量 38 195 人次；出院 4880 人次，手术 1420 台。资产总值 60 952.86 万元，其中固定资产 34 171.21 万元，净资产 55 331.86 万元，净资产率 90.78%，业务收入总额 5616.95 万元，业务支出 6157.81 万元。

王坤根深知作为浙江中医学院副院长兼省中党政一把手的职责所在，要加强中医学院学生后期临床教育的重要性和完成好省中作为浙江中医学院第一附属医院所承担的任务。省中由于硬件的限制医教任务常有冲突，随着医院硬件条件改善，有了地方，有了效益，医教矛盾也在物质层面得到一定程度的缓解。省中想方设法开辟教学用房，保障教学设施，至 2005 年已拥有学术报告厅、多媒体教室 3 个，示教室 8 个（其中手术演示示教室 1 个），为后期临床创造了良好的教学条件。为加强学生实践技能培养，加大了对实验室建设的力度，至 2005 年已拥有教学实验室 5 个（骨伤实验示教室、耳鼻喉科实验示教室、妇儿科实验示教室、眼科实验示教室、影像诊断实验示教室），

专业实验室5个（血液病研究室、消化研究室、呼吸生理实验室、免疫实验室、骨伤研究所），其中血研室为三级实验室，消化研究室为二级实验室。教学条件的改善，为教学工作全面广泛地开展提供了良好基础，保障了教学工作的多学科、多领域发展。

省中和浙江中医学院中医系的医教结合历程大致经历了三个阶段，第一阶段从1988年开始，实行医教结合，到1997年院系各自在医教结合方面进行了初步尝试，对省中的教学功能进行了大量基础性建设，逐步形成了医教结合的模式；第二阶段从1998～2004年6月，全面加强了附院的后期临床教学工作，完善了管理制度和运作机制，改善了教学条件，为全面实行院系合一奠定了基础；第三阶段从2004年7月开始，中医系全部职能纳入附院管理，二块牌子一套班子，理顺了教学管理体制，实施了院系彻底合一，医疗、教学、科研协调发展，开创了教学工作的新局面。

医教结合工作是王坤根任职期间和班子成员投入精力最大的工作之一，在全院职工的努力下，省中积极探索院系合一管理体制下医教结合的新模式，医教结合进入了新阶段。切实加强附院对教学工作的管理，实行科主任与教研室主任"双岗一职"，中医系办公室行政管理职能与医院办公室、教学管理职能与科教科合二为一，从组织上强化了医与教的联系。

教学队伍不断壮大，至2005年中医系已有教编教师55人，医院每年有150余名医编教师参与教学，共同承担教学工作，较好地充实了教学师资力量，弥补了教师力量的不足，成为院系合一的坚实基础。2005年省中已有教授49名，博士生导师10名，研究生导师67名。

教学规模逐步扩大，中医系有两个专业（中医学、中西医临床医学），设有11个教研室，从单一的本科，发展到五年制本科及七年制本硕连读，研究生招生工作也快速发展，拥有1个中医学博士后流动站，2个（中医内科学、中西医临床医学）博士点，8个（中医内科学、中医妇科学、中医儿科学、中医外科学、中医骨伤科学、耳鼻喉科学、西医内科学、中西医临床医学）硕士点。中医系在校学生近2000人，其中，本科生达1580人（含七年制本硕连读学生388人），硕士生325人，博士生53人。在进入院系合一第三阶段的第一年中，中医系新增设了中西医临床医学专业，申报并成功获得浙江省教育厅重点学科建设基地2个（中西医结合内科学、中医骨伤科学）；2门课程获得院级精品课程（中医骨伤科学、中医儿科学），并通过学院审核，参加浙江省级精品课程评审；新申报了中医学一级博士点、中医内科学及中医骨伤科学 2 个二级博士点、西医外科学及放射影像科学 2 个硕士点。中医系在办学规模及办学层次上均有快速发展。通过院系合一、医教结合，省中在教学工作、医疗水平、科研水平等方面都取得长足进步。

王坤根坚信，学科发展是一所医院软件建设永恒的主旋律。搞好学科建设是王坤根任职期间和班子成员共同努力的另一项工作重点。本着"突出龙头，加强重点，发展支撑，带动一般，以推动临床科室全面发展"这一学科建设的思路，在全院职工共同努力下，"十五"期间重点抓好 14 个国家和省级重点建设学科和 3 个国家重点专科（专病）建设基地，继续保持优势地位。呼吸、消化、皮肤、神经、急诊、心血管等 6 个学科已完成三年建设任务，通过终期评估。实行外科二级分科，肝胆、胃肠、心胸外科分科后运转正常。成立乳腺病中心、关节病和脊柱病诊疗中心、中西医结合不孕不育诊疗中心、体检中心等。积极引进开展新技术新项目 128 项（2001 ～ 2004 年），使临床诊疗技术水平有了较为明显的提高。制定了省中"临床科室医疗技术水平评估标准"，采取等级指标的方法，全面开展临床和医技科室评估，以评促建、以评促改，从 1998 年到"十五"结束，临床科室 A 级学科由 1 个增加到 12 个，D 级科室由 13 个减少到 2 个。

医院的发展离不开人才，王坤根和班子成员始终重视人才培养和学科梯队建设，"十五"期间，人才队伍素质明显改善。对新世纪"151"人才工程第二层次培养人员、名中医学术继承人、省中青年中医临床名中医培养对象、重点学科带头人等进行重点培养和支持，引进和培养博士、硕士研究生 91 名；全院共有副高级职称以上人员 258 人，占卫技人员总数的 24.2%。重视学科带头人和中层管理干部的选拔，积极引进竞争机制，实行竞聘上岗，使一批年轻化、高学历、有能力、有思路、富有生机和活力的骨干脱颖而出，担当重任。

"十五"期间，省中科研创新能力逐步加强。五年中，共有厅局级以上在研课题 196 项，其中，省部级以上课题占 11.22%，获科研经费资助 333.4 万元，通过鉴定项目 61 项，一些研究成果达到国内领先或国际先进水平。有 64 项获厅局级以上科技进步奖，其中获国家科学技术进步二等奖 1 项，省部级奖 8 项，血液分子生物实验室被列为国家中医药管理局三级实验室。

应该说，王坤根在任职期间和院党政领导班子一起，交出了一份完美的答卷，省中在硬件建设和人才培养、学科建设方面的进步有目共睹。2005 年，60 岁的王坤根光荣地离开了领导岗位，他人生中最年富力强的 20 余年都贡献给了浙江省中医药事业。在担任浙江省中医药管理局副局长、局长

期间，为浙江中医药工作的发展做出了不懈努力，他是浙江省中医药事业"七五""八五""九五"发展规划的制订者和实践者；主管医政期间，在全国率先实施全省中医医院分级管理评审工程，有效地推进了浙江省中医医院的健康发展；是浙江省中医科研管理的开拓者，使浙江省成为全国最早独立管理中医科研的省份之一。在担任浙江中医学院副院长、省中院长、书记期间，为医院的持续发展奠定了基础，为培养中医人才创造了条件。为此，他也获得了"浙江省优秀院长""全省优秀思想工作者"等荣誉称号。

王坤根虽然热爱临床，但在担任管理工作的 20 余年间，他心无旁骛，认为干一行就要尽心尽力把这一行干好，搞管理的人就要专心搞好管理工作。现在，他退休了，终于能回到他热爱的临床岗位，终于能潜心于临床工作，终于能把自己的全部精力都奉献给他的患者了。

第四节　德高艺馨映杏林

重回临床的王坤根可用如鱼得水来形容，20 余年的管理生涯并没有使他的业务荒废，每晚他都要研读经典，包括名家对经典的解读，理论水平越发精进。在浙江省中医院工作期间每周一次的门诊也使他长期保有一批忠实的"粉丝"，现在，他的门诊时间增加了，这些粉丝一传十，十传百，尽管每周有 5 个半天的门诊时间，仍是一号难求。

这些患者有的来自杭州本地，有的来自周边县市，特别是他的老家桐庐，外省甚至海外慕名而来的亦不在少数。有不少人来到杭州才发现挂不到号，跟王坤根一商量，他总是很爽块地就答应加号。这严重地耽误了他的吃饭时间，因为他有一个习惯，会一直坚持到看完最后一位病号才下班吃饭，有时甚至到下午一两点钟才能吃上午饭。医院里中午会给专家们准备一份盒饭，王坤根的盒饭总是过了点还放在吃饭间的桌上，门诊护士起先总是劝他先吃完饭休息一下再接着门诊，他也每次总是笑着拒绝："不了不了，这些患者中有好些是从外地来的，赶紧给他们看完了拿好药，他们还要赶回家去的，我不饿，早饭吃得饱，等看完了再吃，快了快了！"后来护士们也就不再问了，总是瞄着他门诊快结束了，赶紧给他把饭热上，好让他能一下班就吃上热饭菜。

接触过王坤根的人还知道他的另一个习惯，面对一些病情复杂的病患，总会主动给他们留下自己的手机号码，叮嘱他们随时沟通。肯这样做的医生实在不多，平时工作已很繁重，休息时间还有患者打扰，没有多少人愿意这样付出。学生不解，他解释道："作为医生，要让病人觉得有沟通的渠道，医患之间只有建立了良好的信任，才能促进患者病情的改善。"王坤根没有说，过去在桐庐，他都是利用下班时间随访患者，现在信息技术如此发达，借助手机足不出户就可以了解到患者的情况，他已经觉得很方便了。在他的带动下，现在他的学生也会把手机号码留给患者。这样良好的医患沟通，再加上平时总是耐心倾听患者叙述病情，详细了解患者的治疗反馈以及良好的治疗效果，王坤根得到了病人的一致称赞。2005 年他不仅荣获了卫生部批准设立的中国医师行业最高奖——第二届中国医师奖，还被评为浙江省名中医。

多年的管理经验使王坤根具备了敏感的科研意识和人才培养意识，过去他在浙江省中医药管理局时曾分管过名老中医经验总结，深知对老中医学术思想及经验的总结离不开门诊资料的收集整理，而一个医者学术水平的提高也来自于不断地积累与总结。多年来他养成了详实记录病案的习惯，凡经诊治的患者，都有完整病历在案。并且每次门诊都有学生利用笔记本电脑将每一份病历完整记录下来，每于诊后分析推敲、查阅文献，从中总结经验、吸取教训。后来，他发现医院信息中心可以调取他的历年门诊资料，于是每年都会把他的门诊资料以 excel 的形式保存下来，方便调取分析。2008 年至今，已积累病案 15 万余份，并建立了数据库，为总结经验、临床带教、科学研究提供了珍贵的原始资料。

诊疗关乎生命，至精至微。王坤根践行"临证是中医学术发展的核心动力"，在长期的临床实践中，本着继承传统不泥古、开拓创新不离宗的原则，强调中医辨证与西医辨病有机结合，辨西医病名与坚持中医思维并行不悖，形成了独具特色的"三步法辨证论治"：抓住主症，综合兼症；提炼病机，确定证型；制定治则，选方用药，使辨证论治具备了很好的可操作性。并举办学习班推广，撰写论文，发表于《中医杂志》。

王坤根精于从五脏、气血、阴阳调治杂病，临床尤重脾胃，提出：

（1）脾胃后天，胃气为本：不论病人身犯何疾，医者都要认真评估其胃气状态。若病情严重，而兼见轻度脾胃受损的情况，佐以调理脾胃之品；若脾胃已严重受损，则应以调摄脾胃，保养胃气为主，再配以祛邪。

（2）脾胃分论，升降为要：论治脾胃，必须重视脾升胃降的气机特点，分而治之，相互配合，乃有佳效，并系统提炼出脾胃升降七法。

（3）脾胃居中，能和五脏：脾胃属土，土为万物之母。任何疾病皆可影

浙江中医临床名家·王坤根

响脾胃，反之，脾胃健运，也能调节其余脏腑的功能。所以他临诊往往以脾胃为核心，看脾胃病时会考虑到对其他脏腑的影响，看其他脏腑的病，又往往从脾胃入手。例如，治疗慢性咳喘，会用参苓白术散加减以培土生金；治疗肾性水肿，用苓桂术甘汤以补土制水；治疗痰湿内盛之失眠，用温胆汤合半夏秫米汤以燥湿化痰和胃安神等等。

（4）治养结合、以养为主：医者在治病的同时，还要告知病人养生保健的方法，这样才能更好地促进疾病向愈。

除了强调脾胃在诊治疾病中的重要性，王坤根还非常强调"治未病"的重要性。早在浙江省中医药管理局工作期间，他就历时三年组织编写了《现代中医保健丛书》，该书2000年正式出版，2006年修订再版，充分展示了中医治未病的思想和方法，很好地起到了中医知识的普及和传播作用，产生了显著的社会效益。

他还把"治未病"思想应用到他擅长的疾病中，认为肿瘤宜"健脾扶正、兼以祛邪，调理阴阳，以平为期"，例如，防治胃癌，提倡分期而治：早期"升降气机、调和肝胃"，中期"健脾益胃、祛邪扶正"，后期"益气和血、补虚泻实"。老年病宜"益气活血顾胃气，通阳利水去实邪"。论治冠心病，提出"健脾化痰、补土生火治未病""痰瘀同治、补虚泻实治已病""益气活血、食养将息防病复"。

拟定膏方时亦充分体现"治未病"思想，他倡导膏方可"未病"调体、"欲病"疗症、"已病"却病，将膏方调治的重点人群放在代谢障碍与老年保健上。认为膏滋方必以辨证为先，强调不必一味补益，当随其脉证，攻补兼施，合证为宜；而辨证选方，必从五脏入手，顺四时为法；合诸方为一炉，参前后而定主次；在此基础上，精准选用细料药，务以调和五脏，定其血气为务。如是，则膏方不但可以愈疾，更能调摄阴阳，改善体质。

王坤根临证擅用经方，师古不泥古，创制了"痞痛舒""三术二陈一桂汤""柴郁二陈汤""柔肝和胃饮""调气通腑汤"等高效经验方。

王坤根虽然素善笔耕，但发表的文章并不算多，他总认为"要自己有心得，方能言之有物"，强调宁缺毋滥。自己撰写或指导学生完成的《从病案谈辨证论治》等数十篇学术论文，均经他认真反复审阅修改方能拿去发表。

"现代医学发展日新月异，我们也不能因循守旧，要积极运用各种现代科技手段来研究中医，发展中医。"王坤根常常这样教诲学生，也是如此践行的。

他先后主持或指导完成"痞痛舒治疗功能性消化不良的疗效与安全性研

究""痰瘀同治防治冠心病（痰瘀互结证）的临床应用研究""冠心病中医临床分型客观指标研究""冠心病介入治疗前后中医证型的变化规律及胰岛素抵抗关系的研究""霜桑叶抗动脉粥样硬化的实验研究"等多项课题。其中，"痰瘀同治防治冠心病的关键技术及机制和临床研究"获 2015 年中国中西医结合学会科学技术二等奖，"痰瘀同治防治冠心病（痰瘀互结证）的临床应用研究"获浙江省中医药科技一等奖，"痰瘀同治抗动脉粥样硬化的实验研究"获浙江省中医药科技二等奖，《现代中医保健丛书》获浙江省中医药科技进步三等奖、全国中医药科普图书著作奖三等奖，"中医医院临床学科评估体系的建立与研究"获浙江省中医药科技进步三等奖。

早在浙江省中医药管理局担任管理工作时，王坤根对科研工作的一个指导思想就是要把成果进行转化，"有效的中医药方法要深入研究、积极推广，要应用到更多的患者身上，这样才能让患者真正得到实际益处。"目前，他的"痰瘀同治药方"已被国家知识产权局初步审查合格，"一种治疗功能性消化不良的中药组合物"已被受理，经验方"痞痛舒"的院内制剂工作也在进行中。

"十年树木，百年树人"，传道授业，培养后学，王坤根可谓不遗余力。2008 年和 2012 年他先后担任了第四批和第五批全国老中医药专家学术经验继承工作指导老师，培养了代建峰、智屹惠、张弘和孙洁四位继承人，2017年他又担任了第六批全国老中医药专家学术经验继承工作指导老师，目前两位继承人蔡利军和黄立权正在跟随他侍诊学习。

2012 年成立了王坤根全国名老中医药专家传承工作室，工作室由一支中医临床和科研团队组成，包括王坤根在内共有 14 名成员。作为指导老师，王坤根悉心培养工作室的各级医师成才，在工作室建设过程中各级中医人才受益颇丰，进一步提高了中医临床诊治水平。其中 1 名副主任医师晋升为主任医师，2 名副主任医师晋升为副教授，2 名主治医师晋升为副主任医师，1 名住院医师晋升为主治医师；工作室两名成员张弘主任医师及孙洁副主任医师五批师承顺利出师；培养 2 名医师获得博士学位；3 名成员荣获浙江省中医院"三鹰"人才计划的雏鹰人才，1 名成员荣获浙江省中医院"三鹰"人才计划的飞鹰人才；建设期内各成员以第一作者或通讯作者在核心期刊上发表相关经验论文 41 篇，立项主持国家、省部级和厅局级课题 19 项。

作为博士生导师、省中医药学会西学中高级培训班指导老师，王坤根承担着各级中医人才、硕士研究生、博士研究生的培养工作，以及本科生、留

学生的临床带教工作，他临证带教时，无论病人再多，都详细了解病情、医案、理、法、方、药完备，主动授予学生诊疗思路，深受后辈欢迎。仅在工作室建室期间，即培养出 4 名学术经验继承人，研究生 15 人，带教进修医师 24 人，国际交流生 120 人，规培医师 76 人，接纳 239 名医师参加继教学习班。

为能让广大患者受益于名老中医药专家的学术经验，更好地为患者服务，王坤根工作室还以"功能性消化不良"为研究重点，开设了由指导老师与工作室成员共同参与的功能性消化不良研究型专病门诊，专病门诊具有临床医疗、临床科研和健康管理三大功能，形成一种双赢的医疗模式。目前专病门诊每周 2 次。工作室还建立了王坤根名中医工作室微信公众平台，定期推送经典讲义、中医常识、养身知识等。

多年的付出与耕耘终有收获，王坤根凭借其高尚的医德，精湛的医术，深得患者信任。年总门诊量现已达 2 万余人次，其中 36.82% 为区域外病人，遍及全国各地及欧美华侨。2017 年他又当选为首届全国名中医及浙江省首届国医名师。

尽管已经离开了管理岗位，王坤根仍关心着浙江省中医中药事业的发展，关心着省中的发展。2006 年他四处奔走，利用他的影响力，帮助省中顺利审批建立全国临床研究基地。2016 年 2 月，又向浙江省政府提出"理顺我省中医药管理体系"的建议，希望尽快健全适应浙江省中医事业发展的中医管理体系。

尽管已退休，他仍心系浙江省中医药的学科建设，先后受邀担任国家中医药管理局"十一五"重点学科中医脾胃病学、"十二五"重点学科治未病学学术带头人，"十二五"重点专科重症医学顾问，虽然诊务繁忙，仍不忘抽出时间指导相关科室的临床和科研工作，帮助他们进行中医查房，提高各级医师的中医诊疗水平。

王坤根身上，有着一名中医大家的"精"与"诚"——中医药事业的传承，不仅需要传承医术之"精"，更需要传承医道之"诚"。正如他手机上随记的"从医思悟"所证——"要不断学习，活到老学到老，不落伍""老老实实做人，健健康康生活，认认真真做学问，这是立身之本，更是创新发展的基石""要自己有心得，方能言之有物"。大医精诚传承中医仁术，悬壶济世彰显医者仁心。王坤根在中医药践行之路上的贡献，阙功甚伟。

第四章

高 超 医 术

第一节　圆机活法论伤寒

一、圆机活法的含义

何谓机？张介宾曾言"机者，要也，变也，病变所由出也"。"机"即病机，是疾病发生发展变化的机理，是疾病外在表现的内在本质。疾病的发生发展是动态变化的过程，从横向来看，包含病因、病性、病位、病势诸要素；从纵向而言，揭示了疾病发生、发展、传变、预后过程中邪正斗争的变化规律。因此，在临床"视其外应，以知其内脏"（《灵枢·本藏》）。合参诊治过程中，不仅要着眼于局部、微观的病理变化，更应从整体、宏观角度去把握疾病的本质，用动态发展的观点去看待病机转变。能得其要，概如王冰注言："动小而功大，用浅而功深也"；能随其变，可达"见肝之病，知肝传脾，当先实脾"之智。

病机是中医诊断结论的主体，又是治疗立法的基本依据。无论是《伤寒论》所蕴含的"汗""吐""下""和""温""清""消""补"诸法；抑或是《素问·至真要大论》"劳者温之……燥者濡之……散者收之，损者温之"等扶正之法，"坚者削之，客者除之……结者散之，留者攻之"等攻邪之法，再"热因寒用，寒因热用，塞因塞用，通因通用"（《素问·至真要大论》）的从治、逆治之法。诸法的应用，都依赖临床辨证的结果，针对病机，因人、因时、因地之不同，灵活选择、确立，是不断变化的。选取适宜的治法，要灵活具体，与"圆机"丝丝入扣，方可称为圆机活法。

二、《伤寒论》的机证相应，方法相统

对《伤寒论》条文的理解及方剂的应用，不是简单寻求与条文症状相符，而是必须通过条文，领悟其背后所蕴含的病机，在临床中"见病知源，察病识机"，抓住病机关键，才可达到证与方的统一。如《伤寒论》第96条"伤寒五六日，中风，往来寒热，胸胁苦满，嘿嘿不欲饮食，心烦喜呕，或胸中烦而不呕，或渴，或腹中痛，或胁下痞硬，或心下悸，小便不利，或不渴，身有微热，或咳者，小柴胡汤主之"，其中的或然诸症，也说明关键在于把握内在本质。胡希恕老先生曾言对于或然诸症，即使不进行加减，小柴胡原方投之，亦可起效，即是此理。

进而言之，刘渡舟认为《伤寒论》六经辨证是基于脏腑、经络、气血的生理功能和病理变化，根据外感病邪侵犯时人体正气的强弱、感邪的轻重、病位的深浅、病势的进退、病情的缓急所引发的各种临床表现进行综合分析，从而归纳出六经辨证。胡希恕则主张《伤寒论》的六经病实质是来自八纲的证，"八纲只有抽象，六经乃具实型"。临床辨证应先从六经开始，六经既辨，则病位明（表里）病情判（阴阳寒热虚实定病性）。王坤根认为胡希恕的"六经统八纲"更为浅显易懂，易于接受。无论刘渡舟还是胡希恕，观点侧重虽不同，但结论却一，都认为六经辨证是辨证的纲领，论治的准则。将外感疾病的种种变化，按六经分列，每经各有主证，主证又各有主方，每方都是此六经中具体病机的治疗体现。《伤寒论》第317条"通脉四逆汤"方后注"病皆与方相应者，乃服之"，即是疾病病机与方相切合的辨证思想核心的体现。至于条文中的合病、并病、兼证、变证等，则可以用邪气从一经转入另一经甚则多经从而引起复杂的病机变化来解释。如果病机转变，治法亦变；病机微变，治法也随之微变，自始至终皆是圆机活法、逐机而治。简言之，概括为"观其脉证，知犯何逆，随证治之"。参透此点，临证选方就不会囿于经方范畴，经方、时方随病机演变呼之欲出，方随证立，证随方呈，从而极大拓宽六经的适用范围。这也就不难理解为何古人认为"六经钤百病"（柯琴），"是书虽论伤寒，而百病皆在其中"（陈念祖）。换言之，抓住六经辨证大法，则经方时方，便俱无拘执，而百病统也。

伤寒论六经辨证，原虽是外感疾病辨证论治的纲领，而王坤根在多年临床中，认为人体疾病受内外各种因素影响，病机变化复杂多端，单纯病于一经者少，合并者居多，故常以六经辨证为依归，运用《伤寒论》思路及方药治疗各种杂病，却又不泥于此，于纷繁复杂的病象中探求疾病本源，深入洞察病机，圆机活法，务求病机与方药相合，临证处方，不拘常格，经方时方兼而用之，而究其源，终不离乎法之中。

三、医案解析

（一）桂枝汤

桂枝汤为仲景群方之首，方中桂枝宣阳，使气运行，芍药合营阴，通调血脉，芍药与桂枝相伍，能调和营卫，生姜辛散，温胃止呕，佐桂枝以通阳。甘草、大枣甘缓，益气调中，助芍药以和阴，诸药相协，发中有补，散中有收，邪正兼顾，阴阳并调，而达助正祛邪，安内攘外之功。王坤根认为人身营卫气血本为一源，阴阳概括营卫气血，营卫生于水谷，而内注五脏六腑。由是观之，桂枝汤具有调和表里、阴阳、脏腑、气血的功效，而不只限于调和营卫、解肌发汗。柯琴曾赞桂枝汤言："此为仲景群方之魁，乃滋阴和阳，调和营卫，解肌发汗之总方也……不论中风、伤寒、杂病，咸得用此发汗……但见一症即是，不必悉具矣"。因而王坤根不单将此方用于外感风寒表虚证，还随证变法用于内伤杂病，如更年期妇女营卫不和，肝气郁结，桂枝汤可合小柴胡汤疏利三焦，调和营卫；睡眠障碍，因心肝血虚者，桂枝汤合酸枣仁汤，可奏养血滋肝，宁心安神，引阳入阴之妙；抑郁症因营卫不和，心神失养使然者，治以桂枝汤调和营卫，甘麦大枣汤养心安神。即尤在泾谓："桂枝汤外证得之，解肌和营卫，内证得之，化气调阴阳"是也。

案1 盗汗

朱某某，女，38岁，2017年11月21日初诊。盗汗数年。夜间盗汗，腰脊酸楚，脱发明显，平素畏寒恶风，怕冷怕水，关节尤甚，苔薄黄，舌红，脉细，lmp*：11月2日，量少，既往4次流产史。中医诊断：盗汗（阴阳失调，气血不和）。治法：调理阴阳，调和气血，调和营卫。处方：桂枝9g、炒白芍12g、太子参15g、麦冬15g、五味子9g、生地15g、丹参15g、当归18g、川芎12g、菟丝子15g、枸杞子15g、茯苓15g、黄芪30g、防风9g、炒白术12g、桑叶15g，21剂。

---

*lmp为末次月经日期。

二诊 药后盗汗已消，腰酸缓解，脱发仍有，大便正常。守方继服21剂，诸症基本消退。

按 从该案病史可见，此患者数次流产而致气血亏虚，营卫失和，久则肝肾受损，阴阳失调。盗汗，舌红，脉细是营气不足；平素畏寒恶风，怕冷怕水，是阳气不足，卫外失固；腰脊酸楚，脱发明显是肝肾精血亏损，失于濡养。方中桂枝汤配生脉散滋阴益气，调和营卫；生地、丹参、当归、川芎养血和血、养血敛阴，使肝血得生，其中最妙者乃桑叶一味，一以清肝疏木，使得肝阳无以亢越，另兼有滋阴敛汗之效，《本草经疏》记载桑叶："甘所以益血，寒所以凉血，甘寒相会，故下气而益阴，是以能主阴虚寒热及因内热出汗。"一以宣郁透热，渐疏上下内外之间，郁热自解，卫气不闭，营气内安，而无受迫之忧，此为王老师治疗盗汗习用之药；继以菟丝子、枸杞子补益肝肾，使精血得充；玉屏风散配伍茯苓，培土生金益气，使周身藩篱固密，取"损其肺者，益其气"之意。该方重视病史，标本兼顾，以求精血充，卫气固，则阴平阳秘，盗汗自愈。

或曰：本案虽冠以桂枝汤之名而无方药之实。实乃王老师相得人体气血营卫本为一源之奥旨，又懂得权情而变。若患者气血亏虚不甚而见阴阳失调者，桂枝汤原方恰当其用，然本案宿有流产病史，气血津液亏虚及阴阳失调之象明显，仍进原方恐有药轻之嫌，是以配用益精、养血、补气诸品，冀气血津液互生互化，而去甘缓之大枣、甘草，又恐生姜之辛散扰阳动阴，故皆以去之，再透疏微邪。本案用药虽与桂枝汤不同，却合其立法之意，故仍冠以桂枝汤。实为得病之情，知治之大体也。

案2 产后发热

姚某某，女，28岁，2017年11月25日初诊。产后发热1个月余。目前哺乳期，时有发热，最高热峰39.3℃。刻诊：畏寒畏风，头晕头痛，背脊疼痛，自觉胸闷气闭，胸前多汗，舌淡苔薄黄，脉细弱无力。中医诊断：产后发热（营卫不和，气阴不足）。治法：解表祛邪，和利枢机。处方：桂枝12g、白芍12g、炙甘草12g、生姜10g、大枣10g、柴胡9g、黄芩12g、制半夏9g、太子参15g，5剂。

二诊 发热已消，仍有气短，偶有头晕，背脊酸痛，偶有畏寒，喉间异物感，大便正常。前方加葛根15g、麦冬12g、五味子9g，3剂。

三诊 仍有气短，头肩背畏寒，稍食胃胀，心泛欲呕。前方去葛根，增陈皮10g、淡竹茹12g，5剂。继续治疗。

按 《金匮要略·妇人篇二十一》："产后风续之数十日不解，头微痛，恶寒，时时有热，心下闷，干呕，汗出，虽久，阳旦证续在耳，可与阳旦汤。"产后营卫皆虚，风邪外袭，其病在表，虽发热间作持续1个月，仍见畏寒畏风，头晕头痛，背脊疼痛，胸前多汗等太阳表证，故仍当用桂枝汤解表祛邪，调和营卫。患者时有发热伴胸闷气闭，苔薄黄，此为郁滞所以然，故合小柴胡汤扶正祛邪，和利枢机，使阴阳相和。此正如《金匮要略心典》所言："以邪气不可不散，而正虚不可不顾，唯此法为能解散客邪，而和利阴阳耳"。二诊时邪热既退，故加葛根、麦冬、五味子，滋养阴血，升津疏筋；三诊时合用橘皮、竹茹理气和胃，降逆止呕，继予对症调治为续。

（二）五苓散

《伤寒论》中五苓散主要治疗小便不利、口渴、水逆、心下痞等诸多见症，缘其病机皆是阳气闭阻，气化不利，方中二苓、泽泻利水，白术健脾利水，桂枝通阳化气，使气化则水自行，水行则阳自通。《本草纲目》引元素语云："桂枝味辛、甘，气微热，气味俱薄，体轻而上行，浮而升，阳也"。《本经疏注》云："和营、通阳、利水、下气、行瘀、补中为桂枝之六大功效"。《本草备要》则一语中的地指出其能"温经通脉"，实为通阳之第一要药，故通阳化气之剂必当用之。后世叶天士针对湿热交混，阳气闭阻的症候，提出"通阳不在温，而在利小便"的以利为通的治法，其着眼点仍是"通阳"二字。王坤根根据自己多年临床经验认为不仅温热、湿热阳气闭阻于内，必用"以利为通"的治法，某些杂病由于水饮湿浊阻闭，三焦湿浊弥漫，皆当引停聚之水饮从小便而去，湿浊水饮既消，阳气才得以通达。故其治疗湿邪浸渍皮肤、痹阻留滞关节等诸证时，也是兼"以利为通"之法，认为较单纯化湿、导痰、行气，温阳能更有效地达到通阳的目的，疗效也更优。

案1 湿疹

陈某某，女，37岁，2017年4月13日初诊。产后5个月半，停止哺乳半个月，经尚未行。肌肤红疹伴瘙痒20天。形体丰腴，平素头发油垢，易脱发，产后尤甚，疲乏无力，昼日思睡，夜寐不易入睡，每于春季，肌肤红疹，痒感，舌淡红，苔薄黄腻，脉沉软。中医诊断：湿疹（脾虚湿盛）。治法：运脾化湿。处方：茯苓30g、桂枝9g、白术12g、猪苓15g、泽泻15g、米仁30g、苍术12g、香附12g、姜半夏9g、陈皮15g、石菖蒲10g、郁金12g，14剂。

二诊 药后皮肤红疹、瘙痒显减而未尽，两膝若有进风，思睡，心悸胸闷，

寐可，lmp：4月21日，量可，3日净。前方加用丹参20g、荷叶20g，14剂。

按 隋代巢元方在《诸病源候论·疮病诸候》中云："夫内热外虚，为风湿所乘，则生疮。所以然者，肺主气，候于皮毛；脾主肌肉。气虚则肤腠开，为风湿所乘；内热则脾气温，脾气温则肌肉生热也。湿热相搏，故头面身体皆生疮。"明确指出本病乃肺脾气虚，腠理失固，风湿浸淫，加之肌肤内有蕴热而成。据病史可知，患者每逢春季，易受风邪侵袭，此次因产后体虚，肺脾气虚为甚，加之形体丰腴，平素头发油垢易脱，知其病位在肺脾，而以脾为主，盖脾为痰湿之源，脾虚湿困，故见疲乏无力，上蒙心神，故有思睡，湿蕴肌腠，卫气独卫其外，阳气不得内交于阴，则思睡而不易入睡，脉沉软正是湿蕴阳阻不能鼓动之象，苔薄黄腻是阳不化湿，积久生热，结合舌淡红，故治从运脾化湿，通阳利水入手，方取五苓散通阳化气，阳气得通，则水饮浊邪自化，辅以二陈、苍术运脾燥湿，加用米仁亦是健脾助其运化之意，石菖蒲、郁金化痰活血开窍解郁。

一诊之后，考虑湿浊内蕴，阳气失畅，日久影响血行，兼有瘀滞之机，单纯化湿效果往往欠佳，故加丹参凉血活血，亦合"治风先治血，血行风自灭"而兼有宁血止痒之意；荷叶轻清，此药《本草纲目》言之"盖荷叶能升发阳气，散瘀血，留好血"，寓升清降浊，以禅湿浊瘀滞去而阳气通，气血宁。

产后病人，气血亏虚，腠理不固，易罹邪其他疾患，加之恶露不尽，故具有多虚、多瘀的特点，治疗上强调滋阴补虚，益气养血，化瘀生新，然亦须结合临床证候，具体分析，此病例见效显著，着重在首诊药证相投，颇足取法。

案2 产后关节疼痛

何某某，女，40岁，2017年7月18日初诊。2年前生育后形体渐丰，周身关节疼痛，两肩畏寒，下肢疲乏无力，行步酸软，舌淡红，苔薄黄，脉滑。lmp：7月6日。中医诊断：痹证（寒湿之邪，痹阻经脉）。治法：调气化湿，舒筋通络。处方：猪苓15g、泽泻12g、炒白术12g、桂枝9g、茯苓15g、苍术12g、香附12g、姜半夏9g、陈皮10g、仙灵脾20g、巴戟天15g、葛根30g、姜黄15g、元胡15g，14剂。

二诊 关节疼痛较前显减，久立腰酸，矢气频多，尿有灼热感，左侧少腹偶有隐痛，lmp：8月1日，量少，前方加白英30g，继服14剂。

按 患者首诊以产后周身关节疼痛就诊，形体丰腴，痰湿遂生，滞留体内，阻遏阳气，痹阻经脉。见症虽偏重于脾，而下肢疲乏无力，行步酸软，肾气亦虚，属脾肾两虚之候。方用五苓散化气利水，其中桂枝辛温，味辛能化气，性温则专事流通；白术健脾燥湿，助脾气转输，水津得以四布，再以猪苓、泽泻、茯苓淡渗以佐之，使水湿有出路，复仿《叶氏女科》苍附导痰丸之意加苍术、香附、姜半夏、陈皮运脾行气燥湿以助五苓，加仙灵脾、巴戟天补肾温阳，祛风除湿，强筋健骨。全方具有健脾化湿、温肾化气、舒筋通络止痛的作用，以五苓散及苍附导痰丸加减治疗本病，恰合病情。

案3 水肿

高某某，女，58岁，2016年6月28日初诊。主诉：周身浮肿，伴疲乏无力2年余。刻诊：周身浮肿，乏力，起于2年前鼻炎术后，服用"氢氯噻嗪、螺内酯"半年余，腹部冷感，大便偏溏，咳嗽气急，痰白，感冒后痰色转黄，舌红，苔黄腻，脉缓滑。中医诊断：水肿（脾肾两虚，水浸肌腠）。治法：通阳化气，宣肺利水。处方：猪苓15g、茯苓30g、泽泻15g、桂枝12g、白术15g、黄芪30g、防风9g、麻黄3g、连翘12g、赤小豆15g，7剂。

二诊 药后腹部冷感稍有减轻，下肢浮肿仍有，寐劣多梦，关节酸痛，舌红嫩，苔薄黄，脉滑。上方黄芪增至45g，茯苓皮30g、防己6g，7剂。

宗此方加减服用1个月余，后复诊述：药后浮肿显减（已停用利尿剂3周余），唯头晕，目不欲睁，寐劣多梦，喉间痰黏，痰黄咯吐不利，右足挛急，舌淡红，苔薄黄，脉细缓。处方：猪苓15g、茯苓30g、泽泻15g、桂枝12g、白术12g、黄芪50g、防风9g、茯苓皮30g、制半夏9g、化橘红10g、苍术12g、炙麻黄5g、杏仁10g、阳春砂（后下）6g、车前子15g、远志筒6g、炒黄芩12g，14剂。

随症加减服用近2个月余，咳嗽明显好转，下肢浮肿减而未除，右上腹胀痛，连及背部，疲乏无力，两足酸软，舌红嫩，苔薄黄腻。2016年9月23日生化：肌酐40.47μmol/L，白蛋白38.83g/L，甘油三酯2.22mmol/L，总胆固醇6.14mmol/L，尿常规未见明显异常。肺部CT：左肺下叶炎症，右肺中叶下舌段少许纤维灶。处方：猪苓15g、茯苓30g、泽泻15g、制半夏9g、化橘红10g、白术12g、黄芪30g、炙麻黄5g、杏仁10g、金荞麦30g、皂角刺10g、地龙12g、柴胡9g、炒黄芩15g、郁金12g、元胡20g，14剂。

前后服药近1年，2017年6月6日再次复诊，诉浮肿未见。

按 水肿之病，多由风邪袭表、外感水湿、饮食不节及久病劳倦等反复作用，久而导致肺失通调，脾失转输，肾失开阖，三焦气化不畅而发病。本例患者初诊时症见周身浮肿，疲乏无力，大便偏溏，咳嗽气急，痰白，感冒

后痰色转黄，舌红，苔黄腻，脉缓滑，是脾肾阳虚，水湿浸渍，兼有外感表虚，肺虚失宣的表现。虽服用利尿药半年余，能勉力控制，然终不能除。故治以五苓散通阳化气，亦是遵循病机十九条"诸湿肿满，皆属于脾"之机，恐其病重药轻，配伍黄芪补气健脾化湿，《古今名医方论》柯韵伯曰："然卫气者，所以温分肉而充皮肤，肥腠理而司开阖。唯黄芪能补三焦而实卫，为玄府御风之关键。"故能补三焦之气，奏温肌腠而益气利水之功，合白术、防风健脾益气，祛风胜湿。再循《黄帝内经》"开鬼门、洁净府"之意，合用麻黄连翘赤小豆汤解表宣肺，清热祛湿，麻黄辛温宣发，取其宣肺气，通调水道之能，以助行水利湿，连翘、赤小豆苦寒清热解毒，合麻黄既可宣散表邪，又可导湿外除。

二诊时该患者下肢浮肿仍有，但水肿显减，腹部冷感稍有减轻，苔腻之象渐退，说明治疗有效，故守方再进，虑其关节酸痛，湿邪困滞皮肤肌肉，黄芪重用 45g 益气利水，加防己 6g 组成防己黄芪汤，复添茯苓皮 30g 以助益气祛风行水。后宗方出入 1 个月余，浮肿显减，已停用利尿剂，然尚有痰湿蕴肺，湿邪困阻之象，故加二陈汤、苍术运脾化湿；配麻黄、杏仁宣降肺气，通调水道；车前子利湿，使湿去而肺气得以舒展；远志、黄芩豁痰安神，清肺化痰，使痰湿祛，郁热清，而无内扰之忧。继予调治 2 个月余，咳嗽诸症显减，浮肿减而未除，结合肺部 CT 结果，在有效的基础上以皂角刺散结；柴胡、炒黄芩、郁金、元胡疏肝理气，活血通络止痛。之后 1 年坚持使用中药加减递进，以奏全功。

（三）半夏泻心汤

《金匮要略·呕吐哕下利病脉证治》中说："呕而肠鸣，心下痞者，半夏泻心汤主之"。故知本证应有呕，心下痞硬，肠鸣下利诸症，进而可言，半夏泻心汤为脾胃同病之证。分而论之，盖脾为阴土，胃为阳土，邪气内传，从阴而化，脾失健运，不升反降，则肠鸣下利；从阳而化，胃气失和，而现干呕等胃气上逆之症。脾寒胃热，升降失常，水湿中阻，气机痞塞，遂成心下痞满。统而言之，从其组方而言，本方具有辛开苦降，寒温并用，甘补调中的特点，半夏既可和胃降逆，又能燥湿益脾，以顺脾喜燥恶湿之性，两相兼顾，故为方中主药；黄连、黄芩苦寒清热，以清胃中实火，又凭"苦能燥湿"而无伤脾导泄之弊，同样体现兼顾于脾，以求和中；人参、大枣、甘草，味甘俱能补益脾胃而复脾升降之职，唯干姜味辛而散，取其温中暖脾化饮之职。

故王坤根认为半夏泻心汤证当从脾胃分论的角度进行论述，至于临证选药，既可遴取兼治之品，又须当从证而有所偏甚，或加强健脾，或和胃降逆，灵活应用，唯证是从。如生姜辛散胃寒力强，兼俱和胃降逆功效，李杲谓："孙真人云，姜为呕家圣药，盖辛以散之，呕乃气逆不散，此药行阳而散气也。"故心下痞硬，并见干噫食嗅，腹中雷鸣下利等胃失和降，水气相搏之证，在和胃消痞的基础上，兼散结降逆除水，以生姜泻心汤主之；因脾虚下利频繁急迫，故重用甘草，专事于脾，增益补中之力，又能缓急，演变成甘草泻心汤之证。此外，心下痞硬因胃气虚弱，痰浊内阻，胃气上逆而成者，则选取旋覆花、代赭石、生姜、半夏诸降逆和胃止呕之类，即《伤寒论》161条旋覆代赭汤是也。同时脾胃的升降功能离不开肝胆疏泄、调畅气机的辅佐。肝胆不和，郁热上冲犯胃，而见口苦、反酸；肝气郁结，横逆犯胃，则胃脘疼痛。王坤根临证时常审证合用温胆汤、左金丸、柴郁二陈汤等方。

案1 胃痞

姚某某，女，49岁，2018年7月3日初诊。心下痞塞2年余，多方治疗，效果欠佳。食之心下痞塞，嗳气频多，食后口有酸感，晨起口苦，夜寐可，大便正常，平素月经不规律，lmp：7月2日，舌淡暗，苔薄略燥，脉细缓。辅助检查：2018年4月11日胃镜：浅表萎缩性胃炎伴胆汁反流。中医诊断：胃痞（寒热错杂）。治法：和胃消痞。处方：姜半夏12g、黄连6g、黄芩12g、干姜6g、甘草6g、太子参15g、大枣10g、生姜10g、吴茱萸3g、枳壳10g、淡竹茹20g、浙贝母15g、海螵蛸20g、柴胡9g、蒲公英30g，14剂。

上方经加减服用1个半月后，心下痞塞及隐痛明显减轻，晨起口苦稍有缓解，嗳气仍有，食后为甚，腹部胀满，近感头重如压，舌淡红，苔薄黄腻，脉细缓。上方加用阳春砂（后下）6g、仙鹤草30g，14剂。

五诊 晨起变动体位易头晕，头重如压，饥饿时心下隐痛，食后缓解，余症同前，lmp：8月15日。前方加天麻9g，继进14剂。

六诊 头晕已消，心下隐痛，且有胀感，连及大腹，嗳气仍有，大便日行1～2次。上方减大枣、仙鹤草、天麻，加木香12g、炒白芍12g，14剂。

上方略作加减，服至2018年10月30日，效果甚为明显。患者心下隐痛基本已消，痞塞感大减，腹部胀满显减，大便正常。

按 痞证主要指病人自觉心下（胃）满闷不舒，触之无形，按之濡或硬，压之不痛的一组证候。是脾胃病常见证候，功能性消化不良、胆汁反流性胃炎、胃十二指肠溃疡等均可按痞证论治。《医方考》云："胃主受纳，脾主消磨，

故能纳而不能化者，责之脾虚"。王老师认为食之心下痞塞或胀满，病位在胃，为食积痰浊，胃气不和，当用通降法；心下痞塞与饮食无关，或空腹尤甚，属脾虚不运，当健脾助运。本案患者"食之心下痞塞"，兼见嗳气，反酸，口苦，乃胃气夹肝胆火热上逆。方以半夏泻心汤辛开苦降，消痞散结，柴胡、枳壳，一升一降，调达气机，畅中消痞；竹茹、蒲公英清疏和胃，降逆气；配合左金开郁结，泄肝火；浙贝、海螵蛸抑酸散结，宗此方出入调治3个月诸症渐消。治疗期间出现头重如压，晨起变动体位易头晕，苔薄黄腻，当是痰浊上扰清窍之症，《医学心悟》云："有湿痰壅遏者，书云头旋眼花，非天麻、半夏不除是也。"故加天麻，14剂后头晕头重果消。

案2 胃痞

林某某，男，39岁，2016年2月17日初诊。食则心下痞塞，饥时亦然，胃脘烧灼感，胃胀嗳气，食后明显，更衣畅，舌淡暗，苔薄黄腻，脉细缓。2015年3月胃镜：胆汁反流性胃炎。有乙肝小三阳病史。中医诊断：胃痞（寒热错杂）。治法：和胃消痞。处方：制半夏12g、炒黄芩12g、炒黄连5g、太子参15g、干姜5g、甘草6g、大枣15g、淡竹茹20g、陈皮10g、枳壳10g、茯苓15g、吴茱萸3g、蒲公英30g、阳春砂（后下）9g、厚朴12g，14剂。

二诊 烧心泛酸、痞塞显减，嗳气偶有，胃胀仍有，大便正常，舌淡，苔薄黄腻，脉细缓。增减药量予之：制半夏9g、干姜6g、淡竹茹12g，14剂。

按 《说文解字》释义"痞，痛也"。而在人体，"痞"为阴阳不交，气机郁结，闭塞不通。本例患者食则心下痞塞，饥时亦然，且有胃胀嗳气、烧灼感，属虚实夹杂，参之舌淡，苔薄黄腻，脉细缓，脾胃虚弱兼有肝胃气滞郁热显然。故王老师遵古人治痞以苦为泄、辛甘为散二法，选取半夏泻心汤辛开苦降，消痞散结。心下痞塞，兼胃脘胀满者，则以理气宽中药助之，既有枳壳、阳春砂、厚朴理气除满，又有竹茹、陈皮清胆和胃顺降，以合六腑通降之性。胃脘烧灼感，王老师以胃阴不足为多，曾创柔肝和胃饮，但本案有胃胀嗳气，苔黄腻，应是胃热未及伤阴，故治以清热化痰，和胃利胆，方以黄连温胆汤合左金丸合而化之，其中黄连、吴茱萸，一寒一热，吴茱萸入厥阴经，携引黄连清降肝火，因其兼有疏散之性，又无逆肝之忧。胆汁为肝经之余气，肝气畅达，胆汁自无郁滞之弊，因此《丹溪心法》原书虽载方曰："左金丸治肝火，而实能兼作清胆之用。此外黄连苦降和胃，吴茱萸辛散胃气郁结，亦含辛开苦降之义，正合仲景泻心诸法，当可治痞。"

（四）小柴胡汤

仲景所拟小柴胡汤，是针对少阳枢机不利，三焦失畅而设，具有和解表里，疏利肝胆，和解少阳，调畅三焦的功效。《血证论》对小柴胡的作用有精辟论解："此方乃达表和里，升清降浊之活剂。人身之表，腠理实营卫之枢机；人身之里，三焦实脏腑之总管。唯少阳内主三焦，外主腠理……以其宣通上焦，则津液不结，自能下行"，故临床上除治疗寒热往来，胸胁苦满，嘿嘿不欲饮食，心烦喜呕，口苦，咽干，目眩等少阳证外，尚可拓展用于治疗外感咳嗽、妇女更年期综合征、病毒性肝炎、水肿诸病，总之皆是调畅三焦之气、水，使之无郁无滞。

扩大小柴胡汤的应用，其奥义还在准确辨识病机，由于《伤寒论》第101条指出"有柴胡证，但见一证便是，不必悉具"，因而一遇"胸胁苦满"诸类症候，就会首先想到小柴胡汤。然《伤寒论》中关于胸胁苦满，既有太阳病误下，邪气内陷；痰热互结，经气不利；又有水饮内停，壅于胸胁等，诸如此类皆可引致胸胁苦满不适，由此可见，其中的"但见一证"乃是对揭示病机的主要证而言。若仅指小柴胡汤证中能出现的症状，局限于对症治疗，就不能反映邪在半表半里及少阳气机郁滞的本质，临床就缺乏灵活性和针对性。因而临证时须辨清表、里、虚、实、寒、热，明确疾病的病性、病位，洞悉病机，做到主证及其对应的病机同小柴胡的主治相合，那么无论病症如何繁杂变化，仍可做到执简驭繁，异病同治。

方中以柴胡为君，《神农本草经》谓柴胡："味苦平。主心腹，去肠胃中结气，饮食积聚，寒热邪气，推陈致新。"是一疏气行滞的解热之品，尚有除胸胁苦满之能，用之疏木，使半表之邪得以外宣；佐以黄芩清热，使内蕴之火从里而彻；半夏、生姜，取小半夏汤之意，可和胃降逆，散所滞之饮，因其味辛性散，辛甘助阳，外在之邪可借此发散；复用人参、大枣、甘草振奋胃气，滋养津液，以守血弱气尽，精气不足之势，徐灵胎所谓："小柴胡汤之妙在人参"即指此也。故外证得之，可祛邪透达；内证服之，可疏利三焦，行胸中大气，细细品会"上焦得通，津液得下，胃气因和，身濈然汗出而解"（《伤寒论》230条）之文，服汤后枢机运转，三焦宣畅，上焦气机得通，经气畅达，津液敷布达下，胃气因而和调下降，里气通畅，表气顺达，津液营卫，运行无阻，则全身汗出而解，五脏元真通畅。

王坤根临证时常在小柴胡汤的基础上因证加减，治外感，调内伤，虚实

皆宜，与时方、经方进行化裁，如合二陈汤、平胃散、半夏泻心汤、黄连温胆汤、三仁汤等，广泛地运用到内科杂病。

案1 头昏

何某某，女，52岁，2017年7月4日初诊。头昏10余年。头昏自服"食积口服液、莫沙必利"可缓解，晨起口苦，胃脘烧灼感，大便通而不畅，舌淡红，苔黄腻，脉沉软。中医诊断：头昏（痰浊上扰）。治法：运脾化浊，清化痰热。处方：柴胡9g、黄芩12g、太子参15g、生姜15g、红枣10g、姜半夏12g、陈皮10g、苍术12g、厚朴12g、茯苓15g、泽泻15g、龙胆草6g、牡蛎（先煎）30g，7剂。

二诊 头昏稍有缓解，大便通而不畅，口苦仍有，寐即多梦，有时腿部肌肤麻木，舌淡红，苔薄黄腻，脉缓。前方减太子参，加党参15g、炒川连6g、龙胆草增至9g，7剂。

三诊 头昏已消，进食水果仍有烧心感，口苦仍有，大便不畅，夜间梦扰，前方减党参，加蒲公英30g，守方继服7剂。

按 该患者头昏已有十余载，自诉服"食积口服液、莫沙必利"可缓解，且晨起口苦，大便长期不畅，良由三焦气机失畅，致胃肠腑气欠顺，中焦升降失常，清浊反作而成。由于气机失司，脾失运化，胃失和降，湿、痰、浊等各种阴邪浊气，停聚中焦，渐趋化热，故口苦，胃脘烧灼，苔黄腻。头为精明之府，"清阳出上窍"，五脏六腑之精气皆上升于头部，今浊气不从其道，上扰清窍，而时有头昏。痰浊蒙窍，本当予半夏白术天麻汤健脾化痰熄风，一则因其胃脘烧灼、舌苔黄腻，可知其为痰热而非痰浊上扰；二则因其服"食积口服液、莫沙必利"可缓解，乃知其症一经排解，立可减轻。故治法当疏达气机，运脾化浊，清热化痰。方用小柴胡汤畅达气机，疏利三焦，此也即《金匮要略·水气病脉证治》中所言："大气一转，其气乃散"之意，气化和，则湿浊易去。苍术、厚朴、陈皮运脾化浊；茯苓、泽泻亦为利湿导浊之意；考虑病久兼有胆胃同病，胆火上炎之象，故用柴胡、龙胆草、生牡蛎三味以清肝胆，降逆气。复诊在原方的基础上加重清热化浊之力，且易太子参为党参，加强健脾运脾，又有防苦寒伤胃之弊。药后头昏痼疾得以解除，继予药物调理巩固。

本案须防因患者自诉"食积口服液、莫沙必利"后头昏缓解，而贪图一时之快，妄用攻下之法，则更损中焦脾胃，造成湿浊困阻加重。该患者虽言服用消导之药后头昏缓解，但患病日久，脏腑气机功能紊乱，兼有不足之症，宜缓缓图之，而不可求速效，且湿性黏滞，缠绵难愈，治当以宣化、行气诸法，下法当在慎用之列，《温病条辨》中即有湿邪禁下之说。说明临床上要细察精详，使立法选方俱合病情。

案2 胃痛

俞某某，女，54岁，2016年5月24日初诊。胃脘隐痛，饥饱皆作，偶有嗳气，口苦，平素大便偏溏，近日正常，舌淡，苔薄，脉细濡。辅助检查：5月17日胃镜：慢性非萎缩性胃炎伴糜烂，胃窦为主，Hp（－）。中医诊断：胃脘痛（肝胃不和）。治则：和胃理气。处方：柴胡9g、制半夏12g、炒黄芩12g、甘草6g、茯苓15g、厚朴10g、枳壳10g、苏梗10g、淡竹茹12g、炒黄连6g、郁金12g、元胡15g、香附10g、浙贝12g、海螵蛸20g，7剂。

二诊 食后胃脘疼痛不适显减，大便成形，通而不畅，口苦有减，晨起口干，上方加木香6g行气通腑，继服14剂。

三诊 药后胃脘无不适，近日晨起口苦尚有，口臭，大便尚可，日行2次，自诉平素易外感，前方减厚朴、枳壳、苏梗、浙贝、海螵蛸、木香，加黄芪30g、太子参15g、白术12g、陈皮10g、米仁30g、山药15g、蒲公英15g清热和胃，7剂。

之后再予14剂巩固治疗。

按 胃脘痛，又称"心下痛"，病位在脾胃，有虚实寒热之别。虚则多见脾虚，实则气滞、血瘀、寒凝、湿热皆可致之。本例胃脘隐痛，嗳气，口苦，是肝失疏泄，横逆犯土，胃气失和，《素问·元元正气大论》云"木郁之发，民病胃脘当心而痛"，揭示肝胃气郁为本病的病机关键。故初诊时以疏肝理气，和胃止痛立法，用小柴胡汤疏肝和胃，调畅气机，使气行则血行，佐以黄连温胆和胃气，清胆郁，董建华在1987年第一期《新中医》中提出"治胃病必须调气和血"，此亦为王老师所推崇，故方中配合理气和血之品，元胡、香附行气活血止痛，此二味为王老师习用之对药，既可疏肝理气，亦可和血通络定痛；柴胡、郁金疏肝理气；枳壳、厚朴、苏梗和中调气；另佐以浙贝、海螵蛸以制酸软坚，药7剂而胃脘疼痛显减，复诊时加木香以行气畅腑。本案从饥时亦有疼痛，平素大便偏溏，舌淡苔薄分析，可见除肝胃不和外，尚有脾气亏虚，病机虚实夹杂，因肝胃气郁疼痛，兼有口苦，脉濡等郁热夹湿之象，若初诊时即用党参、大枣、黄芪、白术固守中焦，易致痰气闭阻，郁热自生，反而加重疼痛。此时当从脾胃分治，先治胃，后调脾，故前二方以疏肝和胃、理气止痛为主，使脏气流通，寓补于疏，三诊时随胃脘疼痛蠲除，

浙江中医临床名家·王坤根

用药的侧重点转移，取参苓白术散之意健脾化湿，因口中不和，予蒲公英清热和胃，且其味甘，性寒，于香燥理气药后，继作养阴善后之功。本例治疗分先后主次，药有侧重，有疏有养，因而疗效显著。

（五）柴胡桂枝汤

《伤寒论》146条云："伤寒六七日，发热、微恶寒、肢节烦疼、微呕、心下支结、外证未去者，柴胡桂枝汤主之"。柴胡桂枝汤原是小柴胡与桂枝汤合为一方，此处桂枝汤调和营卫，以蠲太阳发热恶寒、肢节烦疼等未罢之症；小柴胡汤和解表里，以疏少阳微呕、心下支结诸郁结之象，实为开达祛邪之法，太阳少阳两经并病者多用之，此从疾病六经发展的纵向而言。而临床内伤杂病，纷繁变化，受多种因素影响，尚需从气血八纲上予以辨别，桂枝汤"为仲景群方之冠，乃滋阴和阳、调和营卫、解肌发汗之总方也"（柯琴《伤寒附翼》），故有长养气血以灌五脏、安营卫之功，心、肝、脾虚损诸症皆可辨证选用。小柴胡汤之能，诚如《古今名医方论》引程郊倩所载："方中柴胡以疏木，使半表之邪得从外宣；黄芩清火，使半里之邪得从内彻；半夏能开结痰，豁浊气以还清；人参能补久虚，滋肺金以融木；甘草和之；而更加姜、枣助少阳生发之气，使邪无内向也。总之，邪在少阳，是表寒里热两郁不得升之故。小柴胡之治，所谓升降浮沉则顺之也。"是故小柴胡汤具有疏肝实脾，行气化痰，舒达少阳，开宣郁热等诸多功效。了解两方的主治及相互关系，此即从横向而言。临床使用柴胡桂枝汤治疗内科诸症，须要分析各症之间是否具有病机上的相关性，是否与柴胡桂枝汤的主治相应，根据两者的相互联系及相关程度，进行方药加减。

案1　胃痞

顾某某，女，47岁，2018年10月12日初诊。胃脘胀满，嗳气频多，无泛酸，口苦，咽部痞塞不适感，夜间寐劣，易醒，动则心悸，舌淡红，苔薄黄糙腻，脉细弦。lmp：10月11日，量少。中医诊断：胃痞（肝胃气滞，冲任趋衰）。治法：疏肝和胃，理气清热。处方：柴胡12g、黄芩12g、姜半夏12g、生姜10g、大枣10g、炙桂枝12g、炒赤芍12g、厚朴12g、苏梗12g、龙骨20g、牡蛎20g、茯神15g、蒲公英30g，10剂。

二诊　胃脘胀感，嗳气仍频，脐周隐痛，喉间气闭，夜间寐劣。原方加用炒党参15g，炒白术12g，10剂。

三诊　胃脘胀满、嗳气显减，偶有喉间气闭，有时大便夹食物残渣，舌淡红，苔薄黄腻，脉细。10 剂。

按 本案患者胃脘胀满，嗳气口苦，伴咽部痞塞不适，此为气机不畅，痰气交阻故也，故知胃脘胀满乃肝气不达，横逆犯胃所致，肝郁胃壅，小柴胡合厚朴、苏梗等和中理气之品主之，兼用蒲公英清热和胃；痰气交阻，半夏厚朴汤主之，故以二方合而治之。时方中年，经量趋少，夜间寐劣易醒，动则心悸，恐是冲任趋衰，心神失养，故用桂枝汤调和冲任，温养心脾，龙骨安魂、牡蛎定魄、茯神宁心，共奏安神助眠之功。二诊时症状未见明显减轻，反有脐周隐痛，喉间气闭，是肝郁乘脾之象，故加炒党参、炒白术健脾益气，两者炒用以助运脾化湿之力。

药后胃脘胀满、嗳气显减，喉间气闭亦减，可知本案中除肝气犯胃外，尚有脾虚肝郁之证。肝气郁结则气滞于上，脾虚不运则水停为湿，湿聚为痰，郁久痰气上闭而见斯症，半夏厚朴汤虽为梅核气而设，然审其组方，详于肝胃而略于治脾，本案复诊时脾虚之象渐甚，非健脾益气不能奏其功，药后症状改善亦为明证。

案 2 不寐

肖某某，女，54 岁，2018 年 9 月 14 日初诊。疲乏懈怠，行步无力，晨起即作，活动后稍缓解，遇事寐劣，舌暗舌底脉络瘀滞，苔薄黄糙边有痰线，脉滑。中医诊断：不寐（肝气郁结，营卫失和）。治法：舒达少阳，调和营卫。处方：柴胡 9g、黄芩 12g、太子参 15g、姜半夏 9g、生姜 10g、大枣 10g、甘草 6g、炙桂枝 12g、炒赤芍 12g、龙骨 30g、牡蛎 30g、葛根 30g、姜黄 15g，14 剂。

二诊 精神转佳，夜间寐劣显减，腰脊酸楚，舌红嫩，苔薄黄，脉滑。炒赤芍改为炒白芍 12g，加杜仲 15g、川断 15g，14 剂。

三诊 遇事偶有寐劣，右侧腰骶臀部酸胀，向右腿放射，行步无力，晨起即作，活动后稍缓解，舌红，苔薄黄腻，脉滑略数。前方去太子参、生姜、大枣、甘草、龙骨，加川牛膝 15g、延胡索 20g、香附 12g、当归 12g、川芎 9g 活血强腰。

按 不寐的基本病机，总是"阳不入阴"，或因心脾不足，或因肝肾阴虚，或因痰扰，或因宿食。张景岳将此概括为"一由邪气之扰，一由营气之不足耳"。对正虚所致的不寐，还补充道"凡思虑劳倦，惊恐忧疑，及别无所累而常多不寐者，总属其阴精血之不足，阴阳不交，而神有不安其室耳。"本案据症分析，乃是肝气郁结，营卫失和之症，患者遇事忧虑，情志不遂，肝气郁结，

浙江中医临床名家·王坤根

内扰心神，故不寐；肝气不舒，气不能运血以畅行，血不能随气而流通，血脉瘀阻，因而舌底脉络瘀滞；夜间寐劣，阴阳交替失常，晨起少阳春升之令失行，则如《素问·四气调神大论》所言"逆春气，则少阳不生，肝气内变"，然肝中之阳，乃春升少阳之气，"阳气者，精则养神"（《素问·生气通天论》），且肝又为罢极之本，肝气内郁，失于升发，故晨起自觉疲乏，行步无力，活动后肝阳得以升布，尚有舒缓之机。方以小柴胡汤舒达少阳，以复肝敷和之德，顺其升发疏泄之性，合桂枝汤交通阴阳，以冀"营卫之行不失其常，故昼精而夜暝"（《灵枢·营卫生会》）。此方之妙，一者在于用赤芍行血疏肝，血中活滞，而无白芍收敛之力，助少阳条达；一者在于用桂枝"入肝胆而散遏抑""升清阳之脱陷"（《长沙药解》）。调和营卫之余，兼有调理肝郁之能。药后精神转佳，夜间寐劣显减，舌象亦大为改观。

本案的治疗，王老师抓住肝郁这一病机，初诊时苔虽黄糙边有痰线，脉滑，而未投祛湿之品，须知痰湿非其自生，必有气机不畅，气血津液，留而成痰，郁而化热，气血津液失于条达是痰湿郁热产生的根本原因。治病求本，故当疏达气机、运其津液、化其精微，气机调达，血行畅通，则湿自化，热自退，而病若失也。

（六）大柴胡汤

《伤寒论·辨太阳病脉证并治中》103 条载："……呕不止，心下急，郁郁微烦者，为未解也，与大柴胡汤，下之则愈"，其中的大柴胡汤，由柴胡、黄芩、芍药、半夏、生姜、大枣、枳实、大黄组成，主治少阳阳明合病，是具和解与泻下作用的方剂。从该条的症状及药物而言，大柴胡汤证具有里结的特点，然因是少阳阳明合病，"里结"二字，当消息而论。从部位上来说，里结的位置可能是胆腑，抑或是胃腑，从《金匮要略·腹满寒疝宿食病篇》第12条："按之心下满而硬痛者，此为实也，当下之，宜大柴胡汤"中可推循，此处的心下，为剑突下三角区，从剑突至两肋弓下，包括整个上腹部，就不仅仅局限于阳明肠腑；从"下"的含义而言，一者可能为阳气郁滞，少阳枢机不利，导致里气不和，胆腑、肠腑等失畅，此时"下之则和"，可为服用大柴胡汤后，"上焦得通，津液得下，胃气因和，身濈然汗出而解"的宣上畅中，里气通畅的结果，而此中大黄、枳实两味，正如《药鉴》所论："仲景立大柴胡汤，用柴胡大黄同剂……然柴胡升散外邪，大黄降泄内实，使病者热退气和而愈。"《药性赋》"宽中下气，枳壳缓而枳实速也"正是从气机升降角度论述二者之功。另一者可能为里热炽盛，燥屎内结，腑气壅滞，而表现为大便闭结，干结如羊屎，亦必兼有少阳失和之证，此处的"下"字，取泻下之法，大黄、枳实二味，便有小承气之形。

因此，王坤根认为此方既能开肝胃之郁，又能下胆肠诸腑之实，故常用本方治疗胆囊炎、胆石症、脂肪肝、功能性便秘等胃肠疾病。治法上或和解之中兼备理气和胃诸法，如大柴胡汤合平胃散、温胆汤；或和解并用降脂化浊、活血化瘀诸药，如大柴胡汤中增丹参、荷叶、生山楂等；若见中虚的病人，亦合以补中，如取大柴胡汤、香砂六君二方。只要脉证相符，功效卓著。

案 1 便秘

冯某某，男，71 岁，2016 年 3 月 3 日初诊。自诉曾因"支气管炎"住院治疗 3 个月余，咳嗽、咳痰已消，唯输液后大便干结，平素依赖大黄苏打片，食则胃胀，无嗳气泛酸，夜间寐劣，舌暗红，苔腻中厚，脉弦缓。既往有高血压病史，服用非洛地平片、倍他乐克缓释片（琥珀酸美托洛尔缓释片）降压，自测血压 125/75mmHg；有冠心病病史，服用泰嘉（硫酸氢氯吡格雷片）、立普妥（阿托伐他汀钙片）调脂稳定斑块。中医诊断：便秘（胃肠气滞，痰瘀交阻）。治法：调气和胃化湿，活血化瘀。处方：柴胡 9g、郁金 12g、黄芩 12g、赤芍 12g、枳壳 12g、制大黄 6g、半夏 12g、陈皮 12g、苍术 12g、厚朴 12g、蒲公英 30g、丹参 15g、阳春砂（后下）6g，7 剂。

二诊 药后胃胀便干皆有缓解，舌淡暗，苔薄黄腻，脉弦缓。上方加黄芪 30g、当归 12g 益气活血，继进 14 剂。

三诊 胃胀已消，口苦不适，时有嗳气，大便仍依赖大黄苏打片，舌淡暗，苔薄黄腻，脉迟缓。前方当归增为 15g，14 剂。

四诊 胃脘不适，偶有泛酸，大便正常，然仍依赖大黄苏打片，精神转佳，前方加煅瓦楞子 30g，14 剂。

五诊 胃脘无不适，大便正常，日一行，已停用大黄苏打片，继续守方 14 剂巩固。

按 便秘是指大便秘结不通，排便时间延长，或欲大便而艰涩不畅的病证。或因气机郁滞，腑气不降；或因脾胃气虚，传导无力；或因津血不足，无水舟停。本案中患者因患"支气管炎"使用药物后，腑气失畅而出现大便干结，盖肺与大肠相表里。加之食后胃脘胀满，里气失和，内有郁结可见也。气机郁滞，则痰浊内生，夜间寐劣，舌暗红苔黄腻显是湿浊中阻之象，结合

患者高血压、冠心病病史，故治以调气和胃化湿，活血化瘀。方选用大柴胡汤合平胃散加减，柴胡、黄芩、枳壳、郁金，宣上疏肝，兼有清肃之用，使升降相宜，气机调畅；陈皮、半夏、苍术、厚朴、阳春砂和胃理气燥湿；大黄、蒲公英清胃肠中陈腐秽浊之积，兼以畅腑；赤芍、丹参活血化瘀。诸药合用，既可理三焦无形之气郁，又可治胃肠有形之秽浊。先后五诊，气机既调，诸症渐瘳。

《素问·五脏别论》有言："魄门亦为五脏使，水谷不得久藏"。魄门功能正常与否，与肺气宣降，肝气疏泄，三焦调畅，胃肠通降等密切相关。对于因脏腑之病引起的大便失调，当需治脏腑之病，以求其本。而对于大便失调直接影响脏腑功能恢复，应"小大不利治其标"，攻里通下。

案 2 胃痞

胡某某，男，64 岁，2017 年 8 月 25 日初诊。胃脘痞满，烧灼感，嗳气，大便闭结，6～7 日一行，舌淡胖嫩中有裂纹，苔薄腻，脉迟缓。辅助检查：2017 年 4 月胃镜：慢性浅表性胃炎伴糜烂，十二指肠球炎，反流性食管炎，Hp（－）。目前服用：泮托拉唑、铝镁加（达喜）。中医诊断：胃痞（痰热扰膈，腑气失畅）。治法：清化痰热，和胃消痞通腑。处方：柴胡 9g、黄芩 12g、姜半夏 12g、枳壳 12g、大黄 9g、赤芍 12g、黄连 6g、淡竹茹 20g、陈皮 10g、茯苓 15g、郁金 12g、蒲公英 30g、煅瓦楞子 30g、阳春砂（后下）6g，7 剂。

二诊　烧灼感已消，胃脘痞满，偶有嗳气，服药期间便溏。前方去大黄，继服 7 剂。

三诊　药后烧灼感、痞闷已消，大便不规律，有时稀溏，1～2 日一行，舌淡红，苔薄黄，脉缓。调整治法为健脾和胃化湿，予半夏泻心汤合黄连温胆汤加减，方药如下：姜半夏 9g、炒黄连 6g、炒党参 15g、生姜 10g、大枣 10g、淡竹茹 20g、枳壳 12g、陈皮 10g、茯苓 15g、蒲公英 30g、浙贝 12g、海螵蛸 15g、败酱草 30g、炒白术 12g、甘松 10g，继服 14 剂巩固。

按　本患虽胃脘痞满，然伴有大便闭结，6～7 日一行，故知此痞证乃大肠传化无由，糟粕结聚肠腑，胃失和降所成。脾胃功能失司，升降失调，气机壅塞，故见胃脘痞满；胃气上逆，则见嗳气；中焦气郁，水反为湿，谷反为滞，痰湿秽浊内生，继而化热，故令胃脘烧灼，苔薄腻。病机为痰热扰膈，腑气失畅。王老师将疏肝、理气、和胃、通腑、化痰、清热诸法合而为一，木土兼顾，胃肠同调，大柴胡汤合黄连温胆汤正合本案之治。亦合"土郁达之"

（《素问·六元正纪大论》），"中满者泻之于内"（《素问·阴阳应象大论》）之旨。药后痰热扰膈、腑气失畅已除，三诊时中气不足之证渐显，脾虚则湿难化，过疏则气易伤，故加用炒党参、炒白术、生姜、大枣、甘松健脾补中以善其后。

案3 胆胀刀圭后

郭某某，女，68岁，2017年6月16日初诊。主诉：胆石症病史10余年，胆囊癌切除术后20余天。患者20天前行胆囊癌切除术（具体不详），术后病理示：腺癌（pT3N2M0）（中低分化腺癌），有胃间质瘤病史，目前服用雷贝拉唑、天晴甘平（甘草酸二铵肠溶胶囊），大柴胡颗粒。刻诊：疲乏无力，大便日行，舌红嫩，苔净，脉弦滑。中医诊断：胆胀刀圭后（气阴不足，癌毒伤正）。治则：益气养阴，清胆解毒。处方：柴胡9g、黄芩12g、姜半夏9g、枳壳10g、赤芍12g、制大黄5g、北沙参15g、生地15g、枸杞子12g、麦冬12g、当归12g、半枝莲15g、蛇舌草15g、三叶青10g、郁金12g，7剂。

二诊 腹胀，食后肠鸣漉漉，矢气频多，更衣日行3次，食欲亢进，舌淡红，苔黄腻，脉弦滑。前方减北沙参、生地、枸杞子、麦冬、当归、制大黄、三叶青，增入重楼6g、绵茵陈12g、焦山栀12g、虎杖根12g、太子参15g、白术12g、阳春砂（后下）6g、茯苓15g，加强清肝利胆，解毒化湿散结作用，14剂。

三诊 药后腹中胀气明显减轻，更衣日行2～3次，舌淡红，苔薄黄腻，脉弦滑，继予14剂。

以此方加减服用近1年余，期间患者精神状态尚可，未诉明显不适。

按 胆囊癌属中医学胁痛、胆胀范畴，《灵素·胀论》谓："胆胀者，胁下痛胀，口中苦，善太息"，对胆囊癌的病位、症候特点做了扼要的释义，对于癌的病机，高秉钧在《疡科心得集》中指出，"癌瘤者，非阴阳正气所结肿，乃五脏瘀血浊气痰滞而成"。本例患者胆囊癌术后，因手术耗伤气血，术后体虚，故转诊王老师处调治。一诊症见疲乏无力，舌红嫩，苔净，故知其阴伤。患者既往有胆石症病史十余载，本次为胆囊癌术后，故取大柴胡汤疏肝利胆，在此基础上辨证论治，治疗过程中始终兼顾扶正和祛邪两方面。所谓扶正，即合用一贯煎等养阴疏肝；所谓祛邪，即选半枝莲、蛇舌草、三叶青诸解毒散结之品以抗癌。二诊肠鸣漉漉，矢气频多，舌苔黄腻，知其脾虚无力运化，湿热蕴结肠道，故调整处方，减其养阴清解之品，加用太子参、白术、阳春砂、

茯苓健脾助运；重楼、绵茵陈、焦山栀、虎杖根清肝利胆，仍合扶正祛邪兼顾，谨遵《景岳全书》所述："治积之要在知攻补之宜"。患者药后病情平稳，精神好转，说明中医药在恶性肿瘤术后的调治方面是有效的。

（七）葛根芩连汤

葛根芩连汤，源自《伤寒论》第34条："太阳病，桂枝证，医反下之，利遂不止，脉促者，表未解也，喘而汗出者，葛根黄芩黄连汤主之"，其中葛根轻清升发，生津止利，透邪外出，《本草经疏》又谓其"解散阳明温病热邪之要药也"，《本草汇言》论之曰："解肌热，止烦渴，泻胃火之药也"，故葛根除解表透热外，尚能泄胃肠之火；黄芩、黄连苦寒直清里热，燥湿坚阴，黄连兼有"厚肠胃而止泻"的作用；甘草甘缓其中，调和诸药。以方论证，王坤根认为本证虽可因桂枝汤证误下引邪而得，兼表邪未解症状，然临证的立足点在于"湿"和"热"，就原文中喘汗而言，本质上乃为湿热内蕴，热邪上冲，蒸迫于外，其甚则可见口干、口臭诸症，而湿热下迫，大便黏滞不爽，通而不畅，实为湿热蕴结肠道所致。因此，王坤根常用此方治疗溃疡性结肠炎、肠易激综合征等胃肠疾病，辨证属湿热内蕴者，若有兼夹，可在辨证基础上，复方以治，如兼少阳证可合用小柴胡汤；便前腹痛，夹肝郁脾虚者，合痛泻要方调之；湿热重甚，配白头翁汤加减化裁，亦有谨防深入厥阴之意。

案 泄泻

冯某某，男，26岁，2018年8月3日初诊。泄泻1年余。大便泄泻，日行2～3次，有后重感，肠鸣漉漉，无腹痛，无疲乏无力，舌红嫩，苔薄黄腻，脉沉缓。中医诊断：泄泻（大肠湿热）。治法：清化大肠湿热。处方：炒葛根15g、炒黄芩12g、炒黄连6g、白头翁15g、秦皮12g、黄柏9g、马齿苋30g、地锦草30g、炒木香6g、仙鹤草30g、桔梗10g、木槿皮10g、乌梅炭6g、六神曲12g，14剂。

二诊 药后大便泄泻显减，偶有腹泻，日行1～2次，肠鸣漉漉稍有，辅助检查生化示：谷丙转氨酶64U/L，尿酸555μmol/L，彩超：脂肪肝，双肾结石。处方调整为：炒葛根15g、黄芩15g、炒黄连6g、柴胡9g、赤芍15g、垂盆草30g、半枝莲15g、丹参20g、荷叶20g、山楂20g、枳椇子20g、六月雪30g、泽泻15g、茯苓30g、六神曲12g，14剂。

三诊 患者自诉诸症较前显减，大便已成形，偶有肠鸣，后重感显减，口中异味，余无明显不适，遂再予前方14剂。

按 患者反复泄泻 1 年余，归属中医"泄泻"范畴，李中梓提出："无湿不成泻""脾土强者，自能胜湿"（《医宗必读·泄泻》），可知泄泻的基本病机为脾虚湿盛，依据患者虚实程度及发病的缓急，有暴泄、久泄之分。暴泄以湿盛为主，多因湿盛困脾，或食滞生湿所致；久泄多因脾虚生湿，或他脏及脾，如肝木克脾，肾虚火不暖土而成。本例泄泻为时 1 年余，时程虽长，却无疲乏无力等羸象；日行 2～3 次，未有急迫不耐之症，其势尚缓，非暴泄可知。结合患者病症分析，此系湿热蕴结大肠，治以清化为主。方用葛根芩连汤清化大肠，合用仙桔汤，乃取法于国医大师朱良春的渗化湿热之意，因患者无明显脾虚诸象，故去健脾之白术，未见腹痛，继减缓急之白芍。复加白头翁、秦皮、黄柏、马齿苋、地锦草清利下焦湿热以助葛根芩连汤。乌梅炭与大队燥湿之品合用，涩肠止泻而无伤阴之弊，但须注意不可多用。另值得细细品味之处乃六神曲一味，用于本案中，既有消导助运，宣畅腑气之妙，又如《本草正》所云："其气腐，故能除湿热，其性涩，故又止泻痢"，兼具除湿、止泻之能，此为王老师习用之药。诸药合用，清热化湿之中兼有醒脾、调气、活血、排脓等法。故 14 剂后泄泻显减，偶有腹泻，日行 1～2 次，复诊时辅助检查示高尿酸血症、脂肪肝，故调整方药，方中葛根芩连汤及茯苓、六神曲仍为湿热而设，柴胡、赤芍、垂盆草、半枝莲、丹参、荷叶、山楂、泽泻具有清肝降脂功效，枳椇子、六月雪为降尿酸而加。三诊时症状进一步改善，故予原意续进，巩固治之。

本案病程为时虽非短暂，病情却明确单一，因患者年轻体实，尚未见正虚之象；而湿性黏滞，缠绵胶着，故迁延难愈。前贤曾谓"久病多兼虚"，然本例既无久泄脾肾阳虚之症状，也无土虚木乘之表现。所以临证时要辨证求因，审因论治，遵从"谨守病机，各司其属，有者求之，无者求之，盛者责之，虚者责之"（《素问·至真要大论》）的原则。

（八）酸枣仁汤

酸枣仁汤是治疗失眠的名方，《金匮要略·血痹虚劳病脉证治》17 条云："虚劳虚烦不得眠，酸枣仁汤主之"。因此本方多用于治疗因操持索思，伤及心神，损及营络，或因禀赋薄弱，气血两虚，兼有肝阳扰动不息所致诸证，能调理心、肝、脾三脏，具有养血调肝，宁心安神，健脾化湿之效，从《金匮要略心典》："虚劳之人，肝气不荣，则魂不得藏，魂不得藏故不得眠。酸枣仁补肝敛气，宜以为君。而魂既不归容，必有痰浊燥火乘间而袭其舍者，烦之所由作也。

故以知母、甘草清热滋燥；茯苓、川芎行气除痰，皆所以求肝之治，而宅其魂也"对药物论述可知，本方具有虚实兼顾、补泻并施的特点。

案 不寐

朱某某，女，46岁，2017年8月4日初诊。有时寐劣，易地即作，甚则彻夜不寐，巅顶眩晕，月经紊乱，量少色红，舌淡红，苔薄黄，脉细缓。中医诊断：不寐（肝旺血虚，心神失养）。治法：清肝养血，宁心安神。处方：炒枣仁18g、知母12g、川芎15g、茯苓15g、淮小麦30g、甘草10g、太子参15g、麦冬15g、五味子9g、生地15g、龙齿30g、玫瑰花3g、桑叶12g、白菊花10g、夏枯草15g，7剂。

二诊 药后寐劣稍有缓解，巅顶眩晕仍有，偶有嗳气，余无明显不适，加陈皮10g，7剂。

三诊 寐劣明显好转，巅顶头晕偶有，久坐时发作，嗳气有减，大便日行2次，前方减太子参、知母，增党参15g、仙鹤草30g，14剂。

按 《素问·阴阳应象大论》："年四十而阴气自半也，起居衰矣"，此时人体的精血渐虚，整体上趋于阴虚阳亢的状态。从该患者病史可知，其将知天命，故心肝之血渐趋不足，加之易地而眠等外因的诱发，情志不舒，且专思此事，则心有所存，心神引气而聚。故本病具有阴虚阳亢，兼有心肝气郁的病理特点。患者阴血不足，加以触事不宁，肝血不得藏魂，心神失于濡养，阴虚阳亢，时时扰魂伤神，出现彻夜不寐；肝阳上扰，故巅顶眩晕。法当以清肝养血，宁心安神，使心肝血充，神魂得安，则不寐自愈。方中以酸枣仁汤养血调肝，宁心安神，其中川芎一味，为血中气药，可行心肝气郁；另取甘麦大枣汤安神宁心，《金匮要略论注》谓淮小麦能"和肝阴之客热而养心液"，甘草具"泻心火而和胃"之能，此处妙在虽用甘麦大枣汤，而去大枣之甘壅助热，是知血虚肝旺之人，其阴血必受戕伐，故药用太子参、麦冬、五味子、生地滋阴益气养血，配合桑叶、菊花、夏枯草清肝平肝，玫瑰花疏肝养血，龙齿镇肝安神。方证得合，故寐劣显减，后以健脾益气之品善其后。

第二节 因地制宜用温病

"人以天地之气生，四时之法成。"（《素问·宝命全形论》）人处于天地气交之中，遵循四时气候变化、生长化收藏规律而生长发育，其太过不及，都会影响人体正常生理功能。《素问·异法方宜论》中叙述了因地势使然，一病而治法不同的情况，溯其所成，主要责之地理环境不同，形成生理、病理上不同的特点。而江浙之地，水网密布，迨夏秋之际，阴雨绵绵，加之日气煦照，热蒸湿并，湿浊弥漫其间，此时人处其中，受其熏蒸，最易感受湿热之邪，酿成表里兼病，《温病条辨》"内不能运水谷之湿，外复感时令之湿"即是对此而言。故江南之地多见湿热为患，叶桂就曾有："且吾吴湿邪害人最广"之叹。陈平伯也有："东南地卑水湿，湿热之伤人独甚"（《外感温病篇》）的感慨！

因此，王坤根认为在浙江运用温病之法，关键要结合地理环境的特点，抓住"湿"和"热"这两个要点，同时不可忽视顾护人体正气，分析病因病机和治疗疾病的过程中遵循因地、因时、因人的原则，如此方可谓"各得其所宜"。

治湿、治热之法，古已有之，初源于《黄帝内经》，后世亦有代述，不断发展，清代之后，温病名家辈出，治法亦渐趋完善。叶天士明确提出温病在人体的传变过程，始于上焦循卫气营血之序而传。吴鞠通结合叶氏之说，在其所著的《温病条辨》中，以三焦为纲，结合卫气营血，明确提出三焦辨证论治体系。卫气营血辨证从横的方向阐明了温热病由浅入深的传变层次，三焦辨证则从纵的方向概括了湿热病由上至下的传变途径。王坤根在遵循卫气营血及三焦辨证之时，卫气营血中重点调气，三焦辨证间立足于肾，纵横之间以脾胃斡旋其间，从而确立"调和气机，宣郁化湿""调理脾胃，清热祛湿""扶正固本，温肾化湿"之治疗湿热三法，至其变化，交替合用，则当从"活"字。

一、调和气机，宣郁化湿

（一）生于气，成于郁

"大凡看法，卫之后方言气，营之后方言血，在卫汗之可也，到气才可清气，入营尤可透热转气……入血则恐耗血动血，直须凉血散血。"（《温热论》）。于此可见卫分浅于气分，病在卫分可渐转入气分，而病在营分、血分，仍有由气分转出之机。可以说从温热的发展变化及治疗转归上而言，气分是至关重要的环节，治疗湿热也是如此，外感湿热之邪，郁卫遏表，热不得外越，邪气渐趋内传，郁结于里，内外失调，湿浊阻滞，壅遏其间，以致出入机废，升降失调，诸窍闭滞。

浙江中医临床名家·王坤根

气分症候范围广泛，病变或在肺，或在胸膈，或在胃肠，或在肝胆……可及上、中、下三焦。湿性黏滞，往往随湿热弥漫留着部位的不同，引起不同部位气机的壅滞，如湿热阻肺，肺失宣降，出现恶寒，身热不扬，胸闷，咳嗽，咽痛，苔腻，脉缓，此即吴鞠通所谓："肺病湿则气不得化"；湿热蒙蔽心包，症见身热不退，神志昏蒙，瞀乱大叫，舌红，苔黄腻，乃湿热闭阻心窍，心气失畅，神机失运；湿热郁滞中焦，发为胸闷脘痞，恶心呕吐，腹胀纳呆，饮不解渴，便溏色黄，小溲短赤，苔黄滑腻，脉濡数或滑数等，盖"枢则司升降而主乎中者也"（《类经》），湿热中阻，中焦气郁，升降失司，而诸症频发；湿热困积下焦，郁结肠道，可见脘腹灼热，肠鸣漉漉，大便溏滞不爽，色黄如酱，苔黄厚腻，脉滑数，此为湿热阻结，气机不通，传导失司。由是观之，自内及外，自上至下，湿热弥漫，阻滞气机是湿热病的一个重要病理特点。

气之所阻，病变由此丛生。人本贵气血流通，湿阻气机，则生怫郁，阳气壅塞，化火生烦，延之日久，顽痰、瘀血、积滞，诸秽浊之邪，相接而至，病即缠绵，此即所谓"百病生于气"，后人所云之"百病皆生于郁"。

（二）祛其壅，开其闭

王坤根认为治疗湿热之病，当谨守病机，祛其壅塞，其间尤须注重疏布气机，令气机条达，周身气行，湿亦随之而化，热气升腾，因之而散，枢机一转，则内外贯达，上下交通，症状自然缓解，疾病也随之而愈。张景岳形象地将此喻为"开窗揭被"。《温热论》中也有相关的论述："……虽有脘中微闷，宜从开泄，宣通气滞，以达归于肺，如近俗之杏、蔻、橘、桔，是轻苦微辛，具流动之品可尔"，叶桂称之为"开泄"之法。

（三）重三焦，合气宜

湿热弥漫，三焦气机失畅，则五脏气争，九窍不通，诸郁随之而生，是以调和气机的重点是调畅三焦，因三焦上连心肺胸膈，下及肾膀胱、大小肠，居"脏腑之外，躯体之内，包罗诸脏，一腔之大府也"（《类经》），具有运行水谷，疏通水道，布散阳气的功能。《难经·六十六难》论及："三焦者原气之别使也，主通行三气，经历于五脏六腑"，《素问·灵兰秘典论》"三焦者，决渎之官，水道出焉"，周身之气的升降运动，水液的运行布施，皆依赖道路的通畅，三焦更是气机升降的必由之路。

综上所述，王坤根常选用三仁汤或甘露消毒丹加减调和气机，宣郁化湿，盖因两方均有开上、畅中、渗下的作用，可宣透三焦气机，解除湿热。其中湿偏盛，自身阳气不旺或热象不著，湿重热轻者，以三仁汤进行加减，使气机畅达，湿热得以宣化。

1. 三仁汤

三仁汤，出自清代名医吴瑭《温病条辨》，全方包括杏仁、薏苡仁、白蔻仁、厚朴、淡竹叶、半夏、通草、滑石八味药。吴瑭将其作为治疗湿温的首剂。王坤根认为本方有以下四个特点，故而善祛湿热，游行气机。

一者，宣畅三焦。方中杏仁宣上，开水之上源，肺主一身之气，调节全身气机，"气化则湿亦化"；白蔻仁辛温芳化，行气畅中，转枢中焦；薏苡仁甘淡渗下，凡湿盛在下者，最宜用之，此三药合用，宣、通、利三法并施，上、中、下三焦同调，使阳气与津液运行归于正常，故可治疗湿热弥漫诸症。

二者，温运中阳。"阳化气，阴成形"，湿既为阴邪，具有形之质，非阳药不化。方中运用些许温药，如豆蔻仁、厚朴、半夏，合脾土温运之性，振达中阳，以化郁结之湿，使湿化热解。避免简单地专事寒凉，造成"徒清热而湿不退"的胶着难解之势。

三者，疏利淡渗，给邪以出路。淡竹叶味甘淡而性寒，清心火，引热下降而利小便；通草以淡用事，通行经络，蠲除湿热之闭滞，而又气味轻清，入手太阴肺经，故可宣其上窍，开利下窍；滑石体滑主利窍，味淡主渗热，能"利六腑之涩结"而无克伐之弊。三药皆有下行导邪之用，正合"治湿不利小便，非其治也"之意，以治湿热正当其用。

四者，以动治静。"动"指流动宣达，"静"指郁滞不畅。本方用药配伍，讲究动为阳，静为阴，以"动"治"静"。湿热之邪，重浊黏滞，往往有易壅易滞的特点，此为静也。杏仁、薏苡仁、白蔻仁宣上、畅中、渗下，此一动也；豆蔻仁、厚朴、半夏，温运中焦，芳化除湿，复其升降，此又一动也；薏苡仁、竹叶、滑石、通草行其滞，利其湿，此复为一动。诸药相合，以动为主，鼓荡气机之滞，共奏运通之效。

案 1　腰酸

刘某某，男，40岁。初诊日期：2016年2月18日。主诉：腰脊酸楚3个月余。症见腰脊酸楚，寐劣易醒，便前大腹隐痛，更衣日行2～3次，形细，有乙肝小三阳病史。舌红，苔黄腻，脉缓。中医诊断：腰痛（湿热内蕴）治法：清化湿热。处方：米仁30g、豆蔻（后下）6g、杏仁9g、半夏12g、厚朴10g、苍术10g、陈皮12g、炒黄连5g、炒黄芩10g、茯苓15g、泽泻

15g、炒葛根 15g、茵陈 12g、焦山栀 9g，7 剂。

二诊　药后诸症皆减，更衣日行 1 次，偶有口腔黏膜麻感，前方药量略作调整，继服 14 剂，后以其他不适就诊，未诉腰部不适。

按　腰者，肾之腑。腰脊酸楚不适，多责之于肾亏腰腑失养；或因风、寒、湿、热诸邪痹阻经脉，腰腑失养，临床治疗当辨清内伤外感。本案为湿热停滞之象，湿热之邪痹阻，腰腑经气不利而见腰脊酸楚。固当清热化湿，本可用四妙散诸清利下焦之方，然湿热弥漫，上扰心神；中蕴肝脏，与乙肝之毒裹挟为助；下阻大肠，故以清利三焦为治。方中杏仁、豆蔻、米仁通利三焦；姜半夏、厚朴、苍术、陈皮辛苦温燥，助脾运湿，葛根芩连汤清热燥湿，厚肠止利；茯苓、泽泻淡渗利湿，使湿邪从小便而解；以其夙有乙肝小三阳病史，故加茵陈、焦山栀清肝解毒。药后湿热蠲除，诸症显减。

案 2　泄泻

祝某某，男，29 岁。初诊日期：2015 年 4 月 28 日。症见大便溏泄，更衣次数增多，无腹胀，进食不慎胃脘隐痛，动则易汗，房事后症状加重，疲乏无力，喉间白痰，口干不思饮，舌淡红边有齿痕，苔薄黄腻，脉细弦。中医诊断：泄泻（湿浊内蕴）。治法：运脾化浊。处方：苦杏仁 10g、豆蔻（后下）5g、米仁 30g、川朴 10g、姜半夏 12g、通草 3g、淡竹叶 12g、滑石 15g、苍术 12g、木香 10g、炒川连 5g、防风 9g，10 剂（服 2 天停 1 天）。

二诊　大便有时趋于正常，先干后溏，余症同前。舌淡红，苔薄黄，脉细缓。乃加用黄芪 30g、桑叶 12g、白术 12g 以健脾运湿，清热固表止汗。药后大便已趋正常，性生活后又作。宗此方出入，至 2015 年 7 月 23 日复诊时，患者诉服药后诸症显减，停药后大便成形。

按　本案患者大便溏泄，次数增加，进食不慎胃脘隐痛，口干不思饮，舌淡边有齿痕，苔薄黄腻，可知其有脾运不足，津液失输，久而蕴湿困脾，下趋大肠，发为泄泻。故治当运脾化湿泄浊。明代李梃有训"凡泻皆兼湿。初宜分理中焦，渗利下焦"（《医学入门·泄泻》），故调理重点在中下二焦。患者虽未见明显上焦湿困之证，然从其喉间有白痰，口干不思饮，可见兼有气滞湿阻，津液不得正化之象，故三仁汤亦可选用。方用杏仁一味，性苦温，《长沙药解》赞其"疏利开通……调理气分之郁，无以易此"，用以宣上焦气机；豆蔻、川朴、姜半夏、苍术、木香、黄连辛温苦降，分理中焦，以调气机、助脾运、化湿浊，另予防风祛风胜湿；米仁、通草、淡竹叶、滑石乃"利小便以实大便"之意。因三仁汤方中蕴含淡渗、疏利、燥脾等治泻之法，故大便渐趋成形。

复诊时考虑患者动则易汗，舌淡边有齿痕，故加用黄芪、白术，配合防风健脾扶正固表；桑叶为王老师止汗对症之药。另嘱患者注意房事，适当加强体育锻炼以增强体质与抗病能力。

案3 胁胀

俞某某，男，35岁。初诊日期：2016年8月3日。症见右胁胀感，心烦易怒，疲乏无力，腰脊疼痛，头晕间作，平素工作压力大，腹部胀满，更衣2～3日一行，小溲时有不畅。有吸烟习惯，每日半包，2016年7月6日当地医院生化：甘油三酯2.51mmol/L，尿酸432μmol/L，肌酐112μmol/L，腹部彩超提示脂肪肝，舌红，苔黄腻根厚，脉缓。中医诊断：胁胀（肝气郁结，湿热内盛）。治法：疏肝解郁，清热化湿。

处方：杏仁10g、豆蔻（后下）6g、米仁30g、半夏12g、厚朴10g、通草3g、淡竹叶15g、茵陈15g、焦山栀9g、虎杖根15g、柴胡9g、郁金12g、黄芩12g、决明子30g、赤芍15g、丹参30g，14剂。

二诊 腹胀显减，疲乏无力，心烦易怒，口干口苦，头晕思睡，大便顺畅。2016年8月16日复查生化示：甘油三酯2.77mmol/L，尿酸419μmol/L，肌酐74μmol/L。加鲜芦根30g、黄芪30g、川芎15g，14剂。

三诊 腹胀已消，乏力、头晕、心烦减而未除，右侧头痛稍有，小便淋漓不畅，尿有余沥。舌淡红，苔薄黄，脉缓。继用14剂。

四诊 诸症明显减轻，小便淋漓不尽减而未除，舌淡红，苔薄黄略腻，脉缓。前方减厚朴、通草、淡竹叶，加用三七粉6g，14剂。后未再复诊，直至一年后，患者再来，知前症已愈。

按 本例患者初诊时症见舌红、苔黄腻根厚、脉缓，此为湿热之象，又因患者罹患脂肪肝，生化提示代谢障碍，加之见有右胁胀感，心烦易怒，故除湿热阻滞外，尚有肝气郁结，秽浊之邪壅滞之机。湿热之邪弥漫，壅遏气机，故见疲乏无力，腰脊疼痛，腹部胀满，更衣2～3日一行；湿浊蒙蔽清阳，因而头晕间作；"膀胱者，州都之官，津液藏焉，气化则能出矣"（《素问·灵兰秘典论》），湿热阻滞膀胱，气化不利，故而小便时有不畅。治予清化湿热，宣利三焦，以杏仁、豆蔻、米仁通利气机，行气祛湿；半夏、厚朴辛温芳化，燥湿畅中；佐通草、竹叶淡渗利膀胱之品，通利水道。茵陈、焦山栀、虎杖、郁金、柴胡、黄芩清肝化浊，解毒护肝；决明子、赤芍、丹参活血降脂，畅血中之滞。

二诊时患者腹胀显减，大便顺畅，可知腑气渐通，考虑湿热之症减而未除，且本医院生化提示虽肌酐、尿酸下降，然甘油三酯仍偏高，复加鲜芦根、黄芪益气清热生津，加强清热利水，行气化湿之力，且芦根鲜用清热之外，兼具养阴之妙，《素问·经脉别论》云："饮入于胃，游溢精气，上输于脾，脾气散精，上归于肺，通调水道"，黄芪补益肺脾，正可益气利水。合川芎行郁消滞，冀以动治静之功。后随症调治，病情稳步好转。

案4　盗汗

俞某某，男，32岁。初诊日期：2017年2月10日。主诉：盗汗延今5年余。症见夜间盗汗，上半身为甚，伴腰脊酸楚，手足心汗，四肢冷，有时便溏，舌红略暗，苔黄腻。中医诊断：盗汗（湿浊内蕴）治法：清化湿热。

处方：杏仁10g、豆蔻（后下）6g、米仁30g、半夏12g、厚朴10g、通草3g、淡竹叶12g、炒川连6g、炒黄芩12g、炒黄柏9g、桑叶15g、苍术12g，7剂。

二诊　盗汗已不剧，晨起腰脊酸楚，阳事不兴，尿细，舌淡暗，苔薄黄腻，脉弦。原方去炒川连、炒黄芩、桑叶，加茯苓30g、泽泻15g、仙灵脾20g，7剂。

三诊　仅晨起汗出，疲乏无力，思睡，早泄，舌淡红，苔薄黄腻，脉弦。加枸杞子15g、菟丝子15g、桑叶15g、巴戟天15g，7剂。

按　《金匮要略·血痹虚劳病脉证并治》谓："男子平人，脉虚弱细微者，喜盗汗也"，明确提出虚劳不足之人易出现盗汗。后代医家对盗汗病理属性亦作了概括，认为盗汗属血虚、阴虚较多。综观本例初诊诸症，盗汗伴腰脊酸楚，四肢冷，又有大便溏，似是气血不足兼里虚之象，与固识相合。然细察并非如此，其鉴别之处在于舌红略暗，苔黄腻，此为湿证确据。湿热之邪，入夜后随卫气内行，迫蒸于内，而见盗汗；手足心汗出，同为阴血受扰之故。湿性黏滞，易阻滞气机，闭阻阳气，四末温煦不足，因而不温；气滞血行不畅，故舌质偏暗。便溏，舌红苔黄腻均为湿热所致。因此治疗当重在除湿以"通阳"，柳宝诒有言："治湿热两感之病，必先通利气机，俾气水两畅，则湿从水化，热从气化，庶几湿热无所凝结"（《柳宝诒医案》）。方取三仁汤畅三焦、助中阳、利水湿，以鼓动周身之气行，佐以炒黄连、炒黄芩、炒黄柏清热燥湿；苍术运脾化湿；桑叶针对盗汗之症，服药后盗汗迅速缓解。复诊时据其腰脊酸楚，阳事不兴，早泻诸症，考虑兼有肾虚不足之象，合用补肾之品续以调治。

案5　咳嗽

陈某某，男，60岁。初诊日期：2018年5月29日。症见晨起咳嗽咳痰，色白质黏,晨起口干,纳呆,两腿酸软,舌淡暗,苔淡黄厚腻。中医诊断:咳嗽(湿热内蕴,痰浊恋咽)。治法:清化痰浊利咽。

处方:豆蔻(后下)6g、苦杏仁10g、米仁30g、厚朴12g、姜半夏9g、陈皮15g、茯苓30g、苍术12g、炒白术12g、炒党参18g、桔梗10g、生姜15g、大枣15g、藿香12g、佩兰15g,14剂。

二诊 晨起咳嗽显减,咳痰色白,两腿酸软,纳呆,舌暗淡,苔薄黄腻糙灰,脉滑。原方去炒党参,加仙鹤草30g,7剂。

按 本案亦为湿热留滞三焦之象,究其轻重程度,以中上二焦为主。湿热壅遏肺气,宣降失常,故见晨起咳嗽,咳白黏痰,乃用杏仁、桔梗两味治肺,一宣一降,以期气化复常,湿热之邪因而得散。湿热困阻中焦,脾胃升降失司,中焦枢机失于灵动,湿热痰食夹杂壅滞,因而胃纳呆钝,脾因津液不得上承,郁热内灼,故而口干。章楠有言:"三焦升降之气,由脾鼓动,中焦和则上下顺",方中豆蔻、厚朴、陈皮、姜半夏芳香行气,通降于中;藿香、佩兰、苍术醒脾和胃,复其升降;茯苓、炒白术、炒党参、生姜、大枣健脾益气,除痰湿之源,进而充养四肢,兼合《素问·太阴阳明论》:"四肢皆禀气于胃,而不得至经,必因于脾,乃得禀也"之论。患者虽以上中二焦湿热留滞为主,但仍以三仁汤打底,盖因患者有两腿酸软,用薏仁亦是取"利关节,除脚气,治萎弱拘挛湿痹"(《本草正义》)之能。

观其方药,止咳之品虽少,而取效甚捷,盖其本质为湿热内蕴,上扰于肺,宣降失司所致。正如《医学心悟》所喻:"肺体属金,譬若钟然,钟非叩不鸣……自内攻之则亦鸣。"邪气不去,肺气难宁,故予清热化湿,邪去而正安也。

2. 甘露消毒丹

甘露消毒丹,又名普济解毒丹。由飞滑石、绵茵陈、淡黄芩、石菖蒲、川贝母、木通、藿香、射干、连翘、薄荷、白豆蔻11味药组成,首载于叶桂《医效秘传·瘟疫附》:"先生云时毒疠气,必应司天……病从湿化者,发热目黄、胸满、丹疹、泄泻。当察其舌色,或淡白,或舌心干焦者,湿邪犹在气分,用甘露消毒丹治之"。王孟英称之为"治湿温时疫之主方"。李士懋先生亦循此治,除用于湿热并重的瘟疫及夏令暑湿季节的外感内伤热病外,还将此方应用于湿热并重兼有热痰所致的各种内伤疑难杂病。

王坤根认为该方与三仁汤相比,同治病在气分,然本方侧重于清热利湿化痰,辟秽解毒消肿,更注重湿热酝酿所成之热秽之毒,此时湿热交蒸,有湿热并盛的特点,病势较急,病情较重。王坤根遵"其高者,因而越之,其

浙江中医临床名家·王坤根

下者，引而竭之”的制方原则，对于湿热弥漫三焦，火热湿盛为著者，多加减应用之。治疗上注重宣通三焦气机、清泄三焦热邪，使湿热之邪得以从内外上下分消，以"宣、清、通"思想遣药组方。"宣"即宣热，系以辛凉清散之品，宣泄郁热，例如，银花、连翘、桑叶、荷叶、薄荷之辛凉升散者。因此证非单纯火热上炎，而是兼有湿浊，过清则易郁滞，郁则邪热留存，湿邪难除，是以兼用发扬，此正合《黄帝内经》"火郁发之"旨意。"清"是清火，用清热之法解火毒而挫其势，例如，栀子清三焦之火；黄芩清肺火，亦清肝火；茵陈清肝胆之火，又泄脾胃之火；银花清热解毒。"通"即通导，用导热之法，引热邪从水道外泄，如滑石、泽泻、通草、栀子，乃清热与利湿并施。

案1 慢性疲劳综合征

周某某，男，15岁。初诊日期：2018年7月27日。症见疲乏无力，精神欠佳，纳呆，汗多，尿少，更衣日行1～2次，舌红，苔薄黄腻根厚，脉细缓。中医诊断：慢性疲劳综合征（湿热内蕴）。治法：清热化湿。

处方：藿香10g、茵陈15g、黄芩12g、白豆蔻（后下）6g、石菖蒲10g、米仁30g、泽泻15g、连翘15g、焦山栀9g、桑叶15g、荷叶20g、太子参15g、麦冬15g、五味子9g，7剂。

二诊 疲乏无力、胃纳欠佳皆减，易汗，尿量少，舌淡红，苔薄黄少津，脉细缓，即改予七味白术散合生脉散加减以益气养阴：炒白术12g、茯苓15g、太子参15g、甘草6g、广藿香10g、葛根15g、木香10g、麦冬12g、五味子6g、紫苏梗12g、香薷12g，7剂。

三诊 代诉疲乏感明显减轻。效不更方，前方加蒲公英30g，嘱再服数剂巩固。

按 疲乏无力仅为中医症状之一，并无相应中医病名，故此处套用西医慢性疲劳综合征病名。患者疲乏无力，纳呆，参以苔黄腻根厚，知其湿邪内困无疑；汗多，舌红，知其热盛。湿热内盛，互阻不化，气机不畅，阳气困阻，萎而不振，故精神欠佳；气化不利，因而尿少。故用甘露消毒丹加减调治，方中茵陈、黄芩、焦山栀苦寒直折，清热泻火；连翘、桑叶、荷叶轻清宣扬，开郁泄热；藿香、白豆蔻、石菖蒲芳香化湿，宣导畅气，使气畅湿去热清；配合米仁、泽泻利湿导热；加用生脉散益气养阴。如此湿热去而疲乏、纳呆皆减。复诊时患者黄腻厚苔渐化，阴伤之证渐显，改用七味白术散合生脉散健脾行气化湿，益气养阴，药后疲乏感显减。王老师在治疗上，先清热化湿，宣畅气机，再以健脾益气，养阴清热，行气化湿，层次分明，贵在每阶段都注重气机的条达，盖气化得行，湿乃自去，湿去热不独存。

案2 眩晕

周某某，男，48岁。初诊日期：2018年7月31日。主诉：头昏3月余。症见头昏，无视物旋转，伴疲乏无力，晨起腰脊酸楚，胃脘胀满，寐即多梦，大便日行2～3次，舌红，苔黄腻，脉弦滑。中医诊断：眩晕（湿热内蕴）。治法：清热利湿，运脾化湿。处方：豆蔻（后下）6g、广藿香12g、绵茵陈15g、石菖蒲10g、黄芩12g、连翘15g、佩兰15g、茯苓15g、米仁30g、六神曲12g、姜半夏12g、厚朴10g、大腹皮15g、苍术12g、炒白术12g，14剂。

二诊 头晕疲乏无力缓解，寐劣减轻，多梦仍有，余证同前。调整药量为茯苓30g、厚朴12g，14剂。

按 此案乃湿热内蕴所致头昏，湿为重浊之邪，火热之邪夹湿，热蒸湿动，秽浊之邪上犯，痹阻清阳，清窍不利，故见头昏，甚则可见头重，《素问·生气通天论》所谓："因于湿，首如裹"即指此也。湿热之邪损伤脾阳，脾为湿困，脾气不升，水湿内聚，气机壅滞，故见胃脘胀满，大便次数增多；湿热之邪弥漫表里上下，阻遏气机，故见疲乏无力，晨起腰脊酸楚；内扰心神则夜寐多梦。治以清热利湿，运脾化湿。以甘露消毒丹清热邪、开湿郁，合以姜半夏、厚朴、大腹皮、苍术、炒白术诸苦温辛开之药畅中行气，中焦为升降之枢纽，升降复，则三焦畅；湿热郁久，易生陈腐之气，佩兰、六神曲芳香化湿，善发陈腐，秽浊去清升；热以湿为依附，湿去则热孤，乃进茯苓、米仁利湿泄热。此案系典型的湿热内盛之证，邪在中上二焦为主，故用药以苦寒清热与苦温辛开同投，火热得清，气机畅行，湿邪渐化而症趋愈。

案3 汗证

王某，男，27岁。初诊日期：2018年8月21日。症见头额背脊多汗，晨起喉间痰黏，咽喉陈旧性充血，舌淡红苔黄腻，脉缓。中医诊断：汗证（湿热内蕴，痰浊恋咽）。治法：清热化湿，化痰利咽。处方：豆蔻（后下）6g、广藿香12g、绵茵陈15g、石菖蒲10g、炒黄芩12g、连翘15g、浙贝15g、射干12g、薄荷5g、焦山栀9g、冬凌草30g、桔梗10g、甘草6g，14剂。

二诊 药后头额汗出减而未除，喉间痰黏较前有减，咽部充血显减，舌淡红苔薄腻燥黄，脉缓。原方去冬凌草、山栀，加杏仁10g，14剂。

按 本案患者头额背脊易汗，咽喉陈旧性充血，晨起喉间痰黏，苔黄腻，舌淡红，脉缓，乃湿热内蕴，痰浊恋咽之象，故治以甘露消毒丹加减。甘露

消毒丹原本主治湿温时疫，邪在气分，湿热并重证，王老师常以此方治疗杂病辨证属湿热并重者。本案方中重用茵陈、黄芩，茵陈善清利湿热而退黄；黄芩清热燥湿，泻火解毒，两药相合，正合湿热并重之病机，共为君药。湿热留滞，易阻气机，故以石菖蒲、藿香、豆蔻行气化湿，悦脾和中，令气畅湿行。热毒上攻，咽喉充血，故佐以连翘、射干、浙贝、薄荷、冬凌草、焦山栀，合以清热解毒，散结消肿而利咽止痛；痰浊恋咽，喉间痰黏，以桔梗、甘草宣肺利咽。药后湿热得化，故汗出显减，观其舌苔，热象已不显，故去清热解毒之冬凌草、山栀，加入杏仁降气化痰，守法续进。

案 4　眩晕

胡某某，男性，47 岁。初诊日期：2018 年 7 月 3 日。主诉：头晕，胸闷 2 周余。患者近 2 周无明显诱因出现头晕、胸闷伴气短，大便溏烂，通而不畅，2～3 次/日，舌红嫩，苔薄黄腻边有痰线，脉弦滑。中医诊断：眩晕（湿热内蕴）。治法：清化湿热。处方：茵陈 15g、炒黄芩 12g、茯苓 15g、猪苓 15g、泽泻 15g、苍术 12g、焦山栀 9g、白豆蔻（后下）6g、藿香 12g、石菖蒲 10g、米仁 30g、六神曲 12g，14 剂。

二诊　头晕胸闷显减，气短仍有，大便溏烂，1～2 次/日。处方：原方去黄芩，加仙鹤草 30g、桔梗 12g、炒黄连 6g，14 剂。

按　眩晕病证，历代医籍记载颇多。《内经》对其涉及脏腑、病性归属方面均有记述，如《素问·至真要大论》："诸风掉眩，皆属于肝"，指出眩晕与肝关系密切。《灵枢·卫气》云："上虚则眩"，《灵枢·口问》云："上气不足，脑为之不满，耳为之苦鸣，头为之苦倾，目为之眩"，《灵枢·海论》指出"脑为髓海""髓海不足，则脑转耳鸣"，认为眩晕一病以虚为主。汉代张仲景认为痰饮是眩晕发病的原因之一，为后世"无痰不作眩"的论述提供了理论基础，并且用泽泻汤及小半夏加茯苓汤治疗眩晕。后世医家各有发挥，无外乎风、火、痰、虚、瘀等因素。王老师认为：江南地区本病多由湿热蕴结为患，盖因吴地多湿，若兼内伤饮食，伤及脾胃，水湿不化，郁而生热，煎灼津液成痰，上蒙清空，即发为眩晕。若复值夏季，外感暑湿之邪，更易为病，此即《医学心悟·火字解》所言之"贼火"，内外相引，故病湿热。患者初诊诉头晕胸闷，伴大便溏烂，舌红、苔薄黄腻、脉弦滑，显是湿热内蕴之证。脾虚不运，湿邪中阻，气机不畅，则作胸闷；湿邪日久郁而化热，煎灼津液成痰，痰邪上蒙清窍则头晕；湿热下注大肠，则大便溏泻黏腻，治宜清热利湿。故仿甘露消毒丹之意化裁治之。方中茵陈、黄芩、焦山栀清热利湿，泻火解毒；石菖蒲、白豆蔻、藿香行气化湿，和中醒脾，气行则湿亦行；因本案湿重于热，故加用苍术、米仁、六神曲燥湿运脾，俾脾运得复则湿邪自化；茯苓、猪苓、泽泻利水渗湿。全方辛开芳化，淡渗利湿，清上畅中渗下，通水道以祛湿浊，使气机畅利而疾愈。复诊头昏胸闷显减，大便仍溏烂，故去黄芩加用黄连清中焦湿热；仙鹤草止痢补虚；又予一味桔梗，上宣下利，使湿去热清，以清热利湿之法而获效。

王坤根认为"百病生于气"，气机升降出入异常是疾病发生、发展的关键；在湿热病的调治中，"调和气机，宣郁化湿"是一个重要方法，而又以条畅三焦气宜为先，如《中藏经》所说"三焦者，人之三元之气也。号曰中清之腑，总领五脏六腑、营卫、经络、内外、上下、左右之气也。三焦通，则内外左右上下皆通也。其于周身灌体，和内调外，荣左养右，导上宣下，莫大于此者也……三焦之气和则内外和，逆则内外逆。"三焦作为水谷、水液、阳气的通道，内外上下左右转机之枢纽，在人体生理功能、疾病传变、病变预后方面都有极其重要的作用。若失其灵动，则气失流行，精血阻滞；病时失其转疏，则内生诸邪难有转出之机，进而填塞五脏六腑，湿瘀经络关节；瘥后失其调顺，则病易反复，缠绵流转。治当和气机，参机变，谨而调之，以平为期。

二、调理脾胃，清热祛湿

薛生白《湿热病篇》有言："湿热病属阳明太阴经者居多，中气实则病在阳明，中气虚则病在太阴，病在二经之表者，多兼少阳三焦；病在二经之里者，每兼厥阴风木……"篇中指出湿热病的病位，主要在阳明和太阴二经，至其淫溢变化，则可充斥表里，弥漫上下，扰阳动风，而成诸多变证，然而溯其本源，皆发于脾胃。章虚谷说："湿土之气同类相召，故湿热之邪始虽外受，终归脾胃"（《医门棒喝·二集第七册》），明确提出外受湿热邪气，相引而动，内外交困，病及脾土，这与薛生白的观点是一致的。叶桂也曾说："在阳旺之躯，胃湿恒多，在阴盛之体，脾湿亦不少，然其化热则一"，说明虽然脾湿、胃湿初始有兼热与否的区别，随着病情发展，皆可热化。因湿为土之气，脾胃同属于土，湿土之气同类相召，湿热病以中焦见证为多，治疗上自当以脾胃为主。又因湿与热两者相合，如油入面，胶着难解，故当分解湿热，予清热与祛湿分别对待，由此，王坤根在治疗湿热困阻时，着重从调理脾胃，

清热祛湿入手。

因脾为阴土，胃为阳土，湿蕴中焦有热甚于湿，湿甚于热，湿热并重的不同，又有虚实的差别，故治疗时用辛温、苦温、苦寒、芳化、健脾、运脾、醒胃、益气等药物相配，总结治疗方法如下：

1. 健脾醒胃法

脾胃为水谷之海，如脾胃受损，升降失常，运化失司，水谷不化精微聚而为湿，蕴郁化热，而成湿热困阻之象，其标为实，其本为虚，此时当健脾益气，脾运得健，则湿热蠲除。常用药物如：白术、茯苓、党参、生薏米等；同时配合醒胃之品如六神曲、阳春砂、豆蔻、藿香、佩兰等，以助胃之受纳，恢复其和降之性。

2. 芳香宣化法

芳香宣化诸药，一类具有舒展气机，或轻清透热于外，或兼淡渗利湿于下，解除郁热与湿阻，如藿香、苏叶、香薷、佩兰、青蒿；一类芳香之中具运脾燥湿功效，如苍术、阳春砂、白豆蔻、厚朴等，多用于脾为湿困，运化失调所致的胃脘痞满、大便溏烂、口淡多涎、口黏发甜诸症。《温热论》中所指"再舌上白苔黏腻，吐出浊厚涎沫，口必甜味也，为脾瘅病，乃湿热气聚与谷气相搏，土有余也，盈满则上泛，当用省头草芳香辛散以逐之则退"，即如此也。

3. 辛开苦降法

中焦为升降之枢纽，脾升清，胃降浊，湿邪困阻脾胃，见痞闷、纳呆，大便溏而不爽等中焦失于灵动之症，当辛开苦降，流动其气，开中焦之郁结，使湿热分消而去，而不可用呆药，此又循"中满者泻之于内"之旨（《素问·阴阳应象大论》）。常用药物如：姜半夏、黄连、黄芩、厚朴、石菖蒲、阳春砂、白豆蔻、枳壳、大腹皮等。

4. 苦甘清热法

"热者寒之""治热以寒"（《素问·至真要大论》），湿热蕴阻中焦属热邪偏甚者，当选清热之药。又据其性味不同，有苦寒、甘寒之殊。苦寒如炒川连、炒黄芩、栀子、茵陈，可直清里热，泻火解毒，又兼燥湿之用；甘寒如蒲公英、芙蓉叶、竹茹之类，清热而无伤阴之弊，尚兼和中之效。

案1 胃脘痛

吴某某，男，54岁。初诊日期：2017年5月18日。症见胃脘疼痛胀满，口干，嗳气偶有，无泛酸，大便溏薄，两目昏花，舌红嫩胖，苔黄腻，脉细滑。

辅助检查：胃镜示慢性浅表性胃炎伴糜烂，Hp（-）。中医诊断：胃脘痛（肝胃郁热，湿热内蕴）。治法：疏肝和胃，清化湿热。处方：姜半夏12g、陈皮10g、茯苓15g、枳壳10g、炒川连6g、吴茱萸2g、柴胡9g、郁金12g、蒲公英30g、芙蓉叶15g、焦山栀9g、厚朴10g、阳春砂（后下）6g，7剂。

二诊 进食后胃脘不适，非胀非痛，心烦欲呕，静坐恶心头晕，活动后减轻，口干口黏，思饮，更衣日行，后颈、腰背疼痛，舌红嫩，苔腻，脉弦滑数。姜半夏易为竹沥半夏，增米仁30g，14剂。

三诊 近日胃脘无不适，背痛仍有，口苦、口有异味皆减，大便稀溏，日行一次，形细，舌红嫩，苔腻，脉缓滑。竹沥半夏改为姜半夏12g，加藿香12g、佩兰15g，14剂。

按 肝气犯胃，胃土伐伤，津液不行，停而为湿，聚而成痰，郁久化热伤津，而有口干；胃气不通则胀痛；胃气不降故嗳气；湿为重浊之气，蒙蔽清阳，故见两目昏花，治当疏肝气、祛湿热以和胃气。本案方药基于王老师自拟柴郁二陈汤加减，柴胡、郁金合用以疏肝和胃，行气解郁；姜半夏、陈皮、茯苓、厚朴燥湿化浊、理气和胃；川连、吴茱萸、焦山栀三药配伍，清肝火、降胃逆、祛湿热，况炒川连味苦性寒，与吴茱萸合用，辛开苦降，而有泻心之意；蒲公英、芙蓉叶清疏和胃，更可清胃肠积热；阳春砂芳香化湿醒胃。药证相投，二诊时胀痛皆消，进食后胃脘尚有不适，湿热之象仍有。复诊方加米仁、藿香、佩兰等，据热象轻重选择半夏炮制方法，亦切病机，因湿性氤氲黏滞，继进调治。

案2 胃痞

徐某某，男，60岁。初诊日期：2018年11月13日。症见胃脘胀满，嗳气，服用金奥康（奥美拉唑肠溶胶囊）3个月余，食之无味，矢气频多，更衣日行2～3次，偏稀溏，夜尿2～3次，舌红，苔淡黄腻，脉弦滑。中医诊断：胃痞（湿热内蕴，气滞湿阻）。治法：清化湿热，调气和中。

处方：藿香12g、厚朴12g、大腹皮15g、茯苓15g、苍术12g、陈皮10g、半夏12g、苏梗12g、枳壳12g、豆蔻（后下）6g、米仁30g、炒木香12g、黄连6g，7剂。

二诊 药后脘胀显减，嗳气仍有，食纳有增，更衣成形，余症同前，原方去黄连，木香减为6g，加阳春砂（后下）6g、六神曲10g，14剂。

按 本案系湿热之邪，留滞中焦，脾胃升降失司，气机不畅，故见胃脘胀满；湿热积于胃脘，症见嗳气、食之无味；湿热困脾，蕴结肠道，则见大

浙江中医临床名家·王坤根

便次数增多，粪质稀溏；肠腑气机因而壅滞，则矢气频多。舌红，苔淡黄腻，脉弦滑皆是湿热内蕴之证。辨其脉证皆为湿邪中阻，气滞失疏，故以疏利中焦气机为要。吴鞠通于《温病条辨·中焦篇》中谓："秽湿着里，脘闷便泄，五加减正气散主之"，是以仿其苦辛温法，以加减正气散为基础方，方中藿香性味辛温，芳香化浊，化湿行气，合厚朴、大腹皮、陈皮诸苦温之品，共成辛开苦降之意。加以苍术、茯苓、米仁、半夏燥湿健脾、运脾化湿；苏梗、豆蔻、枳壳芳香化湿，行气畅中，方用苏梗而非苏叶是为"取其走中不走外也"；复以炒木香、黄连清热化湿，行气畅腑。二诊脘胀显减，仍有嗳气，更衣已成形，故去黄连，木香减量合砂仁、六神曲行气调中，醒脾和胃，仍守前法。

案3 慢性疲劳综合征

申某某，男，46岁。初诊日期：2018年7月26日。症见疲乏感，晨不易起，自觉苔腻，咽喉充血，大便日行一次，干溏交替，自诉前医曾用清热化湿之药，未见明显效果，舌底脉络迂曲，苔薄黄腻边有细痰线，脉细滑。中医诊断：慢性疲劳综合征（脾虚湿阻）。治法：健脾益气化湿。处方：黄芪20g、太子参15g、炒白术12g、甘草6g、升麻9g、葛根12g、柴胡9g、当归9g、青皮9g、六神曲12g、泽泻15g、麦冬12g、五味子6g、陈皮9g、红景天10g，14剂。

二诊 药后疲乏无力显减，腻苔、晨不易起较前减轻，舌淡红，苔薄腻。前方黄芪增至25g，减五味子，加苍术12g，14剂。

三诊 晨起稍有疲乏感，背脊酸痛，大便成形。舌淡红，苔薄腻，脉细滑。太子参易为党参15g，红景天增至15g，14剂。

按 清暑益气汤见于东垣《内外伤辨惑论·暑伤胃气论》，根据"时当长夏，湿热大胜"的时令特点，以"气虚身热，得之伤暑"立论，具有清暑益气，健脾除湿的作用。患者初诊时疲乏无力，晨不易起，自觉苔腻，苔薄黄腻边有细痰线是脾虚湿阻，兼有气伤之证。时值盛夏，结合患者自诉服用清热化湿之药罔效，考虑气虚正不祛邪，前用苦寒易伤阴耗气，故而罔效，遂以清暑益气汤加减化裁。方中补中益气汤加葛根，合生脉散，健脾益气，养阴祛暑；复用泽泻渗利而除湿；神曲甘辛、青皮辛温，化滞快气；红景天加强益气之功，药后诸症均有好转。据症加减善后，二诊时黄芪加量，减五味子；三诊时太子参易为党参，增强红景天之力，虽皆有补气作用，然细微之间，随证调药的变法已寓其间。

三、扶正固本，温肾化湿

湿热之证，以清热祛湿之法治之，此言其常也，以温肾化湿治之，则言其本也。以寒治热，以苦燥湿，本为正治之法，又何致迁延不愈耶？但畏寒凉太过，其气郁闭，所谓"血气者，喜温而恶寒，寒则泣不能流，温则消而去之"，凉甚则湿热之邪不得宣达通利而除，反而内伏而成迁延后遗之证。若湿邪久留不去，可致阳气衰微，即湿盛阳微，甚则转为寒湿。若日久伤及肾阳，或平素肾阳虚羸，湿邪内滞，则每有半化半伏，欲达不达之症。此时专设苦寒清泄之药，则邪气愈滞，往往而成凉遏、寒凝、湿滞之殇；若转用芳化燥湿之品，亦有燥湿成浊，炼津为痰，继而固涩难解之忧，进而津伤液耗，气分之邪胶着难除。

肾阳为一身阳气之本，"五脏之阳气，非此不能发"，人体正常的生理功能，均依赖于肾阳的温煦、推动、激发。曹炳章："人在此气交之中，受其炎蒸，元气强者，三焦精气足，或可抗邪。元气虚者，三焦精气不足，无隙可避。"就强调了肾作为元气之本，在抗邪、御邪方面所起的重要作用。

王坤根认为肾阳虚弱，不能助阳化湿，是湿邪难以祛除的重要原因。正气亏虚之处，往往是容邪之所。湿为阴邪，非温不化。当此之时，须温补肾阳，辅助周身之阳鼓邪自内而外透达而发。《湿热病篇》早有类似的论述："湿热证，身冷脉细，汗泄胸痞，口渴舌白，湿中少阴之阳，宜人参、白术、附子、茯苓、益智等味"。

因而王坤根在治疗湿热之邪久羁不除或素体阳气不振，累用清热化湿、芳香苦燥乏效之时，常温肾助阳以扶其本，兼以淡渗、清热等缓其标，亦正合"扶正祛邪"之意。

医案 口糜

吴某某，男，84岁，初诊日期：2018年5月15日。主诉：口腔溃疡反复间歇性发作10余年。口腔溃疡，黏膜、舌面散发，长期依赖美卓乐（甲泼尼龙片），用之则愈，停药即作，剂量逐渐增大。1周前服用甲泼尼龙片（2.5片，一天一次），2天半后缓解，夜寐安，大便正常，舌红，苔黄腻，脉细滑数。中医诊断：口糜（心脾积热，湿热内盛）。治法：滋阴清热化湿。处方：天冬15g、麦冬15g、生地15g、黄柏9g、熟地15g、枇杷叶15g、铁皮石斛12g、枳壳12g、绵茵陈15g、阳春砂（后下）6g、甘草6g、石膏（先煎）15g、知母12g、珠儿参9g、冬凌草30g、无花果20g，7剂。

二诊　舌面疼痛减轻，舌面仍可见一块溃疡，牙龈疼痛，前方减冬凌草、无花果，增入细辛 3g，7 剂。

三诊　口腔溃疡、牙龈疼痛有减，嗜睡，近日大便日行 1～2 次，量少，舌红，苔黄腻，脉细滑略数。患者病程日久，少阴阳虚，寒凉之品可暂不可久，遂减石膏、知母、珠儿参，增人中白 6g、麻黄 3g、制附子 3g 温肾助阳，开少阴之表，给邪以出路，7 剂。后守此方继进 21 剂。

七诊　诉服药期间口腔溃疡又作，1 周前服用甲泼尼龙片（0.5 片），3 天后缓解，舌淡红，苔薄黄，脉细滑。上方加龟板 15g，14 剂。

多次复诊，以上方增损，服用 1 个月余，期间舌面、牙龈疼痛及溃疡一度未发，至 2018 年 8 月 14 日再次就诊，诉唇内溃疡又作，舌面溃疡未发，思睡较前明显减轻，口干口苦好转，大便正常，日行 2～3 次，舌红嫩，苔薄黄，脉弦滑略数。原方加黄芪 30g，继进 21 剂；另予金银花 30g、升麻 9g、甘草 6g，外用漱口。

2018 年 9 月 4 日复诊，诉左侧口腔黏膜溃疡点，嗜睡仍有，口干减而未除，口苦显减，已服用甲泼尼龙片（1 片，每天一次），连服 5 天。将制附子改为肉桂 3g，以期助少火气化之用，气化得司，则阴邪自消。配漱口方外用。

2018 年 9 月 18 日复诊，诉舌面溃疡、口腔黏膜溃疡已消，大便正常，日行 1～2 次，口苦口干稍有，舌红，苔薄根黄腻，脉弦滑。减人中白，加淫羊藿 15g 温补肾阳，14 剂。

2018 年 10 月 9 日复诊，诉口腔溃疡未作，口干口苦显减，多涎泛酸，平卧则消，进食水果尤甚，大便正常，加苍术 12g、米仁 30g、干姜 6g 温中运脾，蠲饮化湿。

后患者多次复诊，精神较前转佳，口腔溃疡基本未作，药已中的，守方继服调理。

按　口糜病症，多因湿热内蕴，上蒸于口腔所致。《素问·至真要大论》明言："火气内发，上为口糜呕逆"，《素问·气厥论》认为"膀胱移热于小肠，膈肠不便，上为口糜"，指出口糜与膀胱热气上逆致肠腑失畅，热气熏蒸于上相关。此外心开窍于舌，脾开窍于口，热积心脾，不得宣泄，上炎于口，遂成口糜，《杂病源流犀烛·卷二十三》就有相关论述："心脾有热，亦口糜"。而后又进一步提出"阴亏火泛，亦口糜"之论，久病重病之后，阴液耗伤，虚火上炎亦发为本病。本例中患者舌红苔黄腻，脉细滑数，湿热内盛之证显而易见，但导致口糜迁延不愈的原因究竟为何？必须详加辨析。王老师考虑患者年逾八旬，正气已虚，且有长期使用激素的病史，激素属阳，耗伤肾阴，水不制火，龙火上燔，与湿热之邪交织为炽，致口糜反复发作，缠绵难愈，脉证合参，辨其基本病机为心脾积热，湿热内蕴，兼有阴伤，此从后续疗效中亦可验证。故定其基本治则为滋阴清热化湿。方用甘露饮滋阴清热利湿，加用石膏、知母、珠儿参是从白虎加人参汤之意；黄柏、阳春砂、甘草为封髓丹之组成，郑钦安认为黄柏味苦入心，禀天冬寒水之气入肾，甘草调和上下，又能伏藏真火，苦甘能化阴，砂仁之辛与甘草之甘又能化阳，使水火既济，宁妄动之真火，正当其用；又以冬凌草、无花果加强清热之效。然既云滋阴清热化湿为治，又何以加入麻黄附子细辛汤及肉桂诸温热之品？盖久留之湿热，一有郁闭之机，一有阳羸之象。患者年老，阳气不足，命门渐衰，加之久病阴损及阳，真阳鼓动不足，不能助阳化湿；清热苦寒之药，恐有留遏之弊，故加入麻黄附子细辛汤，取其温肾助阳化气，可开郁闭，使湿邪外散。须知湿虽与热相合，却终为阴邪，得阳乃化；湿性重浊黏滞，又当得气而行。唯有以辛温辛热之品温肾助阳化气，阳气充沛，布达全身，自可使客于体内之湿发散外出，此正遵王泰林所云："俾真阳旺而邪自退，所谓正治之良图"。是以在滋阴清热化湿的基础上，加入麻黄、附子、细辛、干姜诸辛温辛热之品，因切中病机，故而有效。

又用金银花、升麻、甘草煎汤漱口，意在清热透毒外出，《古方选注》谓："升麻入阳明、太阴二经，升清逐秽，辟百邪，解百毒……"，因火热上炎，引气上升易散，故少量用之；银花甘寒，善化热毒，《重庆随笔堂》称其："清络中风火湿热，解瘟疫秽恶浊邪，息肝胆浮越风阳"；甘草生用，凉而泻热。三者皆俱解毒之能，其性各异，合而相济，为用药精妙之处。

湿热久羁治疗要点：

1. 注重扶正固本

"邪气盛则实，精气夺则虚"，正气的亏虚不仅是疾病发生的根本原因，同时也是疾病发展、变化、预后、转归的根本原因，尤其在疾病的中、后期，正气的损伤更为严重，这与药物起效与否至关重要。《素问·汤液醪醴论》即有"形弊血尽而功不立者何"之问。曾有一湿热患者，前医以大剂清热利湿之品，药味多而量重，亦有仿达原饮之义，用大量厚朴、草果、阳春砂等芳香化湿之品，收效甚微。于是王坤根在利湿化湿，顿挫邪势的同时，助以菟丝子、女贞子等补肾固本之品，患者症状明显好转。盖湿热之病，用黄芩、黄连、栀子、茵陈、厚朴、草果、砂仁等药，此属常法，而非定法，临证时

须详辨细酌，审疾病之变，分主次先后，识本标之别。因此王坤根在湿热证后期，尤重扶助正气以祛邪。明代张介宾对于正气在治疗过程中所起的作用有深刻的认识："凡治病之道，攻邪在乎针药，行药在乎神气，故治施于外，则神应于中，使之升则升，使之降则降，是其神之可使也。若以药剂治其内而脏气不应，针艾治其外而经气不应，此其神气已去，而无可使矣。虽竭力治之，终成虚废已尔，是即所谓不使也"，堪为曲尽其中奥妙。

2. 用药平和

湿热之病渐至邪盛正衰之时，攻补之法往往两难相适，用药之时刚柔两难措手。稍扶正易使邪气更炽，稍逐邪又恐正气难支；辛热偏炽则火气内攻，偏于滋腻易恋邪助湿。故处方用药时须顾得邪正之势，同时考虑药物的性味特能而斟酌用之，不可直率而往。王坤根在治疗湿热损伤人体阳气，或素体阳弱之人，必用药性偏甚之物时，或以小量缓缓图之，或以作用相似而性味稍缓之品替代，正如《素问·五常政大论》中谆谆告诫"无使过之，伤其正也"，总以"适其至所"为宜。如王坤根在应用附子、麻黄等辛热、辛散药味时取其小量奏功，或替用肉桂少火生气以温肾助阳；补肾之时，选用菟丝子、枸杞子、女贞子等甘平、微温之品。可知其妙在补肾无恋邪之弊，助阳无燥热之忧，平善之中，进退有度。

实际临床应用之妙，又远不拘此三法，正如程钟龄《医学心悟》所言"一法之中，八法备焉，八法之中，百法备焉"，可谓法中有法，法无常法，各得其宜，曲尽其妙。

第三节 病证相参辨五脏

一、病证相参的意义

病证相参是目前中医诊治疾病的主要方法之一，祖国医学对"病""证"相关记载最早可见于《黄帝内经》，如《灵枢·水胀》中就记载了"肤胀""鼓胀""肠覃""石瘕""石水"等病名及其鉴别，《素问·痹论》对痹证进行辨证，分为行痹、痛痹、着痹三个证型。病证相参在张仲景的《伤寒杂病论》中得到进一步发展。《伤寒杂病论》以"病"为大框架立篇，其篇名多为"辨某某病脉证并治"，并明确在《伤寒论》的第十六条中说："观其脉证，知犯何逆，随证治之。"即在辨病基础上结合患者的脉证进行辨证，分析患者目前的脏腑气血阴阳状态和正邪交争情况，进行选方用药。王坤根认为，辨证论治是中医的核心特色，也是中医临证的精髓所在。只有通过辨证论治，才可将中医理论应用于临床实践。在病证相参的基础上进行辨证论治，是治疗疾病过程中至关重要的环节。病证相参既是辨证论治的基础和前提，也是辨证论治的重要组成部分。这里所说的"病"通常指的是中医的病名，但也包括西医的病名。

中医的"病"是在病因作用下，正邪交争、阴阳失调所引起的具有特定发展规律的病变全过程，反映的是一种共性。每种疾病都有其特定的病因、病位的病变过程，通过辨病，能掌握疾病的病因和主要特征，从而为治疗提供总的指导原则。因此，王坤根临证辨病时要求中医病名必须要辨，而西医病名则力求能辨。这是因为西医从微观的角度，对疾病的病因、病理研究认识比较直观和具象。辨西医病名可以防止误诊，了解疾病的预后，帮助鉴别诊断，在辨别西医病名过程中所需要借助的各项指标还能帮助延伸中医四诊及观察疗效。但辨清西医病名后，进行中医治疗时仍然要以"证"作为落脚点。

"证"是中医特有的一个概念，指疾病过程中某一阶段的病理概括，反映了患者当前的正邪状态，是对人体自身状况的高度总结概括。"证"是个性化的，从不同角度显示机体的反应性。"证"通常包括了病因、病位、病性和病势这四个要素，通过"望、闻、问、切"四诊，收集患者当前的症状和体征进行分析归纳，辨清疾病当前的病因、病位、病性、病势，即是"辨证"，是指导处方用药的重要依据。

"辨证"反映的是疾病当前的病理状态，并不能反映疾病的全过程。辨证论治固然是中医的特色，但临床上绝不能仅停留在辨证论治的层次，而是要首先通过辨病明确诊断，做到辨病与辨证相结合，才能提高对疾病的认识。"病证相参"就是在辨病的基础上进行辨证，这也是中医学固有的独特内容。这是因为，"辨病"是对一个疾病的纵向认识，其目的是为了认清该疾病的共性和一般规律，从而把握疾病的发展趋势；"辨证"则是对疾病的横向认识，其目的是为了把握患者当前状态下疾病的主要矛盾和状态。通过"病证相参"，能更好、更准确地认识患者当前的气血阴阳、脏腑功能状态，从而抓住疾病本质，更准确地指导临床实践，提高诊疗水平。

辨病有利于辨证，在通过辨病了解了疾病的病机演变规律后再进行辨证，能提高辨证的准确性，降低辨证的难度。根据辨证的结果，确定相应的治疗

原则和方法，就是"论治"，这也是辨证的终极目标。相同的疾病可以呈现不同的证候，通过辨证了解不同个体的病机差异后分别采取不同的治法，做到个体化的治疗，这是中医的特色和优势，也充分体现了"辨证"的重要性。在"论治"的过程中"辨病"也同样起到非常重要的作用，不同疾病的相同证候常因病因、病位的不同而表现出不同的主症和兼症，而在辨证上有所差别，用药上也各有侧重。例如同为阴虚火旺，在滋阴降火的基础上，"咳嗽"需要加用清肺止咳的药物，而"不寐"需要加养心安神的药物。

二、以五脏为中心的病证相参模式

病证相参是在辨病的基础上进行辨证，关键就在于抓住疾病的病位、病性、程度和发展趋势。其中对病位的判断是重中之重。因为任何疾病的发生发展，都是病因作用机体产生的一系列气血阴阳变化的结果，其作用的部位不同，产生的结果也不一样；若病因不能作用于机体，则疾病从何而起？在辨清病变作用的脏腑之后，其次就要辨别病性，须根据具体病变脏腑的生理功能和致病特点具体分析，辨清脏腑阴阳、气血、虚实、寒热等变化，如脏腑实证，有寒、热、气滞、血瘀、湿滞、痰阻等不同；脏腑虚证又有气、血、阴、阳、精、津之别。只有辨清病位病性，才能得出正确的诊断及分型，为治疗立法提供确切依据。这就是脏腑辨证。

《素问·阴阳应象大论》即云："治病务求于本，本于五脏阴阳"。张仲景在《金匮要略》"脏腑经络先后病脉证第一"等篇目中均有论及脏腑病机理论，奠定了脏腑辨证的基础。华佗《中藏经》首创脏腑辨证之八纲，即"虚实寒热生死顺逆"，提出"脏腑辨证，首论阴阳"，使脏腑辨证初具系统性。此后经过孙思邈、张元素、李东垣、朱丹溪、孙一奎、赵献可、张介宾等医家的系统整理和发展，逐渐形成了较为完善的脏腑辨证理论体系。近几十年来，已编入高等中医药院校教材之中，并迅速在全国得到推广应用。

脏腑辨证是辨证体系中的重要组成部分，尤适用于内伤杂病的辨证，是临床各科辨证的基础。中医学的辨证方法多种多样，有脏腑辨证、经络辨证、八纲辨证、六经辨证、卫气营血辨证、三焦辨证、气血津液辨证、病因辨证等。在这些辨证体系中王坤根认为八纲辨证是各种辨证的基础，能归纳疾病的部位深浅、寒热病性、邪正虚实和阴阳属性，所以有着"是各种辨证方法的总称"的地位。但就内伤杂病而言，证候的定位是辨证内容组成的基本要素之一，即便是八纲辨证，如果要进一步分析疾病的具体病理变化，最终也必须落实到脏腑这个基本点上，用脏腑辨证的方法才能解决。因此，八纲辨证是各种辨证的基本方法，而脏腑辨证是各种辨证的基础和核心。

中医关于脏腑的论述源于《黄帝内经》的脏象学说，其主要内容就是以肝、心、脾、肺、肾五脏为中心，涉及人体六腑、五体、五华、五声、五窍、五志等形体官窍及其功能活动的五大系统。其中五脏是中医脏象学说的核心，以五脏为中心的病证相参，就是在辨清病名的基础上根据脏腑的生理功能和病理表现，进行以脏腑辨证为核心、结合八纲、病因、气血津液等多种辨证方法灵活运用、互相补充的辨证论治。其具体方法尽管纷繁复杂，但最终目的都是通过对患者当前症状、体征的归纳，使用脏象学说相关理论对其脏腑气血阴阳状态进行分析，推断当前人体正邪交争的形势和脏腑经络形体官窍的气血阴阳变化，即疾病的病因、病性、病位、发展、转归，从而认清疾病当前状态的本质，并以此为基础制定治则治法、处方用药。如此可使疾病得痊而过失勿犯矣。

王坤根临床即是坚持以五脏为中心的病证相参，多种辨证体系互相结合，下面我们就通过验案举隅，一窥脏腑辨证之奥秘。

三、医案解析

（一）从肝论治举隅

案 1　眩晕

朱某某，女性，47 岁。2015 年 11 月 17 日，因"头昏头胀，夜间失眠 3 个月余"就诊。刻下：头昏头胀两额尤甚，伴胁肋酸胀，多次测得血压正常。午后喉间不适，面色萎黄，有浅褐斑，性情急躁易怒，夜间寐劣，多梦，不易入睡，依赖安眠药，经量趋少，lmp：11 月 8 日，量少色红，3 日净。舌红嫩，苔薄黄燥，脉细。经颅多普勒（TCD）提示椎－基底动脉血流速度减慢，频谱异常。西医诊断：椎－基底动脉供血不足。中医诊断：眩晕（肝肾阴虚，虚阳上亢）。治法：调肝解郁，滋阴养血。处方：当归 12g、白芍 12g、白术 12g、柴胡 9g、茯苓 15g、甘草 6g、薄荷 3g、酸枣仁 15g、川芎 12g、知母 12g、玫瑰花 6g、丹参 15g、太子参 15g、生地 12g、枸杞子 12g、菟丝子 12g、女贞子 12g，14 剂。

二诊　头昏头胀较前略有改善，夜间寐劣明显减轻，出现口腔溃疡，大

便正常。舌淡红，苔薄黄，脉细缓。上方加夏枯草15g。再进14剂。

三诊　头昏头胀显减，口疮基本消失，夜寐可（已停安眠药），大便黏滞，日一行，四肢冷感，脚趾麻木。舌淡红，苔薄黄，脉细缓。上方去甘草、夏枯草，茯苓加至30g，川芎减至9g，加大枣10g、桂枝9g。再服14剂，以固疗效。

按　"眩晕"亦称"头晕"，眼目昏花之谓眩，头脑转旋之谓晕，有头晕眼花、视物旋转的特点，是临床上十分常见的内科疾病，既可作为一种单独的疾病，又可作为一种症状出现在其他疾病之中。本案患者并无视物旋转，实为头昏头胀，因其血压正常，TCD符合椎－基底动脉供血不足表现，故西医诊断为椎－基底动脉供血不足。头为诸阳之会，神明之府，清灵之窍，又称髓海，其作头晕者多为清阳不足，头胀者则以虚阳上扰为多，正如《临证指南医案》所说："头为诸阳之会，与厥阴肝脉会于巅。……厥阴风火，乃能逆上作痛。"

患者以"头昏头胀"为主诉，病位在头无疑，头胀的辨证要结合伴随症状：头胀如裹，也称头重，属痰湿浊邪上犯清空，要从脾调治；头胀且痛，目赤口苦，大多为肝火上炎，乃肝之实证；头胀伴脑鸣耳鸣，为髓海空虚，当从肾论治。本案虽无视物旋转，但伴有不寐，头胀两额为甚，两额为少阳经循行部位，结合舌红苔燥、胁肋酸胀，将知天命，经量趋少，可知其冲任趋衰，肾阴不足，水不涵木，肝肾阴虚，虚阳上亢，此乃肝之虚证，因与"眩晕"病机相同，故将其归属于"眩晕"的范畴。阳不入阴故有夜寐欠佳；面色萎黄，可知尚有血虚，不能上荣头面，故面有褐斑。故本病病位在头，与肝、肾有关，病理性质总属本虚标实，肝肾阴虚为本，肝阳上亢为标，治疗上以逍遥散疏肝解郁，养血调肝；酸枣仁汤养血安神，清热除烦；生地、菟丝子、女贞子、枸杞子滋养肝肾，一则肝体得养可制上亢之虚阳，二则阴血充足得以纳阳而入。

二诊时患者口腔溃疡，应是虚火上炎，故加夏枯草清肝泻火，并襄安神以助眠。三诊口疮基本消失，头昏寐劣较前显减，复见更衣黏滞，四肢冷感，足趾麻木，为湿遏阳郁，难以温煦四肢所致。故去苦寒之夏枯草、助湿之甘草，茯苓加量健脾化湿，加用桂枝温通经脉、大枣益气补中。如此柔肝益血得当，故头昏之症可消。

案2　不寐

华某某，女性，35岁，2018年3月13日初诊。患者近因家庭琐事，心烦易怒，夜间失眠2周余，不易入睡，常易早醒，面额粉刺散发，更衣日行1～2

次，溏烂，无胁痛，偶有嗳气。舌红胖嫩，苔薄黄，脉细濡。lmp：2月23日。西医诊断：睡眠障碍。中医诊断：不寐（肝旺脾虚，神魂失安）。治法：疏肝清热，健脾、宁心、安神。

处方：丹参15g、炒白芍12g、炒白术12g、茯神15g、柴胡9g、丹皮9g、焦山栀9g、炒枣仁15g、川芎9g、知母10g、姜半夏9g、陈皮10g、厚朴10g、玫瑰花6g、北秫米15g，14剂。

二诊　药后夜寐转佳，遇光易早醒，近日感冒，咽痛，胃脘不适，大便溏泻，更衣日行1～2次，经前乳房稍胀痛，舌红胖嫩，苔薄黄腻，脉细濡。上方去知母，姜半夏易为竹沥半夏、陈皮易为化橘红，复加藿香10g，7剂。

三诊　夜寐基本正常，感冒好转，偶感胃脘不适，大便偏烂，舌胖嫩，苔薄腻，脉细濡。二诊方去丹参、焦山栀、藿香，加炒苍术12g，14剂。

按　失眠以入睡难、睡眠质量低、易醒、健忘为典型表现，相当于中医的"不寐""不得眠""不得卧""目不瞑"。《医效秘传·不得眠》分析失眠为："夜以阴为主，阴气盛则目闭而安卧，若阴虚为阳所胜，则终夜烦扰而不眠也"，这一观点为后世所接受，认为不寐的病机总属阳盛阴衰，阳不入阴。本病病位主要在心，与肝、胆、脾、胃、肾的阴阳气血失调密切相关。《医宗必读·不得卧》总结失眠病因为："一曰气盛，一曰阴虚，一曰痰滞，一曰水停，一曰胃不和"。本案患者病起于家庭琐事，情志不遂，急躁易怒，舌红，苔薄黄，当是气盛肝郁化火，肝藏血，血舍魂。若肝失所养，魂不能藏，复又情志不遂，肝郁化火，上扰心神而不寐。肝经火热循经上扰头面，故见头额粉刺散发；肝郁失疏，气机失畅，故见嗳气；木旺乘土，脾虚湿困，故有便溏；舌胖嫩，脉濡，此为脾虚夹湿之象，脾虚气血生化乏源，心神失养，亦为不寐。因此，王老师认为本病病位在心，而与肝、脾两脏密切相关，结合患者病因及症状，辨证当属肝旺脾虚，神魂失安，病理性质属本虚标实，而以标实为主，治疗重点在于疏肝清热，健脾、宁心、安神，以丹栀逍遥散合酸枣仁汤为基础加减。丹栀逍遥散疏肝清热、养血健脾。方中丹皮清血中伏火，炒山栀善清肝热，并导热下行；柴胡、白芍一疏一柔，能疏肝解郁、养血敛阴，使血和肝柔，柴胡用来尚有"火郁发之"之意；白术、甘草健脾益气以助气血生化。《金匮要略·血痹虚劳病脉证并治》云："虚劳虚烦不得眠，酸枣仁汤主之。"酸枣仁汤主养血补肝，方中酸枣仁、知母养血敛阴，清热除烦；川芎乃血中气药，养血疏肝，疏肝理气；茯神健脾安神。《丹溪心法·六郁》有云："气血冲和，万病不生，一有怫郁，诸病生焉。故人

浙江中医临床名家·王坤根

身诸病，多生于郁"，气郁则诸郁随之而来，是故王老师以陈皮、半夏、厚朴、玫瑰花等行气解郁，使气血安和。《素问·逆调论》云："胃不和，则卧不安也"，故予半夏秫米汤和胃化浊，安神助眠。全方肝脾同调，重在清热疏肝，辅以养血理气，宁心安神，有事半功倍之效。

二诊患者表现为外感兼湿阻之证，改陈皮和姜半夏为竹沥半夏、化橘红，加强清热化痰之效，藿香起芳香化湿之功。三诊诸症缓解，以健脾燥湿收功。

案3 胃痛

邢某某，女，52岁，2014年7月8日因"胃痛脘胀反复发作4年，再发2周余"就诊。刻下：胃痛隐隐，食后脘胀，嗳气，无泛酸，大便干结，晨起口干不适，心烦易怒。舌红，苔薄，脉弦细。当地胃镜提示：慢性浅表萎缩性胃炎伴糜烂。西医诊断：慢性浅表萎缩性胃炎。中医诊断：胃痛（肝胃阴虚）。治法：养阴柔肝，理气和胃。

处方：北沙参15g、麦冬15g、当归15g、枸杞子12g、川楝子6g、生地15g、百合15g、乌药9g、炒白芍12g、甘草10g、香橼10g、佛手10g、元胡15g、香附9g、蒲公英15g。14剂。

二诊　胃胀胃痛略有减轻，嗳气减而未除，大便干结已消。舌红嫩，苔薄黄略干，脉细。上方炒白芍加至15g、蒲公英加至20g，14剂。

三诊　胃胀胃痛显减，偶有嗳气，大便2日1行，背脊酸痛。舌淡红，苔薄黄略干，脉细濡。上方去川楝子，加葛根12g。再进14剂，以固疗效。

按　患者以"胃痛隐隐，食后脘胀"为主诉，故辨其中医病名为胃脘痛。结合胃镜，西医慢性浅表萎缩性胃炎诊断亦明确无疑。胃痛病位在胃，多与肝脾关系密切，可由饮食不节、忧思恼怒、寒邪客胃、脾胃虚弱等多种原因导致，而以肝气犯胃尤为多见，故《沈氏尊生书·胃痛》指出："胃痛，邪干胃脘病也……唯肝气相乘为尤甚，以木性暴，且正克也。"《临证指南医案》云："厥阴顺乘阳明，胃土久伤，肝木愈横。"即指出了肝气不舒，木旺乘土为本病的主要病机。

胃痛的基本病机当是气血不畅，或气滞或瘀阻，本案患者以胃痛伴脘胀为主症，当是气滞无疑，然究其虚实，尚需详查细辨。患者病起延今已四年，胃痛隐隐，时作时止，结合其舌红苔薄脉弦细，当是气滞虚证，胃阴不足所致；另者，其便秘而无腹胀，当知非气滞实证，而是阴虚肠燥，肠道传导失司矣。患者年过半百，肾气渐衰，水不涵木，肝肾阴虚，肝失疏泄，故见心烦易怒；肝气横逆犯胃，气机郁滞，胃失和降，故而胃痛脘胀，嗳气频繁；阴血亏虚，津液不能上承，故口干、舌红少津；舌红苔薄、脉细弦，皆为肝胃阴虚，胃失和降之象。因此，本案病位在胃，但与肝密切相关，病理性质属本虚标实，治宜标本兼顾，故予养阴柔肝、理气和胃为治，方以一贯煎合百合乌药汤、芍药甘草汤加减；方中生地滋阴养血、补益肝肾，内寓滋水涵木之意；当归、枸杞养血滋阴柔肝；北沙参、麦冬滋养肺胃，养阴生津，意在佐金平木，扶土制木；百合乌药汤方出陈修园《时方歌括》，主治"心口痛，服诸药不效者"，《本草汇言》言百合："入手足太阴，手足厥阴，手足阳明经"，此处一方面可协同一贯煎中大队养阴药，另一方面配乌药行气止痛。乌药辛温，入脾而宽中，还可制约诸多养阴药，勿使过于滋腻。芍药甘草汤调和肝脾，缓急止痛；川楝子、元胡、香附、香橼、佛手、蒲公英疏肝清热，理气止痛，复其条达之性。诸药合用，使肝之阴血得养，肝气得疏。二诊时阴液渐复、郁热未除，故加大白芍及蒲公英用量，继续柔肝养血、清热和胃。三诊时，疼痛大减，背膂酸痛仍有，此乃经气不畅之故，遂去有毒之川楝子、加葛根以解肌活络、通畅经气。

胃痛虽以肝胃不和多见，但其病机有寒热虚实的变化，本病日久不愈，往往肝郁化火，阴亏津伤，或致胃络瘀阻，故应根据病情，兼以清火、养阴、化瘀之法，随症加减。

案4 粉刺

王某，女，29岁，2017年4月7日就诊。头额散发粉刺，大便正常，晨起疲乏无力，活动后减轻，形体趋丰；舌淡红，苔薄黄糙，脉迟缓。西医诊断：痤疮。中医诊断：粉刺（肝脾不调）。治法：疏肝清热，运脾化湿。处方：当归12g、川芎9g、生地15g、赤芍12g、玫瑰花6g、鸡血藤20g、丹参30g、香附10g、柴胡9g、郁金12g、丹皮9g、焦山栀9g、陈香橼10g、米仁30g、白芷10g，14剂。

二诊 粉刺未增，大便正常，晨起口干，寐安，运动后疲乏。舌边尖赤，苔薄黄，脉缓。予上方去焦山栀，加月季花6g。再进14剂。

按 粉刺是以好发于颜面部皮肤的散在粉刺、丘疹、脓疱、结节等皮损为特点的皮肤病，多见于青少年及青年男女，症状较为顽固。其病多以素体阳盛、痰浊内蕴、郁热内生、血分蕴热等上壅头面而成，治疗时以清热、泻火、祛湿、化痰、散结等为常法。

本例患者面额粉刺，首辨属于何脏，因其晨起疲乏无力，活动后减轻，当知其为肝郁，因肝气郁滞，阳气被遏，不能充养四肢肌肉所致，活动后气

机得以顺畅，阳气升发，四肢肌肉得充，故乏力减轻。由是可知患者病属肝脾两脏，因肝气郁滞，久而化热，木旺克土，脾运失健，痰湿内生，湿热相合，随肝胃两经上壅额面，故见额头散发粉刺；湿浊内蕴则形体趋丰、脉迟缓。病理性质以标实为主，因病机起源在肝郁，故以丹栀逍遥合柴胡疏肝之意清热疏肝，养血活血，方中柴胡、香附、郁金、玫瑰花、香橼疏肝解郁，肝气得舒，则脾运自健；生地、当归、赤芍、川芎养血柔肝以解肝郁；鸡血藤、丹参、丹皮、焦山栀活血凉血，以除血分之热而消痤；再用生米仁健脾利湿，解毒散结；白芷透散阳明经之郁滞，诸药合用共奏疏肝清热运脾化湿之功，使粉刺生发无源。

二诊时肝经郁火渐去，粉刺未增，欲用活血之药以消旧斑，《本经逢原》云："月季花为活血之良药。捣敷肿疡用之。痘疮触犯经月之气而伏陷者，用以加入汤药即起，以其月之开放，不失经行常度，虽云取义，亦活血之力也。"故去山栀改月季花活血消斑，再进14剂以固疗效。

粉刺临床治疗多以清热泻火、祛湿化痰、散结活血为主，本案亦以疏肝清热、凉血活血收效，但此皆为治标之法。王老师认为青少年面部粉刺多以"冲任不足"所致，调治冲任才是治本之策，本案患者以治标之法症状暂时缓解，若后续用调补冲任、补益肾之精气巩固之，效果一定会更好。

案5 盗汗

蔡某某，男，45岁，2018年12月28日就诊。时有盗汗，胸痛间作，左侧为甚，左肩、胸背隐痛，诸症矢气则舒，头胀不著，更衣日一行。从事管理工作，平素压力较大，体型渐丰，舌淡红，苔薄腻边有细痰线，脉细濡。既往辅助检查：2018年7月12日胃镜提示：慢性非萎缩性胃炎伴糜烂，十二指肠球炎。2018年12月14日肺部CT无殊。甲状腺功能、血糖正常。西医诊断：自主神经功能紊乱？中医诊断：盗汗（湿热内蕴，肝气失疏）。治法：疏肝理气，清热燥湿。处方：竹沥半夏12g、炒黄连4g、淡竹茹12g、茯苓30g、米仁30g、炒黄芩12g、陈皮10g、葛根30g、片姜黄15g、枸杞子15g、菟丝子15g、桑叶15g、柴胡9g、枳壳12g、赤芍12g。14剂。

二诊 盗汗显减，胸痛未作，舌淡红，苔薄边有细痰线，脉细濡，上方去米仁、桑叶，加郁金15g，14剂。

按 盗汗为夜间寐时汗出、醒后汗止的一种症状，也是临床常见的内科杂病之一。盗汗作为一种症状可见于多种西医疾病中，如甲亢、结核、心内膜炎、糖尿病、恶性肿瘤等，因其血糖、甲状腺功能均正常，体温亦正常，体重未减，反而日渐丰腴，故初步诊断为自主神经功能紊乱，其明确诊断尚须进一步完善检查。外感盗汗实证居多，因邪在半表半里，郁而化热，开泄肌腠，汗液自出；内伤盗汗以阴虚火旺居多。然张景岳认为："自汗盗汗亦各有阴阳之证，不得谓自汗必属阳虚，盗汗必属阴虚也"（《景岳全书·汗证》）。

本案患者案牍劳形，肝气易郁，且素有脾虚，肝木克土，而致中土失运，湿浊内生，日久化热，湿热蕴结，迫汗外泄，故见盗汗。患者疼痛涉及胸、肩、背，且左侧为甚，然上述诸症矢气则舒，可知此乃气滞作痛，升降不利。气滞之本责之于肝，盖肝主气机之疏泄。人身气机乃左升右降，患者病在左甚者是气机升之不利，欲升而不能升，气滞于胸，所以作痛。故本案病位在肝，涉及到脾，病理性质属本虚标实，而以标实为主，为湿热内蕴，肝气失疏，迫汗外泄所致，治以清热燥湿，疏利肝气，再加以通行局部气血、清泄郁火，使上下气机得通、阴液得安。

方用黄连温胆清化肝胆与中焦之痰热；复以半夏泻心之意辛开苦降，助理中焦；柴胡、赤芍疏肝养血，兼以活血；葛根、姜黄一凉一温、一升一降以通气机而升清化浊、消散郁结；案牍劳形，伤精耗气，故予枸杞子、菟丝子平补肝肾。桑叶为王老师习用治盗汗要药，《神农本草经》云：桑叶"主除寒热出汗"，故加桑叶入肝经助黄芩清泄肝经郁火而能止汗。诸药合用使肝气畅达、郁火无源，故能止汗。

二诊盗汗显减，湿热渐消，故去桑叶、米仁，加入郁金合柴胡行气解郁，活血止痛。

（二）从心论治举隅

案1 不寐

梁某，女，45岁，2017年8月4日初诊。夜间寐劣8年，平素思虑较多，昼日多思则夜难成寐，寐即易醒，醒后难再入睡，甚则彻夜不眠，面色萎黄，疲乏感，月经提前1周，量少，盗汗，大便不成形。舌淡红，苔薄，脉细缓。既往史：子宫肌瘤腹腔镜术后，声带息肉术后。辅助检查提示：肝血管瘤，子宫多发性肌瘤，甲状腺结节，颈椎退行性变。西医诊断：睡眠障碍。中医诊断：不寐（心脾两虚）。治法：补益心脾，养阴敛汗。处方：黄芪30g、党参15g、炒白术12g、炒枣仁15g、木香6g、生地15g、当归12g、炙甘草6g、茯苓15g、远志10g、仙鹤草30g、煅牡蛎30g、浮小麦30g、熟地12g、

肉桂 3g，7 剂。

二诊 夜间寐劣显减，盗汗缓解，面色萎黄，大便不成形。舌淡红，苔薄糙，脉细缓。再进上方 14 剂以固疗效。

按 不寐是中医常见的内科病证，主要表现为睡眠时间和（或）深度的不足，主要有入睡困难、时寐时醒、醒后入睡困难、彻夜不能入眠等。不寐的原因很多，五脏六腑不和，皆可导致不寐，其病位主在心，心主藏神，神受所扰，则夜寐不安。正如《医效秘传》中云："心藏神，大汗后则阳气虚，故不眠。心主血，大下后则阴气弱，故不眠，热病邪热盛，神不精，故不眠。"

不寐辨证首当分清虚实，次当分清病理因素，而这又必须落实到相关脏腑病位上。如不寐兼见心烦，小便短赤，口舌生疮，当是心火偏亢，为心之实热证；不寐伴见急躁易怒，头晕头胀、目赤口苦，当是肝火偏亢，上扰心神，为肝之实热证；不寐伴见胸闷呕恶，头重目眩，苔腻脉滑，是痰热内扰之实热证，当从脾论治；不寐伴脘腹胀满，嗳腐吞酸，为胃气失和，当从胃论治；此为实证不寐。若不寐伴心烦心悸，健忘耳鸣，腰酸膝软，五心烦热，为阴虚火旺，当从心肾治之；不寐伴多梦健忘，神疲倦怠，面色少华，为心脾两虚，宜补益心脾；若不寐伴胆怯心悸，触事易惊，短气自汗，为心胆气虚，当益气宁心，此为虚证不寐。

本案中患者素来思虑过多，伤及脾土，脾虚生化乏源，不能濡养五脏，心之气阴不足，不能制阳，则阳气扰动心神故见失眠，逼迫津液故见盗汗；脾失健运，便不成形；脾虚统血不利，月经提前；脾虚化源不足，心气不足，生血无力，故见月经量少、面色萎黄。此案之不寐，病位在心，涉及脾土，结合主症、兼症辨为心脾两虚。治疗时以归脾汤为基础方进行加减，用黄芪、党参、炒白术、炙甘草、仙鹤草健脾益气以助后天气血生化；熟地、生地、当归滋阴补血；炒枣仁、茯苓、远志养心益气安神；煅牡蛎、浮小麦收涩敛汗，使心阴得安；少佐肉桂引火归元，以收浮散之阳气，使心神无扰，而夜寐自安。

值得一提的是方中木香和远志两味药，木香在归脾汤中的作用一般都认为是入心醒脾，《医方考》言其："燥可以入心，香可以醒脾，则夫木香之香燥，又可以调气于心脾之分矣，心脾治，宁复有健忘者乎！"今人将木香多作为行气药使用，王老师认为这其实是窄化了它的作用，早在《神农本草经》中就有木香："味辛，温，……强志，……久服不梦寤魇寐"，但后世医家往往忽视了这一作用，因此，木香在归脾汤中不仅理气醒脾，防止滋腻药导致土壅，更可助茯神、枣仁等宁心安神。远志乃心经之药，然肝、脾、肺之病俱可兼治,《本经》言其:"主咳逆伤中,补不足,除邪气,利九窍",此外,远志定神,心气得宁则自通于肾,心肾相交,水火既济,故自能安然入眠。中焦为心肾阴阳水火升降的必经之处,远志可补中化痰,合归脾汤中大队健脾药物,脾胃升降和调,心肾自能相交,此亦归脾汤治疗不寐的奥秘所在。

二诊效不更方,守方以收功。

案 2 胸痹

郭某某,男,58岁,2014年5月29日初诊。胸闷、胸骨后隐痛,有紧缩感,一日发作4~5次,服用硝酸甘油可缓解,运动后胸骨后亦有紧缩感。面色黧黑,更衣日行,通而不畅。舌质淡暗,苔薄,脉细弦。既往史:冠心病、高血压病。心电图提示:窦性心动过缓,心室内传导阻滞。西医诊断:冠状动脉粥样硬化性心脏病。中医诊断:胸痹(痰瘀痹阻,胸阳不振)。治法:益气宣痹通阳,理气化痰活血。

处方:桂枝10g、黄芪30g、薤白12g、香附10g、瓜蒌皮15g、煅瓦楞子30g、丹参15g、阳春砂(后下)6g、制半夏9g、制玉竹15g、元胡20g、川芎9g、柴胡9g、降香6g、郁金12g,14剂。

二诊 胸闷、胸痛明显减轻,夜间寐劣。舌淡红嫩,苔薄,脉迟缓。上方去煅瓦楞子,丹参加至20g,阳春砂减至3g,加豆蔻(后下)3g。14剂。

按 胸痹是以胸部闷痛,甚则胸痛彻背、喘息不得卧为主症的一类疾病,需要与"胃脘痛""胸痛""胁痛"等鉴别。结合其疼痛部位、诱发因素及服用硝酸甘油可缓解,故明确诊断为胸痹,西医诊断为冠心病。胸痹病位在心,但与肝、脾、肾三脏密切相关。其病理性质有虚有实,虚者以气虚、阳虚多见;实者多以气滞、痰阻、瘀血、寒凝为主;虚实往往交错为病,而见本虚标实之证,其病机的关键则是心脉痹阻,不通而痛。

本案患者年近花甲,五脏趋衰,一则肾阳虚衰不能鼓动五脏之阳,心阳不振,无力温煦血脉、鼓动气血运行;二则肾虚则五脏俱损,脾虚不运,酿生痰浊,阻滞气机,血运不畅,瘀血内停,痰瘀痹阻心脉,胸阳不振,故见胸闷、胸骨后隐痛、紧缩感;动则耗气、气虚不能运血,故运动后易发;气虚无力推动,故更衣不畅;气滞血瘀,气血不能上荣于面,故见面色黧黑;舌暗、脉弦细等均为气血不畅之象。综上,本案病位在心,涉及脾肾,病理性质为本虚标实,本则心、脾、肾三脏气阳不足,标则气滞、痰浊、瘀血痹阻,治当标本兼顾,治标在于行气化痰祛瘀,治本在于益气宣痹通阳。方用黄芪桂枝五物汤、丹参饮及栝楼薤白半夏汤三方合用加减化裁,这也是王老师习

浙江中医临床名家·王坤根

用治胸痹之方。方中桂枝、黄芪益气通阳，治疗胸痹之本；薤白、瓜蒌皮、制半夏、煅瓦楞子祛痰宽胸、通阳散结；柴胡、川芎、郁金、丹参、阳春砂、降香、元胡、香附活血祛瘀、行气解郁止痛。《名医别录》云玉竹能"主治心腹结气"，本案用之，既能治心胸之气机不畅，又能以其甘润之性防大队行气活血之品伤阴。如此调治二诊时果然胸闷、胸痛明显减轻，再在上方基础上增加活血理气之力以巩固疗效。

（三）从脾论治举隅

案 1　咳嗽

吴某，男，60 岁，2018 年 5 月 29 日初诊。患者感冒后咳嗽迁延，延今 2 个月，晨起咳嗽，痰白质黏，口干，两腿酸软，纳呆，时有便溏，更衣日行 2～4 次。舌淡暗苔黄厚腻，脉细滑。胸部影像学无殊。西医诊断：慢性咳嗽。中医诊断：咳嗽（脾虚夹湿，痰热蕴肺）。治法：健脾燥湿，清肺化痰。处方：陈皮 15g、姜半夏 9g、茯苓 30g、米仁 30g、苍术 12g、炒党参 18g、炒白术 12g、厚朴 12g、桔梗 10g、豆蔻（后下）6g、苦杏仁 10g、生姜 15g、大枣 15g、藿香 12g、佩兰 15g，14 剂。

二诊　晨起咳嗽显减，咳痰色白，两腿酸软，纳呆。舌淡暗，苔薄黄腻，脉滑。上方去炒党参，加仙鹤草 30g，再进 14 剂。

按　本案患者以晨起咳嗽 2 个月为主症前来就诊，诊为咳嗽。结合其咳嗽时间和影像学检查，西医诊断为慢性咳嗽。肺主气司呼吸，咳嗽虽责之于肺，但"五脏六腑皆令人咳，非独肺也"（《素问·咳论》）。

本案晨起咳嗽，咳痰色白质黏，纳呆便溏，苔腻脉滑，此为痰湿咳嗽之典型表现。痰湿上渍，壅遏肺气，肺气上逆，故作咳嗽；脾虚湿困，运化失司，故见纳呆便溏；湿滞经脉，气血运行不畅，失于濡养，故见两腿酸软；痰湿久蕴，必然化热，故见苔黄厚腻，脉细滑；脾主升清，津液不能上达口唇，故见口干。"脾为生痰之源，肺为贮痰之器"（《证治汇补·痰证》），故本病病位在肺、脾二脏，痰为有形之邪，既易阻滞气机，又常随气机之升而上犯于肺，因此，脾气虚弱，湿聚成痰是本案的基本病机。治疗健脾燥湿，清肺化痰，药用六君子汤加减。方中六君子汤益气健脾，燥湿化痰，助运以复脾虚之本，杜绝生痰之源；煎煮时少加生姜、大枣，协四君可助益脾；厚朴、豆蔻、米仁、藿香、佩兰运脾燥湿理气；桔梗宣肺化痰、杏仁降气定喘，一宣一降，肺气宣降正常，咳嗽自平。

二诊之时，咳嗽咳痰明显缓解，但仍有腿酸、纳呆，此是痰湿祛而未除、脾气虚弱之象仍在，故在原方基础上去补滞之品炒党参，改用仙鹤草益气补虚，再进14剂。如此从脾治肺，脾肺兼顾，患者之疾可愈。

案2 奔豚

宫某，男，38岁，2017年11月6日初诊。心口痞塞，心烦欲呕，时有气上冲，口有异味，有时大便稀溏，牙龈疼痛。舌淡红，苔薄黄，脉细。辅助检查心电图正常范围。西医诊断：胃肠神经官能症。中医诊断：奔豚气（气机上逆）。治法：清肝和中，平冲降逆。处方：姜半夏12g、黄芩12g、炒黄连6g、炙桂枝12g、赤芍12g、炙甘草6g、连翘20g，7剂。

药后患者未来复诊，后因喉劣求诊，云药后诸症显减，因工作繁忙，未来复诊。

按 奔豚病是指有气从少腹上冲胸脘、咽喉、发作过后如常的病证。《五十六难》曰："肾之积气名曰奔豚，发于少腹，上至心下若豚状，或上或下无时。"《金匮要略》称之为"奔豚气"，因其发作时胸腹如有小豚奔闯，故名之。从证候表现看，类于西医的胃肠神经官能症（肠道积气和蠕动亢进或痉挛状态）及冠心病、心血管神经症等。本病多与心、肝、肾三脏有关，也有医家认为与冲脉关系密切。《金匮要略》将奔豚分为三种情况：一为"奔豚气上冲胸腹痛，往来寒热，奔豚汤主之。"此即肝郁化热气冲，予养血平肝，和胃降逆为治；一为"发汗后，烧针令其汗，针处被寒，核起而赤者，必发奔豚。……灸其核上各一壮，与桂枝加桂汤主之。"此为外邪致阳虚寒逆气冲，予调和阴阳，平冲降逆为治；一为"发汗后，其人脐下悸者，欲作奔豚，茯苓桂枝甘草大枣汤主之。"此为阳虚寒饮所致气冲，因尚未作奔豚，故予培土利水为治，以防冲逆。

本案患者根据其有气上冲的症状变现，可诊断为奔豚病。因其辅助检查心电图正常，尚未行胃镜检查，故暂以胃肠神经官能症为其西医诊断。《金匮要略》肝郁化热之奔豚，其症还当有烦躁，呕吐，烦渴，舌苔白或黄，脉弦数。而肾虚阴寒水饮上逆之奔豚还当有心慌不安，形寒肢冷，苔白腻，脉弦紧等兼证。结合本案患者症状，非肾寒所致无疑，然其口有异味，牙龈疼痛，当与胃腑关系更为密切。故王老师认为此人之奔豚乃中焦气机不畅，肝胃不和，郁而化火，胃中所结气火冲而上逆所致。气机阻于中焦，通行不利，故见心口痞塞，气时上冲；肝脾不调，饮食不化而见大便溏稀；胃不降浊，浊气内阻而化生火热之邪，胃热上蒸，则见心烦欲呕、口中异味、牙龈疼痛。

浙江中医临床名家·王坤根

本病病位在肝、胃，病理性质以标实为主，故治予清热和胃，平冲降逆，仿奔豚汤之意加减治之。方中姜半夏、黄芩、炒黄连辛开苦降，清热平冲降逆，以复中焦气机之升降；赤芍养血调肝，益肝体以制肝用；炙甘草合赤芍仿芍药甘草汤之意缓急以助平冲；桂枝助阳化气，平冲降气；连翘合连、芩清热解毒，以复牙龈疼痛。诸药合用，能使冲逆之气火生化无源而使诸症平息。

案3　夜间多溺

王某某，女，63岁，2018年4月3日初诊。夜尿频多，6～7次，已有1月余。腹胀，嗳气偶有，更衣日行1次，通而不畅，两侧腰脊酸楚，口苦口厚，常发口疮，咳嗽，夜半尤甚，盗汗。舌淡暗，苔薄黄略腻，脉细滑。西医诊断：膀胱过度活动症。中医诊断：夜间多溺（脾胃不和，气滞湿阻）。治法：健脾清热燥湿，理气和胃。处方：苍术12g、川朴12g、姜半夏12g、陈皮10g、柴胡9g、枳壳12g、赤芍15g、炒葛根15g、炒黄芩12g、炒黄连6g、香附12g、元胡20g、蒲公英30g、木香10g、阳春砂（后下）6g，7剂。

二诊　尿频腹胀显减，夜尿2～3次，口苦盗汗有减，余症同前，原方继服14剂。

按　本案患者"夜尿频多"为主诉前来就诊，排除其他泌尿系统疾病后，明确诊断为膀胱过度活动症。中医无膀胱过度活动症的病名，根据其症状表现可以归入"夜尿频多"的范畴，《秦伯未临证指南》有"夜间多溺"一证，故借以为病名。"夜尿频多"通常与肾、膀胱有关，因肾主一身之水、膀胱能行气化，与小便的生成和排泄息息相关。一般老年人肾气虚衰，夜尿频多多从肾虚立论辨治。但是小便作为水液的一种表现形式，也与脾胃有一定关系。脾为后天之本，肾为先天之本，在病理上相互影响。脾主运化水湿，脾虚不能运化，肾与膀胱气化失司，水湿不化，则出现水肿、小便不利、夜尿频多等症。

王老师认为本案患者虽以夜尿多来诊，但其伴有腹胀嗳气等症，皆为脾胃不和、气机不畅的表现；脾胃不和，中焦气机不畅，易变生湿浊，郁而化热，湿热下注膀胱，膀胱气化过度，故见夜尿频多；湿热上蒸口腔，故见口苦口厚，常发口疮；湿热郁遏阳气，迫液外泄，故见盗汗；气机上逆犯肺，故见咳嗽；肾主水，水湿壅盛及肾，故见腰脊酸楚；苔薄黄略腻，脉滑，亦为湿热内蕴之象。因此本病病位虽在肾与膀胱，但溯其根源实在脾胃，辨为脾胃不和，气滞湿阻之证。治疗时以健脾清热燥湿，理气和胃为主，以平胃、二陈、柴胡疏肝合葛根芩连数个小方加减。方中苍术、厚朴、半夏、陈皮健脾燥湿助运，以化湿浊，治疗水湿内生之本；枳壳、柴胡、木香、葛根、阳春砂调畅气机，以复升降；香附为气中血药，元胡为血中气药，二者合用，调气血，致中和，缓挛急，安心神；黄芩、黄连、蒲公英清化三焦湿热，以助膀胱气化得安。诸药合用，从脾胃中焦入手，调治周身水液运行不利及气机失常，使小便恢复正常。

（四）从肺论治举隅

案 咳嗽

陈某某，女，61岁，2015年6月18日初诊。咳嗽1个月余，咽痒则咳，咳痰黄稠，鼻流浊涕，素易感冒，咽陈旧性充血。舌淡红，苔薄黄，脉沉缓。辅助检查：2015年5月27日肺CT示：两肺纹理增粗，左肺下叶小结节增殖灶。既往史：乙肝小三阳病史。西医诊断：支气管炎。中医诊断：咳嗽（风热犯肺）。治法：疏风清热，宣肺止咳。处方：炙麻黄5g、杏仁10g、甘草10g、蝉衣6g、僵蚕9g、无花果20g、炒黄芩15g、桔梗10g、炙枇杷叶30g、炙紫菀15g、炙百部12g、化橘红10g、车前子15g、地肤子15g，7剂。

二诊　药后咳嗽明显减轻，咯痰渐稀，咽痒已消，鼻涕已消，舌淡红，苔薄黄，脉沉缓。上方加炒白芍12g。7剂。

三诊　咳嗽偶有，无痰，近日感冒又作，午睡后头痛，夜间发热、畏寒，咽红充血，测体温38.8℃，当地输液后缓解，服药期间一度腹痛，服用多潘立酮混悬液后缓解。舌红，苔薄黄略腻，脉细滑。炙麻黄3g、杏仁10g、甘草10g、蝉衣6g、僵蚕9g、无花果20g、炒黄芩15g、桔梗10g、炙枇杷叶15g、化橘红10g、太子参15g、黄芪30g、防风9g、白术12g、米仁30g。14剂。

四诊　咳嗽减少，干咳无痰，无咽痛，大便偏溏，量少。舌红嫩，苔薄黄腻，脉细无力。辨证：气阴不足，余邪恋肺。治拟益气养阴，清肺润肺止咳。杏仁10g、甘草10g、炒黄芩15g、桔梗10g、炙枇杷叶15g、化橘红10g、太子参15g、北沙参15g、桑白皮15g、浙贝12g、瓜蒌皮15g、麦冬15g、五味子9g。10剂。

按　咳嗽为中医肺系疾病常见症状，《素问·咳论》云"五脏六腑皆令人咳"，然王老师常道此句应为：五脏六腑皆令人咳，咳皆从肺出。张景岳在《景岳全书·咳嗽》中指出："咳证虽多，无非肺病。"故咳嗽为病，辨其主脏终在于肺，无论外感还是内伤，都是作用于肺而作咳嗽，治疗时也必责于肺。但就脏腑而论，究竟是他脏之病延肺作咳，还是肺之本脏受邪作咳，则需结

合患者病情辨证而论。

此人素易感冒，卫表本虚，风热之邪，易犯肺卫，而见咽痒咳嗽，邪热内蕴，炼津成痰，而见鼻流浊涕、咳痰黄稠；舌淡红，苔薄黄，此为热象无疑。患者无他脏兼证，故知是肺之本脏为病，辨为风热犯肺。治予疏风清热，宣肺止咳，以三拗汤合止嗽散加减化裁治之。方中炙麻黄配杏仁、桔梗配杏仁，一宣一降，使气机调畅，上逆之肺气自能平复而咳止；甘草、化橘红祛痰止咳；炙枇杷叶、车前子、炒黄芩清肺化痰；炙紫菀、炙百部润肺化痰下气止咳；蝉衣、僵蚕、无花果、地肤子清热疏风利咽止咳。三诊之时，咳嗽显减，但感冒复作，虑其表虚易感，故减疏风利咽化痰之品，加玉屏风散合太子参益气固表。四诊咳嗽日久，耗伤肺之气阴，痰热减而仍存，而见干咳无痰、舌红嫩，苔黄薄腻，脉细无力。然咽痒已消，咳嗽显减，故去疏风宣肺固表之品，予沙参、麦冬、五味子养阴润肺敛气，桑白皮、浙贝、瓜蒌皮助清肺化痰。

（五）从肾论治举隅

案1　耳鸣

马某某，男，52岁，2016年12月15日就诊。夜间耳鸣间作如蝉，起于劳累后，夜寐多梦，腰膂酸楚，大便难解。舌淡红，苔薄，脉弦缓。五官科检查无殊。西医诊断：神经性耳鸣。中医诊断：耳鸣（肝肾不足）。治法：调补肝肾。处方：山药30g、生地15g、山萸肉12g、炒丹皮9g、茯苓15g、泽泻15g、炒柴胡9g、焦山栀9g、炒当归12g、酸枣仁15g、白芍12g、枸杞子15g、菟丝子15g、石菖蒲10g、郁金9g、苁蓉15g、巴戟天15g。14剂。

二诊　劳累时耳鸣有减，大便较前明显顺畅，夜寐尚可，舌淡，苔薄，脉弦缓。B超提示：脂肪肝。生化：谷丙转氨酶54U/L，谷草转氨酶37U/L，甘油三酯2.11mmol/L。问其尚嗜酒，故上方去白芍、石菖蒲，加赤芍12g、枳椇子20g、葛花15g，14剂。

按　耳鸣指患者自感耳内或头内鸣响有声。肾与耳鸣的发生有密切关系，肾开窍于耳，从生理上说"肾气通于耳，肾和则耳能闻五音矣"（《灵枢·脉度》），肾气不和，则耳易为病。脑为髓之海，肾主骨生髓，《灵枢·口问》："故上气不足，脑为之不满，耳为之苦鸣。"也说明了耳鸣与肾精不足的关系。同时，耳窍为肝胆之经循行所过之处，肝胆聚生的痰浊和内生的湿热循经上扰，蒙蔽耳窍，亦可导致耳鸣。

耳鸣辨证，首分虚实，一般新病、声音大、音调低、昼夜均作为实；久病、声低、音调高、夜间明显为虚。实证当辨风、火、痰、瘀，虚证又当分气、血、阴、阳。还当根据耳鸣的伴随症状，来判断相关的脏腑。如伴心悸、怔忡者多属心；伴心烦易怒、头痛目赤者多属肝；伴食少腹胀者多属脾；伴耳胀鼻塞、咽痛发热者多属肺；伴腰膝酸软者多属肾。

本案患者以"夜间耳鸣间作如蝉为主症"前来就诊，诊断当属耳鸣无疑，因其五官科检查未见异常，故西医诊断考虑为神经性耳鸣。结合其主症及腰脊酸楚，病位在肾，当属虚证。其人年过半百，肾气渐衰，肾虚五脏俱损，久而肝肾不足，清窍失养，故见劳累后耳鸣；腰为肾之府，肾虚腰府失养则腰酸；水不涵木，阳不入阴，神魂失安而见夜寐多梦；肾津亏，肠失濡润故见大便难解。综上，本病病位在肾，涉及到肝，病理性质以肝肾不足之本虚为主，治以调补肝肾。王老师以滋水清肝饮加减以滋阴养血，清热疏肝；枸杞子、菟丝子、肉苁蓉、巴戟天温肾填精，兼能润肠通便；石菖蒲、郁金行气化痰利窍，诸药合用，补肝肾以治耳鸣。

二诊时，清窍渐利，肝肾渐充，故劳累时耳鸣有减；肾精充足则肠腑得润，故见大便较前明显顺畅。然辅助检查显示肝功能异常、甘油三酯偏高，说明内有湿浊，考虑嗜酒而致肝功异常，故在上方基础上去石菖蒲，改白芍为赤芍以增强清肝活血降酶之用，加枳椇子、葛花解酒醒脾，助化内生之湿浊。再进 14 剂巩固疗效。

案 2 不寐

董某，女，47 岁，2016 年 11 月 18 日就诊。夜间寐劣，自觉睡眠较浅，易醒，近来多梦，健忘。月经紊乱，量少，色淡。腰酸，常易疲乏，更衣欠畅，2～3 日一行，较干。舌淡红，苔薄，脉细缓。西医诊断：睡眠障碍。中医诊断：不寐（阴血不足，神明失安）。治法：滋阴养血，宁心安神。处方：酸枣仁 24g、知母 10g、川芎 9g、茯苓 15g、菟丝子 15g、五味子 9g、覆盆子 15g、枸杞子 15g、太子参 15g、麦冬 12g、生地 15g、柏子仁 15g、桑叶 15g，14 剂。

二诊 不易入睡、眠浅多梦皆较前减轻。稍多食则胃脘胀满，大便 2～3 日一行，较前通畅。舌淡红，苔薄，脉细缓。上方加姜半夏 15g、陈皮 10g、黄连 3g。14 剂。

按 本案诊断明确，中医为不寐，西医为睡眠障碍。不寐的基本病机为阳不入阴。或为阳盛不能入于阴，或为阴虚不能纳阳。王老师认为其偏阳盛者多表现为不易入睡，其偏阴虚者多表现为寐即易醒。本案患者以睡眠较浅、易醒为主，故认为是阴虚不能纳阳入阴的虚证。除失眠外，尚有健忘、腰酸，

月经量少色淡，舌淡脉细，结合患者年近七七，冲任趋衰，当是肾精日渐不足，尤以阴血亏虚为主。肾阴不足，虚热内扰，神明失安，故见多梦；肾之气阴不足，阴虚失于濡润，气虚无力推动，故见大便干结、排便不畅；肝肾同源，肾虚则不能养肝，脾虚生化乏源，肝血不足，冲任不养，故见月事不调、月信量少色淡；血不生气，故见疲乏无力；精血不足则不能充养周身，上充髓海，故见健忘、腰酸。治当以补肾填精，滋养阴血为主。王老师在酸枣仁汤养血调肝安神的基础上，加五子衍宗丸补肾填精，以充养先天之本；合生脉散、生地益气养阴生津；柏子仁润肠通腑，并能安神；桑叶清透肝中虚热以安神，诸药合用，肝肾同调，使阴血得复，纳阳入阴。

二诊时诸症缓解，是阴虚渐消，阳气得收的表现；大便通畅是肠腑得润，肾精渐充的表现。其多食胃胀者，乃前药多滋腻之品，有碍胃之嫌；故在上方基础上加用姜半夏、陈皮、黄连运脾和胃，使脾胃气机能复。

案 3 自汗

李某，男，23 岁，2017 年 7 月 11 日因"自汗 1 年余"就诊。刻下：动辄易汗，腰背酸痛，晨勃少有，夜寐易醒。口干，饮不解渴。舌淡暗，苔黄腻，脉细弦略数。西医诊断：自主神经功能紊乱。中医诊断：自汗（肾精不足，阳明郁热）。治法：补肾填精，清热化湿。处方：生地 15g、山萸肉 12g、丹皮 9g、茯苓 15g、泽泻 15g、山药 20g、葛根 15g、苍术 12g、黄柏 9g、米仁 30g、桑叶 15g、黄连 6g、黄芩 12g、仙灵脾 20g、茵陈 15g，7 剂。

二诊　自汗明显减轻，口干已消，晨勃可。腰背酸痛仍有，自诉服药期间舌苔厚腻。舌淡红，苔薄黄糙，脉细缓。上方加豆蔻（后下）6g，14 剂。

按　自汗是指白天时时汗出，动则益甚的表现，是汗液外泄失常的病证，其主要病机是阴阳失调、腠理不固。一般认为自汗因虚者多为气虚、阳虚导致卫表不固，因实者则是肝火、湿热等阳盛之邪迫汗外出。本案患者以"自汗 1 年余"为主症就诊，且夜寐时无汗，故可诊为自汗。结合症状腰背酸痛，晨勃少有，知其病位在肾，《医碥·汗》有云："汗者，水也，肾之所主也，内藏则为五液，上升则为津，下降则为尿，外泄则为汗。"然口干，饮不解渴，苔黄腻脉数，又为湿热之象。盖因肾精不足，阴阳失调，水液代谢不利，湿热内生，迫汗外出所致，是虚中夹实之证。患者肾精不足、腰府失养，阳气虚耗、晨间气化不达宗筋，故见腰背酸痛、晨勃少有；湿热内盛，困阻中焦，水津不能正常输布，故见汗出、口干、饮不解渴；阳盛不能为阴所纳，扰动心神，故见夜寐易醒；舌淡暗，苔黄腻，脉细弦略数，亦为湿热之佐证。因此，本案以湿热为标,精亏为本,当标本同治。以六味地黄丸加仙灵脾补肾填精,治自汗之本;黄连、黄芩、黄柏、茵陈、苍术清热祛湿以治其标;三黄苦寒清热,泻火尚能坚阴;再加葛根生津止渴、桑叶助清热并能止汗。

如此调治后,二诊患者体内湿热渐去、津液已复、宗筋气化能达,故口干已消、晨勃尚可,自汗大为缓解;肾精仍有不足,故仍有腰背酸痛;服药期间舌苔厚腻者,是浊气不化之故。故在上方基础上加豆蔻化浊,再进14剂,以期痊愈。

第四节 中西互参中为主

中医药学是中华民族几千年来与疾病做斗争的实践经验的结晶,为中华民族的繁衍昌盛做出了不可磨灭的贡献。在长期临床实践中,形成了自身独特的理论体系,它集防病治病,养生调摄为一体,具有临床疗效确切,预防保健作用独特,治疗方式灵活多样,费用较为低廉的特点,至今对维护中华民族健康仍发挥着重要作用。

自19世纪中叶西学东渐,西医开始传入中国,不断冲击着传统中医。在中西医的不断碰撞中,一些中医界人士认识到中西医各有所长,中医应吸收西医之长来发展自身。中西汇通派的形成,就是当时中医界对中西医融合的初步探索。"中西医汇通四大家"唐容川、朱沛文、恽铁樵、张锡纯根据自己的认识和临床实践,从理论和临床等不同角度探索中西医汇通的道路,既是对中西医融合的早期探索,也是中医在西学冲击下的一种发展求存的举措。

经过近百年的发展,中西医融合的相关实践和理论也历经了20世纪40~50年代的中医科学化;70年代以来长达30余年的中医现代化;直到现在的中医药现代化研究、中医药科技创新、创新性转化、创新性发展多方面发展,坚持中西医并重,推动中医药和西医药相互补充、协调发展的新局面。

王坤根从事中医药工作50余年,涉及医疗、教育、科研、管理各个领域,曾长期在农村基层从事中医医疗工作,他对中西互参有切身体会。他认为作为一名中医,在中西交融互参中应清晰地认识到自己的职责是传承和发扬中医药学,认识到中医药在诊治疾病过程中的主导地位。但是面对当今社会的健康需求,作为医生,应该了解面对一个病人或一种疾病,中西医有各自的治疗方法和特点。中国有一句古话"知己知彼,百战不殆"。从一个视角看

问题是平面的，从两个视角看问题就会有立体感。互参的核心是延伸中医四诊，借鉴参考西医对病因病机的认识，起到丰富中医辨证手段的作用，而不是以它来左右中医辨证论治。

一、为什么要中西医互参

中西医共同的敌人是疾病，虽然两者对疾病的认识和研究方法不同，但其目的是一致的，都是为了解决人体的疾病状态，使人体恢复健康。王坤根在学习中医和临证实践的过程中体会到，从中医和西医两个角度认识疾病确实有很多优势：一是可以同病人进行有效沟通，加强医患合作，共同抵御疾病；二是可以在临证时为诊治提供新思路，提高疗效；三是有利于学习和理解最新的中医研究成果，提高自身医学素养。

二、中西医互参是中医传承和发展的重要途径

中医能历经千年而仍保持旺盛的生命力，凭借的是古往今来无数中医人坚持不懈的传承和创新。传承是目的，也是基础和前提；创新是动力，是中医历久弥新的源泉和动力所在。中医从来都是一个开放、包容的系统。很多现在我们耳熟能详的中药，放在当时的历史背景下，都是了不起的创新。例如藏红花、龙涎香、荜芨、犀牛角，均非中国原产，来自世界各地，经过当时中医的探索和实践，把它们纳入了中医药体系。

近几十年来，在党和国家的领导下，中西医学者通力合作，也诞生了不少新成果。这些成果既是对传统中医的传承，更是在传承基础上的创新，赋予了现代中医蓬勃不息的生命力。例如，屠呦呦教授在《肘后备急方·治寒热诸疟方》"青蒿一握。以水二升渍，绞取汁。尽服之"的启发下，采用低温提取的方法发现了造福全世界人民的青蒿素，就是一个典型的例子。

另一个令人鼓舞的例子是郭士魁、陈可冀等专家牵头组织的活血化瘀法治疗冠心病。20世纪50年代，郭士魁、赵锡武、陈可冀等6位中医专家前往中国医学科学院阜外医院开展高血压病及冠心病的中医药临床防治研究。在长期研究过程中发现大量冠心病、心绞痛患者在服用活血化瘀方剂血府逐瘀汤后不但有助于缓解心绞痛症状，而且可以减少硝酸酯类药物的用量。

郭士魁与陈可冀等由此将传统中医理论"气血流通，百病自己""通则

不痛"的认识与现代医学改善心肌供血的治疗方法相结合，率先提出冠心病的主要中医病机为"心血瘀阻、血脉不通"，可以采用活血化瘀法治疗心血管疾病的临床思路。并通过随机双盲试验证实其有可靠疗效，使活血化瘀成为中医治疗冠心病的主要方法。在此基础上，通过数十年持续不懈的研究，逐渐形成理气活血、益气活血、益气养阴活血、化痰活血法等不同治法并归纳总结了相应方药。他们研制的冠心Ⅱ号，虽然只有川芎、红花、丹参、赤芍、降香五味药，却在临床上屡建奇效，被推广到全国，沿用至今。

这样的例子还有很多：承气汤系列方治疗急腹症；柴胡类方治疗肝、胆、神经系统疾病；麻桂类方用于心血管疾病等。这些中西医互参产生的成果告诉我们，中西医互参是当前历史背景下中医传承和发展的重要途径之一。

现代中医师除了积极提高自身中医临床水平外，更重要的是，必须认识到中医药学的发展与社会经济文化的发展息息相关。由于社会经济文化的发展，疾病谱发生改变，医学模式亦随之转变。中医药学在这一改变和转变中更显示出自身的优势。但要通过规范的设计，统计方法的引进，大数据分析，以强有力的证据来证明中医药为人民健康做出的贡献。这种方法学上的互参对中医的发展更为重要。

中医的生命力来自持续不断地传承和创新，在新时代里，我们要学好经典，做好传承，中西互参，这样才能更好地促进中医的发展。

三、中西医互参的体会

（一）中医四诊与西医辅助检查互参

临证时要运用传统中医四诊收集病情资料，并以西医相关辅助检查结果作为四诊的延伸。望、闻、问、切是中医收集患者病情资料的主要手段，通过四诊可以从不同角度了解病情，并通过中医理论司外揣内，推测人体内部的脏腑功能变化，正如《灵枢·本脏》中所说："视其外应，以知其内脏，则知所病矣。"但是由于研究方法的不同，中医认识疾病和人体的状态，更多是从宏观的角度上来把握的，而西医借助现代科技仪器设备，对于疾病的病因、病理、解剖定位的认识更为深刻和具体，参考西医辅助检查结果帮助中医辨证，可以更全面认识疾病，从而指导治疗。国医大师邓铁涛也倡导中医临床常用的"四诊八纲"应改为"五诊十纲"，即在四诊望、闻、问、切基础上加"查"而成"五诊"，此"查"即现代临床理、化、影像等检测。

浙江中医临床名家·王坤根

案1 高尿酸血症－内伤发热案

丁某某，男，67岁，2018年11月23日就诊。常感卧时周身烘热，咽喉充血，大便正常。舌红，苔黄腻，根部苔少，脉滑。既往有高血压病、尿酸偏高。长期服用苯磺酸氨氯地平片、别嘌醇。西医诊断：①高尿酸血症；②高血压病。中医诊断：内伤发热（湿热内蕴）。治法：清化湿热。处方：苦杏仁10g、豆蔻（后下）6g、米仁30g、姜半夏12g、通草3g、淡竹叶15g、丹参20g、荷叶20g、生山楂12g、决明子12g、柴胡9g、黄芩12g、绵茵陈12g、焦山栀9g、连翘15g。14剂。

二诊 卧时周身烘热仍有，咽喉充血，大便正常，夜间尿频。舌胖嫩，苔黄腻，脉滑。上方去苦杏仁、淡竹叶，绵茵陈加至15g，加泽泻15g、茯苓30g。14剂。

三诊 卧时周身烘热较前缓解，咽喉充血，大便量少，日行1次，夜尿3～4次。舌胖嫩，苔薄黄腻，脉滑。上方去通草、焦山栀，决明子加至15g，加车前子15g、泽兰15g，14剂。

四诊 卧时周身烘热已消，口不干，咽喉充血显减，大便量少，日行一次，夜尿3次。舌胖嫩，苔薄黄略糙，脉弦滑。上方减姜半夏至9g，去连翘，加杏仁10g、青蒿15g，再服14剂。

按 内伤发热是指以内伤为病因，脏腑功能失调，气血阴阳失衡为基本病机，以发热为主要临床表现的病证。患者将至古稀，天癸已竭，水不涵木，木旺乘土，水谷不化，湿浊内生，聚而生热，充斥三焦，发为烘热。湿为阴邪，易困遏阳气，阳气内郁，久而化热。人卧之时，血载气入肝，引动内生之湿热，而作周身烘热；咽喉为肝经上行所过之处，肝胆郁火循经上扰于咽喉，故见咽喉充血；其舌脉亦为湿热内蕴之佐证。此虽为本虚标实，但以标实为急，故治以清化湿热为主，若虑其年高而用滋阴降火之品恐有助邪之弊。

方用《温病条辨》之三仁汤加减以化湿清热泄浊。方中以杏仁宣肺行气从上焦化湿浊，豆蔻芳香运脾从中焦化湿浊，米仁健脾渗利兼能清热，使湿热从下焦而去；三仁合用，令湿热浊气自三焦分消；通草、淡竹叶甘寒淡渗助三仁清利湿热；半夏燥湿化痰兼能助脾运化，使湿邪化生无源，热势孤而易祛。因湿热在中气阻不著而去滑石、厚朴，加丹参、荷叶、生山楂、决明子以清降化浊；再用柴胡、黄芩、绵茵陈、焦山栀、连翘入肝胆经以清热化湿、透邪外达，此外山栀、连翘兼能清解上焦郁热。

二诊时诉夜间尿频，此为湿热下趋，扰动膀胱，膀胱气化不利；诸症仍存者,是湿热未去,故仍从上方之法。去淡竹叶、杏仁,加茯苓甘淡以健脾运脾渗湿化浊、泽泻甘寒淡渗以泻下焦湿热,而求小便通利;增绵茵陈用量以清利肝胆湿热;使湿热从中下二焦而走,不伤上焦正气。

三诊时诸症缓解,舌苔转薄,夜尿仍多,此中焦湿浊渐化,中上之热渐消,湿浊并郁热欲从下窍而出,扰动膀胱所致。故在上方基础上去主中上二焦之通草、焦山栀,加大决明子清肝化浊兼能润肠通腑,另加车前子甘寒以清热利水、泽兰苦辛微温化气行水,使小便通利,夜尿减少。

四诊时主症已消,诸症缓解,夜尿3次,较前减少。舌苔由腻转糙,脉象滑而转弦。此湿热日趋于下,上焦邪热已消,肝胆湿浊渐化,余热仍存。故在上方基础上,去清解上焦郁热之连翘,减量温燥之半夏;加青蒿清透肝胆之余热,并透解下焦邪热助膀胱气化得复;再予杏仁宣通肺气使上源得治、水道得通、肠腑得润,以冀全效。

本案以卧时周身烘热为主症,除舌象外,湿热之象不明显。但其尿酸偏高,尿酸为食物代谢后的产物之一,王老师以其为脾胃运化不力而成的一种内生浊气,故尿酸升高,常提示湿浊内蕴。治疗时以清利为要,使湿热从下窍而出,病症得安。本案正是借助西医化验结果作为四诊延伸,辅助辨证及治疗。

案2 慢性胃炎伴糜烂-胃脘痛案

吴某,男,55岁,2015年2月4日就诊。久坐久立后心下隐痛,无嗳气,伴背脊酸胀不适。夜寐可,大便稀溏,矢气随大便而出。舌红,苔腻,脉沉滑略数。辅助检查:生化示:谷丙转氨酶99 U/L;谷草转氨酶53 U/L;甘油三酯2.59mmol/L;总胆固醇6.02mmol/L;胃镜示:慢性浅表萎缩性胃炎伴糜烂;Hp(+)。西医诊断:慢性胃炎。中医诊断:胃脘痛(脾虚气滞,痰浊内蕴)。治法:运脾化浊,理气和中,兼以降酶。处方:郁金12g、苍术10g、厚朴10g、制半夏9g、陈皮15g、茯苓15g、炒川连5g、吴茱萸3g、蒲公英30g、平地木30g、马鞭草30g、香附10g、元胡20g、柴胡9g、垂盆草30g、半枝莲15g,14剂。

二诊 久坐久立心下隐痛略有缓解,仰坐、平卧则消,大便偏溏,腰脊酸楚。舌淡红,苔白腻,脉沉滑。上方加白蒺藜15g,14剂。

三诊 心下隐痛显减,精神欠佳,大便偏溏。舌淡胖嫩有齿痕,苔白腻,脉迟缓。辅助检查:生化示:甘油三酯1.9 mmol/L,谷丙转氨酶、谷草转氨酶正常;B超:脂肪肝。上方去香附、元胡,炒川连减至3g,茯苓加至30g,加白术12g、米仁30g、黄芪30g,14剂。

浙江中医临床名家·王坤根

按 慢性胃炎是临床常见的消化系统疾病，常表现为上腹隐痛、食欲减退、餐后饱胀、反酸等程度不同的消化不良症状。该患者以心下隐痛为主诉前来就诊，结合胃镜提示慢性浅表萎缩性胃炎伴糜烂，故西医诊断为慢性胃炎，中医病名可辨为胃脘痛。胃脘痛之为病，多由外邪犯胃、饮食不节、情志不畅、脾胃虚弱等因素致气滞、血瘀、寒凝、湿阻，气机不畅而作胃痛。患者素有脾虚，脾运失司，湿浊内生，胃腑气滞而作胃痛。久立久坐而发者，是气耗太过、虚而不行；背膂酸胀不适者，是湿浊内生，阻滞周身气机；舌红，苔腻，脉沉滑略数，提示湿热内蕴。肝功能异常、血脂增高，临床所见，亦多与湿热浊邪有关。故治疗时以二陈汤合平胃散运脾燥湿化浊；加左金丸、郁金、柴胡、延胡索以疏肝行气止痛，使肝木勿犯脾土，助脾运化湿浊。结合胃镜下见胃黏膜糜烂，予黄连、蒲公英、半枝莲清热护膜；平地木、马鞭草、垂盆草清肝降酶。蒲公英、马鞭草诸药一者切合湿热之病机，二者皆为王老师习用之修复胃黏膜及降酶中药。

二诊时，周身气机通而未畅，肝中仍有郁热，疏泄不利，故见心下隐痛仰坐、平卧则消。在上方基础上加白蒺藜以疏肝气、清肝热、平肝阳。三诊时隐痛显减，辅助检查结果较前好转，唯见大便偏溏、舌淡胖嫩有齿痕、苔白腻、脉迟缓，此是肝胃气机通畅，脾虚仍在，湿浊未化之故。故在上方基础上，去疏肝行气止痛之香附、元胡；加白术、米仁、黄芪以健脾利湿化浊。

慢性胃炎伴糜烂，现代研究观察到往往与中医湿热证型有关，因此推测采用清热化湿的中药可以帮助糜烂的创面修复，而临床观察也证明确实有效。因而本案胃镜提示胃黏膜糜烂，王老师即在中医辨证论治基础上，在治胃痛的常法中，加用黄连、蒲公英、白花蛇舌草、半枝莲等药。在中医病证相参的基础上，根据现代医学对疾病病理学的认识和药理学的研究成果，合理选择针对疾病的药物，是一种病机结合病理，药性结合药理的中西互参模式。

案3 不全性肠梗阻–腹痛案

朱某，男，24岁，2013年11月20日因"脐腹胀痛半年"就诊。病起于2009年4月残余脐带疝术后，此后一直心情怫郁。近半年出现绕脐腹胀痛，更衣曾一度日二三行，经治后现日一行，仍便溏，尿不尽。舌红，有芒刺，苔黄腻，脉细涩。当日腹部CT示：①全组小肠及升结肠积气，第5、6组小肠多发气液平，考虑不全性肠梗阻可能；②肝胆脾胰及双肾未见明显异常。

既往史：脐带残部过长术后、慢性乙状结肠炎、直肠炎、慢性浅表性胃炎、前列腺炎病史。西医诊断：不全性肠梗阻。中医诊断：腹痛（气滞血瘀）。治法：疏肝理气，活血化瘀。处方：柴胡 10g、枳壳 10g、赤芍 15g、白芍 30g、炒当归 15g、苍术 15g、莪术 15g、砂仁（后下）10g、川芎 10g、生地 15g、桃仁 10g、红花 6g、延胡索 20g、失笑散（包煎）15g，7 剂。

二诊　2013 年 11 月 27 日。脐下胀痛有减。舌红，苔薄黄腻，脉细涩。上方莪术加至 20g、延胡索加至 30g，加乌药 15g，再进 7 剂，以固疗效。

按　肠内容物在肠道中通过受阻，称为"肠梗阻"，不完全性肠梗阻是指肠道还没有被完全阻塞，仍有部分食物、水、气体通过。属祖国医学"腹痛""腹胀""呕吐""肠结""关格"等范畴。中医药治疗不全性肠梗阻较有优势，能显著改善症状，部分不全性肠梗阻可获逆转。本病多由肠道湿热酝酿而成，与气机失调，浊气不降有关。治疗腹痛，多以"通"字立法，但"通"者，绝非单指攻下通利，应依其证候的虚实寒热，在气在血，确定治法。王老师认为本例患者术后腹痛且胀，其病起于肝气郁结，中焦气机升降失常，气滞则血停为瘀、水阻为湿，气、瘀、水、湿壅结于肠道，肠腑不通而作腹痛。结合四诊，本患者病位在肝脾、大肠；治当以调气活血，行气化湿。

本案初诊时热象不显，予血府逐瘀汤疏肝理气，活血化瘀；配以砂仁燥湿行气；苍术燥湿运脾；莪术活血理气；失笑散活血化瘀；延胡活血定痛，共成疏肝理气，活血化瘀之剂。效果理想，腹痛缓解。二诊时症状减而未除，行气活血止痛之力仍需加大，故增莪术、延胡索之量，并加乌药通行下焦气机，疏散凝滞之气血。

莪术能行气止痛、消积散结、破血祛瘀。贾所学《药品化义》言其："味辛性烈，专攻气中之血，主破积消坚，去积聚癖块，经闭血瘀，扑损疼痛。"莪术破血之外更能行气，缪希雍《本草经疏》言其："气香烈，能调气通窍，窍利则邪无所容而散矣。"王好古认为莪术可以益气，蒋溶言其"破气中之血，血涩于气中则气不通，此味能疏阳气以达于阴血，血达而气乃畅，放前人谓之益气。"王老师临证用之，除用其破血治瘀血所致诸证外，还用其行气消积。本案经腹部 CT 发现全组小肠及升结肠积气，第 5、6 组小肠多发气液平，考虑不全性肠梗阻可能。此是气水积滞肠腑，腑气不通。脉涩是内有瘀血，故在血府逐瘀汤基础上加用莪术，既能行气消积，又有破血通络之功，则小肠梗阻自能解除。

本案以"通"字立法，而患者腹部 CT 结果也提示确实存在不通，从另一个角度验证了中医辨证的正确性，正是借西医 CT 诊断之力而为四诊延伸的一个具体应用案例。

（二）西医诊断疾病，中医辨证治疗

王坤根认为，在诊断疾病时，中医西医病名都要辨，而且中医病名必须要辨清，西医病名要求尽量能辨清。中西医对疾病的研究角度和方法各异，所认识的疾病范围也各不相同，其对具体疾病的命名规律和认识也有很大差别，中西医之间的疾病不存在一一对应的关系。

中医的病名多是以症状或病机直接命名，也有一些是独立的病名，同一个病通常有共同的病机和辨证论治规律可以遵循，一旦辨清中医病名，就能抓住辨证的纲领，提供总的治疗原则和大法。在此基础上进一步辨证，可以获得对疾病中某阶段的具体认识，更精确指导用药。

西医病名是根据现代医学的检查以及症状、体征，综合分析出来的，近代中医大家陆渊雷认为，诊断所以识病，治疗所以愈病。医之于病，有识之失真而无法以施治者，西医是也；有居然治愈，实未识其为何病者，中医是也。故谓中医不识病而能愈病可也；谓中医愈病必不须识病不可也，此吾迩日之知见主张，微异乎向日者也。今后之中医亦须学识病，中医欲识病不可不兼学西医之诊断。又说："识了病有种种便利，例如预后之断定，非识病则不能明确，有时识病既确，治疗上亦大有裨益。"确定西医病名可以对疾病的微观状态和转归、预后、疗效标准有明确的了解，把握它们内在的形态变化本质，可针对疾病的病原、病理变化使用西药治疗疾病。还可以结合辨证了解疾病当前状态的主要矛盾，指导中医处方用药以治疗疾病。

例如，同为胸闷胸痛，中医诊断可能都是胸痹，但结合现代医学检查手段最终明确诊断，可能是反流性食管炎，可能是肋间神经痛，可能是带状疱疹，可能是胸膜炎，可能是气胸，可能是冠心病，可能是纵隔肿瘤，可能是肺栓塞，甚至有可能是主动脉夹层。同样是胸痹，有些病情轻浅，有些病情危重，有些病势较缓，有些病势急迫甚至需要急救处理，有些预后良好，有些预后极差。即使类似的病机，出现在不同疾病过程中，预后可能差之毫厘，谬以千里。因此，做好中西医双重诊断，有助于我们更好地明辨病机，选择适合患者的治疗方法，也更有助于判断预后。同时，还能借助现代医学检查的相关指标观察中医辨证论治的疗效。

案 1 雷诺现象－脉痹案

虞某，男性，55 岁。2018 年 7 月 6 日，因"手指感觉冷痛 3 年余"就诊。患者糖尿病病史，血糖控制不佳，刻下自觉手指冷痛，双手指发白发紫，更衣黏滞不爽，苔黄糙，舌淡红，脉弦滑。辅助检查示：血常规、血沉无殊，空腹血糖：12.89mmol/L，餐后 2 小时血糖：17.74 mmol/L，糖化血红蛋白：10.30mg/dl。西医诊断：雷诺现象，糖尿病。中医诊断：脉痹（湿浊内蕴，闭阻经络）。治法：清热化浊调糖，温经通脉。处方：黄连 10g、鬼箭羽 15g、地骨皮 15g、地锦草 30g、玉米须 30g、苍术 15g、玄参 15g、黄芪 30g、桂枝 12g、当归 15g、生白术 45g。7 剂。

二诊　药后大便溏泻稍有缓解，手指疼痛略减。苔黄燥。舌淡红，脉弦滑。诊断同前，辨证治则不变。上方生白术加至 60g。续服 14 剂。

三诊　药后手指疼痛明显减轻，雷诺现象略有缓解，大便 3 ～ 4 天一行。苔薄黄。舌淡红，脉弦滑。上方鬼箭羽加至 20g，加制大黄 12g，7 剂。

四诊　药后手指疼痛已消，双手手指发白发紫明显缓解，大便日行 1 次，通而欠畅。舌淡红，苔薄黄腻，脉弦滑。辅助检查提示，空腹血糖：7.28mmol/L；餐后 2 小时血糖：11.32mmol/L；糖化血红蛋白：9.0mg/dl。上方黄连增至 12g，另加木香 12g、莱菔子 30g，服 7 剂巩固疗效。

按　雷诺现象是一组以肢端皮肤对称性、发作性苍白、发绀和潮红为主要表现的临床综合征，常见于系统性红斑狼疮、硬皮病、类风湿关节炎、干燥综合征等结缔组织疾病。《素问•厥论》曰："阳气衰于下，则为寒厥。"《医宗金鉴》云："……脉痹，脉中血不流行而色变也。"故本病当属"脉痹""血痹""厥证""寒痹"等范畴，常见有寒凝血瘀、脾肾阳虚、血脉瘀阻、血瘀肉腐等证型。本病多由脾胃虚弱，气血生化不足，气血失荣、失畅，痹阻经络，加之外邪侵袭，四肢失于温养所致。

本案患者基础疾病为糖尿病，伴手指关节发白发紫、疼痛，此皆因患者饮食不节，伤脾碍胃，脾胃虚弱，无以消谷运化，水谷精微化为湿浊，日久入络，痹阻血脉，不通则痛，故见手指发白发紫、疼痛；湿困脾胃，故见更衣黏滞不爽；湿邪化热故有苔黄燥，脉弦滑，此乃本虚标实之象。脾胃虚弱为根本，湿热浊邪痹阻血脉为标证，而以标实为急重，故先予清热燥湿化浊，运脾调糖，温经通络，待湿热浊邪渐去，再缓议补脾。

方中白术、苍术健脾燥湿化浊；黄连清热燥湿，三药同用，使脾健气旺，湿浊得以运化。鬼箭羽祛风除湿、通络止痛；地骨皮善清泄消渴之火；玉米

须甘淡利湿；玄参清热解毒，滋阴清火，四药合用，旨在清热除湿，活血止痛。黄芪能补气生血，养血通痹，《本草新编》云："黄芪补气之圣药，宜乎凡气虚者，俱可补之矣"；桂枝温经通脉，助阳化气，正如《本草再新》所云："温中行血，健脾燥胃，消肿利湿。治手足发冷作麻、筋抽疼痛，并外感寒凉等症"；当归补血活血，散寒止痛；三药合用，则益气养血，温通经脉，疗效甚佳。

二诊患者诸症改善，效不更方，徐徐渐进。后续治疗王老师根据患者病情有所调整用药，如三诊时因患者更衣三四日一行，加用既能通便，又能活血的制军，以加强活血化瘀通腑之力。四诊时大便仍有不畅感，故加木香、莱菔子以行气通腑，加大黄连用量以清化大肠湿热兼以调糖，使诸症得平。

"脉痹"医常以温经活血治之，然本案脉痹却以清热燥湿，化浊调糖为主，稍稍辅以温经通脉治疗，效果卓然，何也？盖因王老师考虑患者的雷诺现象与消渴未能有效控制血糖有关之故也。雷诺现象虽常与结缔组织病、血液病等有关，但从其机理推测，消渴亦可能引起雷诺现象，且患者除雷诺现象外，其余见证均提示湿浊之象，故宗消渴辨证治之。黄连、玉米须、鬼箭羽、黄芪、白术、玄参、地骨皮等药或清热燥湿，或益气养阴，均合消渴之病机，现代药理研究证实亦均有降血糖的功效，本案患者有消渴病史，又兼湿浊阻络化热，正宜用之。

本案主症似为寒凝经脉之证，然通过明确西医病名并结合西医病理生理分析后，最终从其兼证辨证施治而获效，此亦为中西合参的一种思路。

案2 功能性发热－内伤发热案

达某某，女，54岁，2012年9月1日因"午后、夜间身热，夜间汗出近1个月"就诊。患者1个月前自觉发热，午后、夜间明显，夜间汗出，自测体温37.5℃，曾查胸片，肺功能，CTA均无殊。手足心热、面目红赤，喉间痰黏，头重如裹，头后胀痛，早醒，舌淡红，中有裂纹，苔白，左脉弦弱，右脉沉弱。西医诊断：功能性发热。中医诊断：内伤发热（阴虚夹湿，营卫不和）。治法：滋阴清热，调和营卫。处方：柴胡10g、黄芩12g、青蒿15g、白薇12g、地骨皮15g、胡黄连6g、制半夏12g、陈皮10g、茯苓15g、泽泻15g、川芎10g、桂枝6g、生白芍12g，7剂。

二诊 2012年9月8日。药后诸症显减，指略麻，嗜睡，胸闷，舌淡红，苔薄白，脉沉滑。上方去桂枝，白芍，加郁金15g，瓜蒌皮10g，砂仁（后下）6g，7剂。

三诊 2012年9月15日。药后低热已消，头重仍有，曾有胁下刺痛，走窜痛，现今出现胸骨下段胀痛，向周围放射，胃脘时有胀痛，达喜（铝碳酸镁片）可缓解，舌淡红苔白腻。近期曾查胃镜提示慢性浅表萎缩性胃炎。心电图无殊。处方：柴胡10g、黄芩12g、白薇12g、制半夏15g、陈皮10g、茯苓15g、泽泻15g、川芎10g、郁金15g、瓜蒌皮10g、砂仁（后下）10g、檀香6g、丹参15g、枳壳10g、厚朴10g，7剂。预约胃肠造影。

四诊 2012年9月24日。胃肠造影提示食管裂孔疝。脘腹胀痛，大便干，舌红有紫气，苔白腻，脉沉。处方：柴胡10g、制半夏15g、陈皮10g、茯苓15g、郁金15g、瓜蒌皮10g、砂仁（后下）10g、檀香6g、丹参15g、枳壳10g、川朴10g、甘草6g、旋覆花（包煎）4.5g、代赭石15g、党参30g，7剂。并嘱患者饮食勿过饱，进食后勿立即平躺或弯腰。

患者2013年1月20日曾因外感再来复诊，自述遵嘱调摄后，剑突下胀痛已少发作。

按 患者初诊以低热、盗汗为主诉，无明显诱因，不伴恶寒、鼻塞、流涕等证，诸项西医相关检查无殊，属祖国医学"内伤发热"和"汗证"范畴，西医诊断为功能性发热。内伤发热病机有虚实之分，实者多因气滞、血瘀、痰湿郁久化热；虚者有气、血、阴、阳不足之分。"汗证"或由卫外失司、"卫气不共营气和谐"，而致腠理开泄；或因阳热内盛，"阳加于阴"，而致津液外蒸。

本案患者既有"头重如裹"之湿邪内盛之象，又有"舌红而裂"之阴虚火旺之征，乃阴虚夹湿、营卫不和之证。此证用药最难，养阴则易恋湿，祛湿则易伤津。暂仿仲景猪苓汤意养阴与祛湿并举。方取清骨散、二陈汤、小柴胡汤、桂枝汤加减。复诊时，患者新症已除，而以宿疾——"胸骨后胀痛、嗳气"为主诉，王老师考虑为胃食管反流所致，因其胃镜无明显异常，遂嘱其行胃肠造影检查，结果提示"食管裂孔疝"。四诊相参，病证结合，考虑为痰湿内阻、胃气上逆所致，治以化湿和中、宽胸下气，同时要求患者注意生活调摄，复诊数次后经年顽疾亦得到了较好的控制。

本案在治疗过程中出现胸骨下段胀痛，向周围放射，既往有胁下刺痛窜痛病史，首先应判断病位在心、肺、脾胃或肝胆，结合患者心电图、胸片、肺功能、CTA均无殊，尚有嗳气等脾胃系统表现，胃镜提示慢性浅表萎缩性胃炎，初步考虑病位在胃。然若仅以胃炎治之，不再进一步检查，虽症状可能暂时缓解，但终难免反复。待胃肠造影提示食道裂孔疝，要求患者注意生活调摄，才能最终控制病情，尽量减少发作。此又一中西合参之典型病例，

一者借助西医四诊帮助鉴别诊断，防止误诊；二者帮助辨证，提供治疗思路；三者判断预后。

（三）中西互参灵活治疗疾病

中西医结合的概念是在 20 世纪 50 年代开始逐步确立和提出的，经过 60 多年的研究和发展，中西互参治疗疾病的方式也在不断完善，在临床治疗中，中西医结合诊治常见病、多发病、难治病已较普遍且具有较好的疗效，有些治疗方法甚至成为具有中国特色的新疗法。

但中西医结合并非简单的中药与西药同用，也不是中药、针灸、推拿等中医治疗方法与西药、手术、放化疗等西医治疗方法的简单叠加，而是有方法、有策略、有必要性的将中西医两种手段有机结合，根据患者病情的不同，采取不同的治疗方法。

有的以中医为主，或者只用中医中药治病；有的以西医为主，中医中药作为辅助；有些情况应该先用西医去除病灶，再以中医缓缓图谋；有些情况则应该先用中医扶正固本，为西医治疗提供良好的条件。王坤根提倡在没有明确西医诊断的情况下只能使用中医手段进行治疗，待西医诊断明确后，再根据患者病情在尽量使用中医药治疗的基础上适当辅以西医治疗，不可因为要求使用中药而耽误患者的病情。要坚持中西互参，推动中医药和西医药相互补充，协调发展，让现代医学知识成为提高自身运用中医中药水平的阶梯。

案 1 胆汁反流性胃炎（Hp+）-胃脘痛案

边某某，女，52 岁，2015 年 11 月 11 日就诊，诉胃脘隐痛连及背部 1 年余。于 2015 年 6 月查胃镜示：胆汁反流性胃炎；（Hp++），当时未予杀菌治疗。半月前因反复胃脘痛接受四联杀菌治疗（果胶铋、埃索美拉唑镁肠溶片、阿莫西林、呋喃唑酮）。药后右上腹偶有胀闷不适，胃脘隐痛，伴嗳气，易性急，偶有鼻塞，更衣日行一次。舌淡红，苔薄黄，脉细滑。辅助检查生化：总胆固醇 7.14 mmol/L，低密度脂蛋白 5.62 mmol/L。既往史：慢性鼻炎。西医诊断：胆汁反流性胃炎。中医诊断：胃脘痛（肝胃不和）。治法：疏肝理气和胃。处方：柴胡 9g、郁金 12g、制半夏 12g、陈皮 10g、茯苓 15g、蒲公英 30g、炒黄连 5g、枳壳 12g、淡竹茹 20g、吴茱萸 3g、望春花 10g、白芷 10g、藿香 12g、阳春砂（后下）5g、炒黄芩 12g，14 剂。

二诊 右胁下闷，按之疼痛，大便干结不畅，目糊。舌淡红，苔薄，脉细滑。

腹部B超无殊。上方去望春花、白芷,加冬瓜仁30g、莱菔子30g。14剂。

三诊 心下痞塞、嗳气仍有,饥时明显,更衣日行一次,两目干涩,饮水即欲临厕。舌淡红,苔薄,脉滑。辅助检查生化:低密度脂蛋白3.47mmol/L,胆固醇6.17mmol/L,甘油三酯2.19mmol/L。上方枳壳减至10g,加枸杞子15g、生地15g、广木香10g,14剂。

四诊 晨起偶有嗳气,胃脘无明显不适,诸症平缓。舌淡,苔薄,脉滑略弦。再进上方14剂,以全疗效。

按 患者初诊以"胃脘隐痛连及背部"为主诉,故中医诊断辨为胃脘痛,西医诊断为胆汁反流性胃炎。中医治疗胃脘痛,以"通"为大法,但由于病因不同,通的方法也不尽相同,实证有疏肝行气、有清化湿热、有化瘀通络、有散寒止痛、有消食导滞等,虚证有温中暖胃、有滋阴养胃等。本案患者既往辅助检查提示有胆汁反流性胃炎、Hp(++)。幽门螺杆菌是目前所发现的唯一一种能在胃中生存的微生物,能够导致胃炎、消化道溃疡等一系列消化道疾病,甚至是胃癌的直接诱发因素之一。存在Hp感染的消化道疾病患者,如果没有根除幽门螺杆菌,治疗会比较困难。故而王老师先以西医的四联杀菌方案对患者进行杀菌治疗,待疗程结束后,再根据辨证予以中药治疗,这样一是可以根据患者自身情况解决其不适症状;二是可以用中药调整人体正气,使幽门螺杆菌不易再生。

杀菌后患者仍然胃脘隐痛嗳气,右上腹胀闷,由其易性急可知其病由肝气不舒,郁而化热,疏泄胆汁不利,木气横犯中土,内生湿热;胃脘气机不畅,时而上逆,故见右上腹胀闷、胃脘隐痛、嗳气等不适,苔黄脉滑正合湿热之象。《素问·通评虚实论》云"九窍不利,肠胃之所生也",其偶有鼻塞盖由中焦气机痞塞,升降失常所致。故其病位在脾胃,涉及肝胆。辨为肝胃不和之证,治以疏肝理气和胃。方用自拟柴郁二陈汤合黄连温胆汤之意加炒黄芩清疏肝胃郁热,燥湿化浊;左金丸清肝降逆;藿香、阳春砂理气醒胃化浊;望春花、白芷宣通鼻窍,诸药合用使肝气得平、郁热得清、浊邪得化、胃气得降。

二诊之时肝郁未解,气滞胁下,故见右胁下闷、按之疼痛,肝热上扰,故见目糊,热随浊气下行故大便干结不畅。治疗上去望春花、白芷,加莱菔子化浊行气通腑、冬瓜仁活血利水,《本草从新》言其尚可"补肝明目"。三诊时辅助检查胆固醇、甘油三酯、低密度脂蛋白均较前降低,提示体内湿浊渐消。然病之日久,郁热伤阴,肝之阴血不足不能濡养肝窍,故见两目干涩;胃之阴液不足,故见痞闷嗳气饥时明显。故上方减枳壳之量防止气行太过,

加枸杞、生地濡养肝胃之阴，佐以木香通行三焦以化浊气。四诊之时诸症已平，唯嗳气偶有，此为胃中不和，再进上方，以全疗效。

本案患者幽门螺杆菌感染，因西医有疗效确切的杀灭幽门螺杆菌的治疗方案，故在中医辨证施治的基础上，配合西药一起治疗，效果理想，患者随诊复查胃镜时 Hp 转阴。

案2 直肠癌术后-锁肛痔刀圭后案

陈某某，男，71岁，2017年11月2日就诊。直肠癌术后面色暗滞，大便1～2日一行，偶有腹胀，纳呆。舌淡红，苔黄，脉弦缓。既往史：直肠癌手术后（病理报告示：腺癌 T2N1M0）；结肠不全梗阻；造瘘口周围炎；高血压病；口腔、尿路真菌感染；血吸虫病肝硬化。行药物（具体不详）+卡培他滨口服化疗后，目前服用安多霖胶囊。西医诊断：直肠癌术后。中医诊断：锁肛痔刀圭后（脾气虚弱）。治法：健脾益肠，醒胃通腑。处方：太子参15g、生白术15g、茯苓15g、猪苓15g、甘草6g、姜半夏12g、陈皮10g、半枝莲15g、蛇舌草15g、苦参9g、生地榆15g、生槐米15g、阳春砂（后下）6g、木香10g、米仁30g，7剂。

二诊 药后食欲渐增，腹胀较前减轻，近几日有咳嗽，白痰量少，大便正常。舌淡红，苔薄黄，脉弦缓。上方蛇舌草加量至30g，陈皮改化橘红10g，14剂。

三诊 已完成化疗4次，目前大便2～3日一行。舌淡红，苔薄黄，脉弦缓。上方去生槐米，生白术加至30g，另加火麻仁30g，15剂。

四诊 大便3～4日一行，溏烂。舌淡红，苔薄黄根略腻，脉细滑。上方生白术加至50g，化橘红改陈皮15g，再加黄芪30g，20剂。

五诊 6次化疗疗程结束后10天，面色暗滞，四肢麻感、浮肿，大便失禁。舌淡红，舌底络脉迂曲，苔薄黄根腻，脉细弦。太子参24g、炒白术15g、茯苓30g、猪苓15g、甘草6g、姜半夏12g、陈皮15g、半枝莲15g、蛇舌草30g、生地榆15g、阳春砂（后下）6g、米仁30g、黄芪30g、葛根15g、姜黄15g、仙鹤草30g，21剂。

六诊 面色暗滞，四肢麻感、浮肿，大便较前成形。舌红嫩，苔薄黄腻，脉细弦。上方加蒲公英30g。21剂。

按 患者经西医确诊直肠恶性肿瘤，已行直肠癌切除手术，正行化疗中，故西医诊断可确诊为直肠癌术后。中医无"直肠癌"这一病名，据其术前症状可归属于锁肛痔范畴。"锁肛痔"是由湿热痰浊之邪挟气血搏结于魄门，不得消散，日久化为积块。关于其治疗，虽《素问·六元正纪大论》中提出"坚者削之""结者散之""留者攻之""大积大聚，其可犯也，衰其大半而止，过者死"等癥瘕积聚的治疗原则，但清代医家祁广生在其《外科大成·论痔漏》说："锁肛痔，肛门内外如竹节锁紧，形如海蜇，里急后重，便粪细而扁，时流臭水，此无治法。"说明锁肛痔光靠中医治疗预后不佳。其治疗关键在于早发现、早诊断、早手术，采用中西医结合治疗，西医以手术、化疗、放疗等手段为主，辅以中医扶正祛邪、改善症状、减轻化疗副反应，以提高疗效、改善患者生活质量。

本案患者术后气血大伤，加之化疗后更伤脾土，斡旋无力，而见腹胀、纳呆；气血生化乏源，气虚血行不畅，不能上荣于面，故见面色暗滞；湿热余毒留恋，故见舌淡红、苔黄、脉弦。治疗以香砂六君子汤理气健脾，燥湿醒胃；米仁、猪苓、半枝莲、蛇舌草等清热利湿解毒，且四药经现代中药药理学研究表明有抗肿瘤作用，正合本例患者病情；再加苦参、生地榆、生槐米专走大肠，去魄门之湿热余毒。如此调治正气得复，脾胃自安，故药后食欲渐增，腹胀减轻，大便正常。二诊新增咳嗽，陈皮改化橘红理气化痰，蛇舌草加量增加抗肿瘤之效。后患者因化疗病情有所反复，王老师细查病情，随症加减：三诊、四诊更衣不畅，生白术加量并加用黄芪、火麻仁益气健脾润肠通便；五诊、六诊四肢麻感、浮肿、大便失禁，予太子参、茯苓加量，生白术改炒白术加强健脾化湿，仙鹤草补虚，并加葛根、姜黄舒筋活络通行气血，葛根犹可升阳止泻。

本案根据患者病情，在西医已行术后化疗的同时，根据四诊辨证施治，予中药扶正祛邪、消补兼施，配合西医治疗顺利进行。这也是中医治疗某些重大疾病的重要策略。

第五章

学 术 成 就

第一节　阴阳为纲知气血

　　阴阳是中医理论的重要基石，贯穿于中医学理、法、方、药各个环节。阴阳学说对中医学的重要性早在《黄帝内经》中就有详细论述。《素问·阴阳应象大论》云："阴阳者，天地之道也，万物之纲纪，变化之父母，生杀之本始，神明之府也，治病必求于本。"阴阳是天地之中最重要、最基本的规律，更是天地万物的纲纪，《内经知要》中说"总之为纲，大德敦化也；纷之为纪，小德川流也。"是故天地万物无分大小，皆可以阴阳论之；人生于天地之间，当然也可以从阴阳论之。

　　人体的生命活动是气、血、精、津、液等精微物质在各个脏腑经络形体官窍之间的运动变化下产生的。它们不同的运动变化，体现了人生的不同阶段和状态，而这一切运动变化，都可以用阴阳来概括。人之一生不离阴阳：生于阴阳和合，长于阴阳交泰，安于阴阳平秘，病于阴阳失调，死于阴阳离决。准确地把握人体生理病理变化，不仅要在阴阳这样高度抽象的角度中去认识，还要从更加具象的角度，比如气血、脏腑等来描述。以阴阳为本、气血为纲的思路进行实践探索，可以在纷繁的临床资料中快速准确地判断人体生理病理变化的性质和脏腑气血运行状态，从而更好地指导治疗。

一、阴阳为本

（一）察色按脉，先别阴阳

　　阴阳变化是人体各种生理病理活动的基本表现形式，人体疾病的各种表现都可以用阴阳来概括，无论哪种原因造成的气、血、精、津、液运行障碍或脏腑功能失常，都可以归结为阴阳的动态平衡失调，正如《类经·阴阳应象》所云："人之疾病，或在表，或在里，或为寒，或为热，或感于五运六气，或伤于脏腑经络，皆不外阴阳二气，必有所本。故或本于阴，或本于阳，病变虽多，其本则一。"因此，虽然疾病的表现多种多样、病理变化纷繁复杂，如果以阴阳为纲领，分类归纳患者症状体征、分析总结，就可以很好地把握治病的基本方向。

王坤根临证时常先以阴阳为纲，总览病机，进行辨证。从而抓住疾病本质，起到执简驭繁的效果，对中医临证具有重要的意义。正如《素问·阴阳应象大论》所云："善诊者，察色按脉，先别阴阳。"他曾治疗一胃癌术后42岁女性患者，因"胃恶性肿瘤术后3个月余，先后化疗7次"求诊，刻下：夜间寐劣，不易入睡，晨起咳吐黄色黏痰，口干不思饮，大便正常；面色萎黄，舌体小色暗，苔薄糙，脉细弱。胃癌术后化疗的状态是患者经过西医治疗之后的表现，中医古籍中，并没有此状态的论述。然而人身之变化皆不离于阴阳，王坤根在诊断过程中，先以阴阳为纲进行四诊资料的归纳分析，以指导治疗。此人既有阴证，也有阳证：夜寐不易入睡、咳吐黄色黏痰、舌苔薄糙等症状者，为阳盛之证；口干不思饮、面色萎黄、舌小色暗、脉细弱等表现者，是阴弱之候。根据上述归纳，王坤根辨其总体病机是阴弱阳盛，其病位属里，有虚实夹杂之热，为本虚标实之象。治疗时也针对阴弱阳盛的本质来补虚泻实，用黄连温胆汤合左金丸清降盛阳；用玉竹、知母、酸枣仁补益弱阴，使阴阳调和。经此治疗，患者复诊夜寐较前好转，生活质量较前提高。

中医辨证方法有很多种，其中八纲辨证是其他中医辨证方法的总纲和基础。八纲辨证以阴阳统领寒热、虚实、表里，表、热、实属阳，里、寒、虚属阴，根据患者临床表现归纳病理性质，将其分为阴阳两个主要方面。它能从总体上反映证候的部位和性质，因此任何辨证方法都离不开它。正如张景岳所说："阴阳既明，则表与里对、虚与实对、寒与热对。明此六变，明此阴阳，则天下之病固不能出此八者"（《景岳全书·明理》）。王坤根在诊病时非常重视对阴阳八纲的辨别，并以其他辨证方法作为对八纲的补充和深化。他认为脏腑辨证、经络辨证、六经辨证、卫气营血辨证、三焦辨证等，是八纲中辨病位的具体深化；而病因辨证、气血津液辨证则是八纲中辨病性的具体深化。

如他曾诊一52岁女性患者，自述两手臂、两肩、背膂在室温25℃以下时即有冰感，冷入骨髓，此症反复发作已有3～4年，入夜为甚，伴足底烫热，

浙江中医临床名家·王坤根

舌淡红，苔薄黄，脉细弱。王坤根先从八纲而论认为此人先为阳虚，阳虚则内寒自生而自觉冷入骨髓；而后疾病迁延，阳损及阴，阴虚则内热，故见足底烫热。此人病位在里，为虚寒虚热夹杂，阴阳不相顺接之病。然八纲辨证对病位的确定仍然不够具体，且人一身之阴阳所含甚广，仅论阴阳不问具体病位则治疗时没有针对性，因此辨证时仍需通过脏腑、经络等辨证加以细化和深入。王坤根认为患者年过半百，冲任已衰，肾精不足；肾为先天之本，人体的阴阳俱根源于肾，肾精亏虚，阴阳自然衰少，故进一步定脏腑病位在肾，为肾中阳损及阴，治以温补肾阳为主，滋肾阴、清虚热为辅；肾阳不足，则周身阳气不易充实，不能温煦卫外，易内生虚寒凝滞气机，故治疗时除助肾阳外还需升发阳气，通行周身气机。王坤根用仙茅、仙灵脾、巴戟天补肾填精、温补肾阳，以治先天之本；知母、黄柏滋阴兼清虚热；葛根、姜黄一升一降，流通周身经气，助阳气散布周身以升发阳气；诸药合用共奏燮理阴阳之功。

（二）选方用药，重视阴阳

中医治病其理法方药一以贯之，以理定法、以法选药、以药组方，或以法定方、以方加减用药。王坤根既以阴阳为纲识病之本质、从虚实而论定治之补泻，处方用药自然也是从阴阳虚实补泻而论之。

1. 审其阴阳，以别柔刚

刚柔是阴阳的基本特性，天地万物各有刚柔之性，人之脏腑形体也是如此，故善治者，必先识人身之刚柔，后借药物之刚柔以调之，正如姚止庵在《素问经注节解》中说："阴阳者，天地之理；刚柔者，阴阳之性也。阴病证必柔，阳病证必刚，此言病之常，所当正治者也。"王坤根治病处方，善从病之阴阳，治之以柔刚，阴病用柔，阳病用刚，阴阳同病者，则刚柔兼用。

如其论治胃脘痛时，根据肝胃不和的特点总结出相应的经验方，刚柔相济，分治阴阳，临证加减用之效果颇佳。从肝胃之论治胃脘痛，无非虚实，其虚者多为肝胃阴虚，王坤根自拟柔肝和胃饮，由枸杞、生地、当归、白芍、麦冬、北沙参、百合、乌药诸药组成，旨在滋阴柔肝，润胃和降，以治肝胃阴虚之胃疾。其实者，或为肝胃气滞，王坤根自拟痞痛舒方，由柴胡、白芍、厚朴、元胡、甘草等组成，旨在疏肝理气和胃，治疗肝气犯胃之胃疾；或为肝胃郁热，自拟柴郁二陈汤，由柴胡、郁金、香附、陈皮、半夏、茯苓、蒲公英组成，旨在疏肝和胃清热，治疗肝胃郁热之胃疾。

柔肝和胃饮乃一贯煎合百合汤去川楝子加白芍而成。方中以枸杞、生地为君滋养肝肾之阴，滋水涵木；当归、白芍养血柔肝，使肝气不复刚强；麦冬、北沙参、百合滋养肺胃之阴，同时能佐金平木、制木扶土，使胃土得安不受木扰，此五药共为臣药。最后在大队滋阴药中佐以乌药，既能疏利肝气不犯胃土，又可避免甘润之品的滋腻。本方甘润养阴、甘酸化阴，稍佐顺气之品，柔中带刚，以柔制刚，共奏甘凉濡润，柔肝养阴，和胃通降之功效，是王坤根治病以柔的代表方。王坤根在临证加减时亦有刚柔之分：肝郁甚者，常合柔和清灵之五花芍草汤（玫瑰花、厚朴花、玳玳花、绿梅花、佛手花、白芍、甘草）治之；见气滞甚者则用香橼、佛手、苏梗、阳春砂、豆蔻等刚中带柔之品。

痞痛舒由柴胡疏肝散合平胃散去川芎、枳壳、陈皮，加元胡而成。方中以柴胡为君理气疏肝，以顺刚脏之用；元胡行气活血止痛，助柴胡以解肝经之郁滞，并增行气活血止痛之效，是为臣药；再用辛香苦温之苍术、厚朴行气燥湿除满，使滞气得行，湿浊得去，中土得运，脾胃自强而肝气勿伐；芍药、甘草养血柔肝，防止疏泄太过，使肝血充足而疏泄得司，间接起到疏利气机之功，并能缓急止痛，还能调和肝胃，共为佐药。本方辛散，行气活血、苦温燥湿，佐以酸甘柔润之品，刚中带柔，以柔制刚，顺肝之体用，共奏疏肝理气化湿和胃之功效。在临证加减时，气滞甚者加刚中之柔药，如香苏饮（香附、苏叶、陈皮、甘草、砂仁）以防刚燥太过伐伤阴血；脾虚血弱者合逍遥散（柴胡、当归、白芍、茯苓、白术、甘草、生姜、薄荷）等刚柔相济之品补疏同行。

柴郁二陈汤是王坤根由二陈汤加柴胡、郁金、香附、蒲公英四药而成。方中以柴胡、郁金、香附三药清疏肝气，使肝气得平，肝火得清，共为君药；用茯苓、半夏、陈皮化痰湿理三焦，助君药行气和胃，而为臣药；蒲公英为佐泻肝胃之热，与半夏合用又有辛开苦降之意，能助行中焦气机。本方清疏并用、寒温共举、辛开苦降，诸药合用，有清疏和胃之功，是王坤根治病以刚的又一基本方。临证加减时，兼有脾虚湿盛者常用苍术、厚朴、陈皮、党参、白术、茯苓等刚药健脾燥湿；肝郁甚者，则加四七汤（半夏、厚朴、苏叶、生姜、茯苓）等刚柔相济之品以疏肝。

张景岳云："形证有柔刚，脉色有柔刚，气味有柔刚，柔者属阴，刚者属阳，知柔刚之化者，知阴阳之妙用矣。"纵观上述三方之用药及加减，或用之以柔，或用之以刚，紧合脏腑病机之特性，病在阴分用药以柔，病在阳分用药以刚，但是对于刚柔使用比例的把握，仍根据脏腑特性而施：肝胃阴虚者，除养肝

阴以外，还以阴柔之品滋润胃阴；肝胃气滞者，除疏利肝气外，还用阳刚之药助脾化湿运气。这也是王坤根用药时阴药治胃阴、阳药治脾阳的具体体现。

2. 阳化气，阴成形

"阳化气，阴成形"出自《素问·阴阳应象大论》，其外延广泛，是天地万物阴阳气化的基础，也是阴阳得以化生万物的基本表现形式，主要阐述了有形与无形之间的变化和相互转化：即阳化生无形的东西，阴化生有形的东西；同时阴阳互根互用，阳得阴助始能化气，阴得阳助方可成形，如此阴阳之间相互为用才能使万物生生不息。人身的气血津液等精微物质的生成也是以此阴阳气化为基础的。

《灵枢·决气》曰："精、气、津、液、血、脉，余意以为一气耳。"人体生理所需的各种精微物质，都是由水谷之气化生而来，气化不利则变生阴浊，气化无源则精微亏耗。故一切病理物质的产生，如痰湿、水饮、食积、瘀血等，皆由阳化气之不足，治疗时必予阳药以助气化，散其阴邪。王坤根临证处方善用药物调治人身之气化，如他治内生阴邪浊气致病者，常以自拟三术二陈一桂汤来助气化、祛阴浊。此方由苍术、白术、莪术、制半夏、陈皮、茯苓、肉桂七味药组成。方中用温燥之苍、白二术温化湿浊、兼健脾阳；用辛苦性温之莪术行气祛瘀消积；用半夏、茯苓、陈皮化痰浊，六药合用，可祛诸般阴邪浊气；最后，阴邪内生本因阳化气无力，故稍予辛热之肉桂助阳化气，则气化可行，阴邪生化无源，此治其本也。正如《金匮要略·水气病脉证治》所云："阴阳相得，其气乃行，大气一转，其气乃散。"临证之时，再根据阴邪属性之偏重予以加减，如痰湿偏重加胆星、石菖蒲、淡竹茹、藿香等助化痰浊；瘀血偏重则加三七、郁金、香附、丹参、桃仁等以通瘀结；气滞偏重则加苏叶、苏梗、香附、枳壳、厚朴等以行气机；食积者加山楂、麦芽、谷芽、鸡内金等以消食积。王坤根认为，阴浊之邪产生的根本原因是人体诸多精微物质的气化失常，因此治疗时除了化阴邪，更重要的要助其气化，则阴邪不生。

而一切精微物质的不足，如气虚、血弱、精亏、津少等，则多因阴成形功能不足，无以化生有形之精血。治疗时当用阴药以资化源。王坤根治疗精微不足之疾患时，深谙"阳化气，阴成形"之道，既提倡"精不足者，补之以味（《素问·阴阳应象大论》）"，又强调务必阴中求阳，以便泉源不竭。

他曾治疗一精微亏耗所致月经后期46岁女性患者，因"月经延后10天"前来就诊，刻下：月经延后，常3日净，经行量少，无血块，无痛经，平素易感疲劳，自诉空腹血糖偏高，约 6.5mmol/L；舌淡红，苔薄黄，脉沉软。《素问·上古天真论》云："女子……七七，任脉虚，太冲脉衰少，天癸竭，地道不通，故形坏而无子也。"王坤根认为，此人年近七七，任脉渐虚，太冲脉趋衰，必有气血虚耗、冲任不足，故血海不能满溢而见月信延后、经行量少；气血不足，周身难得充养故见易疲劳。这是人体精微物质不足，治疗必先充其生化之源：冲任之充以肾精为源，气之生化以血为母，故用药时以仙茅、仙灵脾、枸杞子、菟丝子、覆盆子补养肾精；当归、生地、白芍、川芎补养阴血；制半夏、陈皮、太子参、白术、阳春砂运脾以助阴药之气化，以资精气；最后用鸡血藤活血调经；诸药合用使精微得充，气血得复，月事得调。

药物治病，无非以其四气五味、升降浮沉，总而言之就是以药物之阴阳偏性调治人体之阴阳变化。用药遣方就是将药物的各种阴阳偏性加以组合，以药物之气化帮助人体气化趋于正常，在专病、专证、专方的基础上根据病机变化随症加减，专症专药灵活运用，这也是王坤根临证的一大特色。如他治疗不寐，常根据患者症状的不同区分阴阳，认为不寐的总病机为阳不入阴，其中不易入睡多为阳盛不能入阴，常以黄连温胆汤加味清其阳亢，助阳入阴；以睡眠较浅、睡后易醒多为阴虚不能敛阳，常用酸枣仁汤加味补其阴弱，助阴敛阳等。

二、气血为纲

（一）气贵通行，无非升降

万物皆由气所化生，《四圣心源·阴阳变化》曰："水、火、金、木，是名四象。四象即阴阳之升降，阴阳即中气之浮沉。分而名之，则曰四象，合而言之，不过阴阳。"气的升降浮沉的不同运动方式，产生了阴阳五行各种变化，正是这种变化使得天地万物得以化生，正如《素问·天元纪大论》中所说："在天为气，在地成形，形气相感，而化生万物矣。"而形气得以相感的基础就是气的正常运动变化。

气运动变化的基本形式主要就是升、降、出、入四种，自然界的万事万物包括人体在内都有气的不断运动，正因为气的不断运动变化，才产生各种生命活动。《素问·六微旨大论》有云："出入废则神机化灭，升降息则气立孤危。故非出入则无以生长壮老已；非升降则无以生长化收藏。是以升降出入，无器不有。"因此气之升降出入的正常运行是生命得以存在之根本，

也是生命活动的基本表现方式。

　　气的升降出入也是人体生理活动的基本表现形式，存在于人体所有的生命活动之中。一旦人体气机出现异常，就会产生各种病理变化，从而导致疾病的出现，故《素问·举痛论》云："百病生于气也。"正因为疾病的发生与气的运动变化密切相关，所以在临证治疗疾病时，注意把握气机失常、调节纠正正气化运动就显得格外重要，这就是《素问·至真要大论》所说的"审察病机，无失气宜"。至于调气的过程和方法也在《素问·至真要大论》中有所提及："调气之方，必别阴阳，定其中外，各守其乡"，具体而言则是"内者内治，外者外治，微者调之，其次平之，盛者夺之，汗之下之，寒热温凉，衰之以属，随其攸利，谨道如法"，如此才能达到"万举万全，气血正平，长有天命"的治病目的。

　　王坤根认为人身之气机，因五脏六腑气化调畅而得以升降相因，其中肝升于左，肺降于右，脾胃居中，升清降浊，能斡旋气机，三焦通利而气行无阻。气之为病则有虚有实，多由脏腑气化功能失常所致，治疗时也必以具体脏腑的气化异常为入手点。而治气之要在于分清标本虚实、辨清脏腑失常以调整升降、调和气机，虚者补之、滞者行之、陷者升之、逆者降之、浮者收之、脱者固之、闭者通之，使气之升降出入得以恢复正常。

　　因脏腑虚而气化无力者，补其不足，主要有柔肝、补肺、健脾、养胃诸法；因脏腑气机不畅者，通利气机，首重疏肝、降肺、运脾、和胃、通利三焦诸法。如痞满一病为中焦气机阻滞、升降失常所致，是临床常见的气机失常病证，其病之性有虚有实，常涉及肝、脾、胃，故治疗时以调节肝、脾、胃三者之气化功能，使中焦气机得复。

　　临证时王坤根多从脏腑气机升降的角度入手予以调治。有一40岁男性患者，心下痞闷，食后胃脘不适，莫名其状，口中多泡沫痰涎，大便正常。舌淡红，苔薄黄，脉细缓。胃镜提示：胆汁反流性胃炎、十二指肠球炎；Hp(＋)。根据患者临床表现，王坤根认为此为中焦气机不利之痞证。此人素有情志不畅，生活工作压力较大，肝气郁结，左升不及，横犯脾胃，脾胃升降失常，进食后脾之运化不利，气机郁滞，故作不适；气阻中焦，胃腑当降不降，内生痰浊随气机上泛，故见口中多泡沫痰涎。是故王坤根辨为肝气郁结、痰浊内扰之证，治以疏肝解郁、和中化浊，旨在恢复肝气左升使其条达而勿犯脾胃，兼以恢复中焦气机之升降，使脾运得健痰浊自消，以柴郁二陈汤为主合温胆汤、左金丸、半夏泻心汤诸方加减疏肝解郁、辛开苦降、调畅气机。方中以柴胡、郁金助肝气条达使左升得复；制半夏、陈皮、茯苓、淡竹茹、枳壳化痰浊、通三焦并能和胃降逆气；干姜、吴茱萸合制半夏、陈皮以辛温开散，黄连、连翘、蒲公英苦寒泄降，一升一降使中焦气机得复。14剂后口中涎沫已消，唯痰较多，心下痞塞仍有，故加浙贝化痰并能苦降，桂枝助气化并能辛开，二药合用亦从仲景泻心法以助消痞，药后果然痞塞感大减。

在调畅气机的过程中，王坤根非常强调分清虚实，气机升降异常不仅是气的运动失常的结果，往往也与气虚不能推动有关，因此治疗时要严格把握病情的虚实变化。气滞不行与气虚推动无力二证在用药选择和剂量上有着明显的差异。治疗因气虚而气机失常时，他一方面强调要补不足之气，同时也强调疏理气机，恢复升降。

仍以治疗痞满为例，一位43岁男性患者，食则心下痞塞，大便溏薄，日行2～3次，饮则嗳气，偶有泛酸，舌淡红，苔薄黄腻，脉细弦。根据患者病情，王坤根认为此人素有脾虚，不能运化水谷，中焦气机失畅，故见食后痞塞；脾不升清，清气下行则生泄泻，故见大便溏稀；饮入于胃，游溢精气，上输于脾，脾虚不能散精，精气反随胃气上逆，故见饮则嗳气、泛酸。此为脾气虚弱、胃气不和之虚痞，治当健脾益气、和胃消痞。治以六君子汤加大剂黄芪培补脾气、助脾升清；生姜、大枣补脾和胃，补中焦之虚损；阳春砂、香附行滞气以助气机恢复；吴茱萸、制半夏、生姜合浙贝、炒黄连辛开苦降以助中焦气机恢复；再用海螵蛸收敛制酸。此痞满为真虚假实之象，故治以健脾补气为主，同时辅以通利气机之品以助消痞。

总之，气之为病，无非气之盛衰无常，升降出入失司，然基于各脏腑病变所呈现的症状各异，诊病时要仔细辨清脏腑虚实，补时不可滞涩，要佐行气之品以护升降；行时要从各脏腑气机所欲，顺其性而调之。

（二）治血之要，当在和血

血是维持人体生命活动的重要物质基础，《灵枢·本脏》有云："人之血气精神者，所以奉生而周于性命者也。经脉者，所以行血气而营阴阳，濡筋骨，利关节者也。……是故血和则经脉流行，营覆阴阳，筋骨劲强，关节清利矣。"血具有濡养周身脏腑形体官窍的作用，血气充足，经脉通利，气血才能通行人体表里内外各个部分，各脏腑器官才能得到血气的充分濡养而发挥各自的作用，以维持人体正常生理活动，正如《素问·五藏生成》所说"肝受血而能视，足受血而能步，掌受血而能握，指受血而能摄"。关于血的重要性，

张景岳在《景岳全书·血证》中是这样说的："凡形质所在，无非血之用也。是以人有此形，唯赖此血。"若血为病，则形质必受其害，人之表里内外、五脏六腑、四肢百骸不能受其濡养，各有偏废而气化失常。

血之为病，成因各异，外感内伤诸因皆可伤及血分，使血分不和而为病。《素问·调经论》云："血气不和，百病乃变化而生。"血不和则濡养不利，四肢百骸、表里阴阳失其所养，而各见偏废之病，诸病丛生。血分诸病无非虚实二端，血不足则内虚，血不行则内瘀。治血之法，务以和之，正如唐容川在《血证论·用药宜忌论》中说："至于和法，则为血证之第一良法。"

从广义上讲，和法就是通过调和的作用，使表里、营卫、阴阳、脏腑间的失调不和重新归于和谐协调的一种治法，而和血法就是和法在治血当中的具体运用。王坤根继承了唐容川治血的观点，并结合自己的临床实践进行阐发，认为治血之要在于和血，临证时当辨清血分不和之象而调和之。具体而言就是见血虚则补而养之、见血瘀则行而化之、瘀甚则破而消之、见血寒则温而散之、见血热则凉而清之、见血溢则辨其因而止之，而补、行、破、温、凉诸法，务必相互为用，不执一端，是名为和。

王坤根认为和血法是治血之关键，因为病人的病情往往错综复杂，如气血同病、虚实错杂、表里同病、多脏腑同病等，此时治疗血病如使用单一补血、活血、止血等理血之法往往不能全效，而和血法可以根据病性、病位和脏腑功能失调的不同情况而采用不同的和解之法，如气滞而血瘀时行气活血而和之、血虚而血瘀者补血活血而和之、血热出血而致血虚者凉血止血补血同用而和之等等，正如《景岳全书·和略》所说："病兼虚者，补而和之；兼滞者，行而和之；兼寒者，温而和之；兼热者，凉而和之。"

因此，王坤根治血病，补血之时不忘补气行血、活血之时不忘行气养血、止血之时不忘祛瘀生血等，使补而不滞、攻而不伤、气血调和、诸病自消。他曾治疗一例经西医医院确诊的神经炎伴雷诺现象的患者，根据患者十指冷感、两拇指为甚且有麻木，足趾行步时麻木，脱发日久几近脱光，周身毛发稀疏，爪甲凹凸不平，月经量少，时准，寐劣，舌红嫩，苔黄，脉细弱等症分析认为，血虚是此人根本病机。肝藏血，其华在爪，其充在筋，血虚则无力荣养筋爪而见指麻、爪甲凹凸；血虚不能载气、生气，气不能行于四末，而见手凉；足受血无力，则行步麻木；血虚冲任不足，则月经量少；发为血之余，血虚无力荣养毛窍，发无所养，则毛发稀疏；脉细弱亦为血虚之象。综上辨为肝血不足、筋脉失养之证，但血虚日久运行无力必生瘀滞，故采用

148

桃红四物汤为基础方来补肝养血行血，加入赤芍、丹参、鸡血藤以增活血舒筋通络之功，再用大剂黄芪补气以助生血行血，最后佐以少量附子、白芥子、桂枝通阳化气，以助生血。如此一来补中有行，治血不忘治气，共奏和血之功，使气血经筋脉能和，厥证得消。

王坤根除了调和气血外，还提倡通过调和营卫、调和阴阳、调和脏腑、调和升降等法来共同治血，这也是其和血思想的重要体现。他曾治疗一胃脘痛患者，因"左上腹疼痛半年"前来就诊，并伴有周身关节疼痛，胸闷气短，夜间寐劣，多梦，心烦易怒，大便日行 1 ~ 2 次，不成形，舌淡红，苔薄黄，脉细弦。疼痛原因，不出二端，不通则痛，不荣亦痛。结合病史，王坤根分析此人为肝血不足、气郁乘脾、升降不和之证。因肝血不足左升无力，横乘脾土，中焦气机不行，见左上腹疼痛，此为血不荣而不通，是虚实兼夹之候；气血不和，升降失常，则见胸闷气短；气血滞而不行，关节濡养无力，则见周身关节疼痛；肝血不足，心神失安则见寐劣多梦、心烦易怒；脾为肝乘，运化失司，则见大便溏泻。故治疗时不但要调和气血，还要调和肝脾、调和升降等等。遂予逍遥散加减以调和肝脾；葛根、姜黄以调节升降；玫瑰花、香附、元胡、川芎疏肝理气止痛；联合归、芍、枣仁、枸杞养血安神以调和气血。诸药和用，从肝脾气血、气机升降等角度使血和而治。

和血之法所含甚广，应用方法也很广泛。《血证论·用药宜忌论》提及和血之法时，举例说道："表则和其肺气，里者和其肝气，而尤照顾脾肾之气。或补阴以和阳，或损阳以和阴；或逐瘀以和血，或泄水以和气，或补泻兼施，或寒热互用。许多妙义。未能尽举。"都是和法的具体运用。和法为治血之要法，是众多治血方法之一。它与其他治血单法之间既有区别又有联系，临证之时需要相互协同、灵活运用，这样才能在治血之时相辅相成，提高疗效。

（三）气化得行，水病自瘥

水病是对人体各种水液生化、输布、排泄异常所导致的各种疾病的总称，水病既可作为一种单独的病证来论治，也可以作为一种病理因素存在于各个疾病之中。中医将人体内表现为液态的精微物质统称为津液，将津液代谢异常所产生的留聚体内的病理产物根据临床表现的异常分为痰、湿、水、饮，将排泄出人体的水液根据排泄途径不同分为汗、溺（小便）、泪等。

人体各种精微物质，均由一气所化，因其化生之形态、功能不同，分而名之。正如《灵枢·决气》所说："余闻人有精、气、津、液、血、脉，余

意以为一气耳。"此一气源于父母所赋予的先天之精气，经后天水谷精微之气补充，源源不断地化生精、气、血、津液以维持人体正常生命活动所需。其中人体津液的主要来源便是自然界之水液。

津液的正常生化、输布、排泄与各个脏腑的功能息息相关，特别是肺、脾、肾三脏的正常气化。《素问·经脉别论》对水液代谢的过程有十分精妙的论述："饮入于胃，游溢精气，上输于脾，脾气散精，上归于肺，通调水道，下输膀胱。水精四布，五经并行，合于四时五脏阴阳"。正所谓"上焦如雾，中焦如沤，下焦如渎（《灵枢·营卫生会》）"，这句对三焦功能进行概括的原文，形象描述了各脏腑在代谢水液时的状态。自然界之水液进入人体，经过脾胃中焦运化而化为精微之气；水化为气后经脾气升清，上归于肺，肺居上焦有宣发肃降之力，能通调三焦气机；《素问·灵兰秘典论》云："三焦者，决渎之官，水道出焉"，三焦气化通利则水道通畅，水道畅则水精得以濡润周身，最后经膀胱、玄府等气化以小便、汗液等形式排出体外。

在此过程中，任何一个环节的问题都会导致水液代谢障碍发为水病。水之为病主要病机有四：一为生成不足导致津液缺少；二为变生阴邪化作痰、湿、水、饮诱发他病；三为输布异常使水液分布不均、不循常道；四为排泄不利导致小便、汗出异常。其中痰湿水饮作为水液代谢障碍的中间产物，在疾病的发生发展中起着重要的作用。湿聚为水，积水成饮，饮凝成痰，此四者皆为阴邪，关系密切，分则为四，合则为一，都是人体相关脏腑气化失常，气、水不能互化、流行所形成的异常水液，实乃异名而同类。

王坤根认为水病的核心病机是相关脏腑气化不利，或为气化太过，或为气化不及，各有虚实之分。如脾胃虚弱，中焦气化不及，入胃之饮不能及时化气，内生痰湿水饮，或流窜或停聚而为病，此为因虚而气化不及变生他病；如湿热内生困阻水道，三焦气化不行，气滞水停，而见遍身浮肿，此为因实而气化不及发为水肿；如阳热太盛聚于下焦，膀胱气化不利，发为小便短涩频多，此为因实而气化太过导致小便不利；如久病阴伤，夜寐之时，阴不敛阳，虚火内动，使玄府气化失常，腠理开泄，营阴外出为汗，此为因虚而气化太过发为盗汗。因此水病治疗的核心在调节相关脏腑的气化功能，从而使津液生化有常、施泄有度，此为治本之法。

王坤根在治疗水病的过程中特别重视肺、脾、肾三脏在津液代谢中的核心作用，所有痰湿水饮的生成，都是由脾、肺、肾三脏的气化异常导致的，故治疗时要从三脏气化入手综合调节。《景岳全书·肿胀》说："盖水为至阴，故其本在肾；水化于气，故其标在肺；水唯畏土，故其制在脾。"正因如此，通过肺脾肾三脏同治，可使体内积滞之水邪尽消。如他治疗一45岁女性水肿患者，因"双下肢浮肿劳累后明显6～7年"前来就诊，刻下：双下肢浮肿，劳累后尤甚，寐时自觉发热，覆被上身汗出，口疮时发，大便不规律，月经正常，舌红胖嫩，苔黄糙，脉沉软。王老师认为此人之水肿，正如张景岳所说"肺虚气不化精而化水，脾虚土不制水而反克，肾虚水无所主而妄行"（《景岳全书·杂证谟》），是此三脏之虚，气化不利，致使水湿内蕴日久，郁而化热，阻滞气机所致。虽然其本为虚证，但应先以清利湿热为主、调治脏腑气化为辅。用三仁汤从三焦分消湿热，兼理肺脾气机；合五苓散诸药温阳化气利水，并能调治肾与膀胱之气化；再加蒲公英、茯苓皮助清湿热、利水湿，诸药合用共消水肿。如此调治7剂后，热象大去，痰湿仍存，两下肢浮肿减而未除，故先后加用黄芪、苍术、炒木香补脾助运；车前子助肺、肾利水；益母草、豨莶草活血通经以通利三焦水道。14剂后，周身浮肿明显消退，唯大便时干时溏，经行量多，舌淡胖嫩，苔薄黄腻，脉沉弱，此为水湿渐消，脾肾虚弱之象凸显，故加仙茅、仙灵脾温补肾阳、助命门之火温化三焦以除水湿内生之本，再进7剂以奏全效。

王坤根治疗水病时，不仅强调调治气化以治本，同时也重视治疗水病之标。在调治气化的基础上根据标症之不同，结合使用如生津、化湿、化饮、化痰、发汗、敛汗、利水、利小便等不同治法，以达到标本同治之功。如他治疗某湿疹患者，刻下：臀部湿疹，自觉瘙痒感明显，已有数年，大便正常，日行1～2次，夜寐尚可，舌红，苔黄腻，脉沉滑。王坤根认为，这是脾虚不能制水，水湿内生，浸淫肌腠，聚于臀部，郁热生风发为湿疹，因此治疗时不仅要补脾运脾、恢复脾之气化以去水湿内生之本，还要见湿化湿、见热清热、见风祛风以治其标症。在处方用药上用平胃散去陈皮合四君子汤健运脾胃，使水液得运，内湿不生；用四妙散去牛膝，加蒲公英、地肤子、苦参、蝉衣，清热燥湿、祛风止痒；诸药合用，标本同治，7剂之后，湿疹瘙痒感果然大减。最后因湿性缠绵，加上病程日久，一时难以根除，故加用车前子、平地木、白鲜皮以利湿止痒巩固疗效。

第二节　五脏脾胃各相通

脏象学说是中医临证时的核心落脚点，对于认识人体生理功能、病理

状态、明确疾病病位所在以及指导临床治疗等方面具有非常重要的意义。脏象学说的核心是以五脏为中心的整体观，即以肝、心、脾、肺、肾五脏为核心，以及与之相关的脏腑、经络、形体、官窍之间的相互沟通、联系，构成了人体体内五个相互联系、相互影响的功能系统，共同维持人体的生命活动。

五脏功能不同、各有所主，在生理上相互协调协作、互补而用。如水液代谢需要肺、脾、肾三脏之间的协作，才能使水谷精微化为人体所需的津液，并且输布排泄有度。再如血液的生成和运行，则需要心、肝、脾、肺、肾五脏之间的相互协作：生血时需要脾运化水谷生成精微物质，入心脉将精微化赤为血，肾藏之精与肝藏之血通过精血同源相互化生为血，如此才能使血生化有常；而行血时则需要心主血脉的通利，肺主一身之气的推动，肝主藏血的调节，脾主统血、肾主封藏的统摄，才能使血液运行通畅而不致生瘀成滞、循行常道而不会溢出脉外。

在疾病状态时五脏之间也会相互影响、相互牵连。如脾运失常，导致水谷精微生化不利，气血化生不足则五脏六腑失其所养，而为各脏腑虚损之病；运化失常则又可致湿浊内生，上扰于肺，能使肺失宣肃，变生咳喘诸疾；下流于肾，能使肾与膀胱气化失司，导致小便异常、生殖之精不纯等病；扰于心胸，心动不宁，阳不入阴，则又发心悸、不寐等症。

《灵枢·本脏》有云："视其外应，以知其内脏，则知所病矣。"在脏象理论的指导下，通过疾病的外在表现来推断相关脏腑的功能状态，在此基础上进行辨证论治，是中医临证之要。王坤根从事中医临床工作50余载，对内科各系统常见病、多发病、肿瘤以及各种疑难杂症都有丰富的临床实践经验。面对纷繁复杂的病证，常以五脏为基础辨证论治，取得良好的疗效。诊则必求明辨五脏，知其病位先后、标本虚实；治则调和五脏，尤重脾胃，强调治五脏以安脾胃，和脾胃以调五脏。

一、中土得运四旁安

王坤根治病非常注重中焦脾胃。这是因为：首先，脾胃位居中焦，是一身气机之枢纽，脾主升清、胃主降浊，一升一降以斡旋周身气机，使各脏各腑气化得行。其次，脾胃为后天之本，乃气血生化之源，《灵枢·五味》有云："胃者，五脏六腑之海也，水谷皆入于胃，五脏六腑皆禀气于胃。"维持人体生命活动所需要的一切精微物质，都有赖于脾胃运化水谷来供应和补充。正如黄元御在《四圣心源·精华滋生》中所说："五谷香甘，以养脾胃，土气充盈，分输四子。己土左旋，谷气归于心肺；戊土右转，谷精归于肾肝。"脾胃运化正常则五脏六腑得以濡养。

脾胃斡旋周身气机，人体各个脏腑形体官窍皆是由脾胃所化生的水谷精微来濡养。若脾胃受病，斡旋不利，则五脏六腑气机不利；水谷运化失司，则五脏六腑不得濡养。如是则气机不利，五脏不安，变生诸疾。因此李东垣在《脾胃论》里提出了影响后世的重要观点"内伤脾胃，百病由生"，"若胃气之本弱，饮食自倍，脾胃之气既伤，而元气亦不能充，而诸病之所由生"（《脾胃论·脾胃虚实传变论》）。五脏中任何一脏的病变都有可能是由脾胃运化失常所引起的，因而调理脾胃能使得五脏安和、气化流利。正如程杏轩在《医述·脾胃》中所云："善治脾者，能调五脏，即所以治脾胃也。能治脾胃，而使食进胃强，即所以安五脏也。"

王坤根从脾胃调治五脏，具体体现在以下几个方面。

第一，治病以顾护胃气为先。胃气之盛衰关乎人体的生命活动及生死存亡，《素问·平人气象论》中有云："平人之常气禀于胃，胃者，平人之常气也，人无胃气曰逆，逆者死。"正说明了胃气的重要性。胃气盛则水谷运化有力，气血生化有源，脾胃才能真正发挥后天之本的作用，以安五脏。

胃气的充盛与否还与患者预后密切相关，正如《医宗必读·肾为先天本脾为后天本论》中所说："有胃气则生，无胃气则死。"久病重病之人，若胃气尚存，化源未绝，则病势尚可由重转轻，预后良好；若胃气已绝，气血生化无源，那么病情就会逐渐恶化，甚至危及生命。王坤根治病之时，最重视患者胃气充盛与否，酌情施药。若胃气已衰，脾胃受损较甚，则先以六君子汤、补中益气汤等方调治脾胃，务待胃气充盛，再治本病，则有事半功倍之效。若脾胃虽虚，胃气未败，但以他脏病证为主，则在治疗他脏诸疾时佐以炙甘草、生姜、大枣等顾护脾胃之品。除了药物顾护外，他还常常叮嘱患者节制饮食、调适寒温、条畅情志以维持脾胃正常功能，不伤胃气。

第二，补脾胃以养五脏之虚。《素问·通评虚实论》中有云："邪气盛则实，精气夺则虚"，五脏气血阴阳不足，则各为虚证。然气血津液，本自一气，其源则三，其出则一。三源者，先天精气受之父母，天之清气藏于心肺，水谷精微化于脾胃。其中尤以脾胃化生之水谷精微最为重要，气血津液皆出自水谷精微。胃受水谷而脾运化之，化生气血津液充养五脏。因此，治疗五

脏亏虚，除了去除损耗之因外，更要补充所耗之精微，如气虚者补其气、血虚者养其血、精亏者填其精、阳虚者温其阳、阴虚者滋其阴等。与此同时还要注意调理脾胃，因填补之剂，药多滋腻，易腻滞中焦，此时若能健运脾胃，则可使运化不滞，而无滋腻之弊。因此，王坤根调治一脏之气血阴阳虚损时，常在补养该脏之虚的基础上加上健运脾胃之药，以助化源。

第三，健运脾胃以化湿祛痰。痰湿为内生之阴邪，多由脏腑功能失调，水液不得气化而生。痰湿致病较为广泛，内及五脏六腑，外达四肢百骸，均可受痰湿所扰而发病，其形成的病证繁多。在治疗时除了去除痰湿之标外，还当治疗相关脏腑以治其本。王肯堂在《证治准绳·杂病》中说："痰之生，由于脾气不足，不能致精于肺，而瘀以成焉者也。故治痰先补脾，脾复健运之常，而痰自化矣。"脾胃为水液运化之所，在痰饮的形成过程中起着非常重要的作用，是痰湿内蕴之源头，故李中梓在《医宗必读·痰饮》中说："脾为生痰之源，治痰不理脾胃，非其治也。"王坤根临证治疗痰湿之患多从调治脾胃入手，以六君子汤健脾祛湿、二陈汤运脾化痰、平胃散燥湿运脾，或在治疗时佐以白术、茯苓、米仁等健脾以祛湿。

第四，从脾土入手，利用五行学说调治相关脏腑。五行学说从阴阳学说基础上发展而来，是祖国医学解释人体生理病理的重要理论基础。五行之中脾胃属土，与其余四脏各有生克乘侮的关系：木克土，土生金，火生土，土克水。王坤根治疗脏腑相关疾病时灵活运用五行生克规律，从脾胃入手制定治法、处方用药调和诸脏。如他在治疗腹痛泄泻时用痛泻要方加减制木助土；在治疗慢性咳喘时以参苓白术散加减培土生金；在治疗肾性水肿时以苓桂术甘汤加减补土制水等。

案1 丁某，男，51 岁，2017 年 10 月 10 日因"咽痒咳嗽近 4 年"就诊。患者 4 年前逐渐出现咽痒咳嗽，每于晨起及闻烟味、热气后为甚，曾至五官科就诊，未见明显异常。2017 年 9 月 28 日胃镜：反流性食管炎。近日自觉口苦，时有恶心、嗳气，舌红，苔黄腻而干，根厚，脉濡。中医诊断：咳嗽（胆胃不和）。治法：清胆和胃。处方：半夏 15g、陈皮 10g、茯苓 15g、柴胡 9g、龙胆草 6g、牡蛎（先煎）30g、黄芩 10g、黄连 6g、天竺黄 9g、胆南星 9g。7 剂。另以西青果 10g、甘草 6g、枸杞 10g，煎汤代茶。

二诊 2017 年 10 月 18 日。口苦有减，咽痒咳呛仍有，苔黄腻根厚，脉濡。上方柴胡加为 10g，加射干 10g、马勃 3g、枇杷叶 15g，7 剂。

三诊 2017 年 10 月 27 日。口苦已消，咽痒咳嗽有减，舌苔薄黄腻，脉濡。

处方：天竺黄 9g、胆南星 9g、半夏 15g、陈皮 10g、茯苓 15g、米仁 30g、黄芩 12g、黄连 6g、木蝴蝶 6g、蝉衣 6g、射干 10g、桔梗 6g、甘草 6g，7 剂。

按 《素问·咳论》云"五脏六腑皆令人咳，非独肺也"。患者虽以咽痒咳嗽为主症，但尚有口苦、恶心、嗳气并见，当属胃咳范畴。"胃咳"是胃食管反流性咳嗽的一个典型表现，多由湿热蕴积中焦，胃失和降，上逆犯咽而致。本案患者舌红苔厚腻脉濡，均为湿热内蕴之象，盖由湿热内蕴，胆腑疏泄不利，胆火上炎而见口苦；湿热内郁，气机不畅，胃气上逆则见恶心嗳气；胆胃之气上犯肺窍，咽喉不利，而为咳嗽。方以黄连温胆汤和胃利胆，理气化痰；伍天竺黄、胆南星以增清化痰热之力；柴胡、黄芩、龙胆草、牡蛎清肝利胆降逆，为治口苦要药。二诊口苦有减，呛咳咽痒仍有，故加射干、马勃、枇杷叶清肺利咽。三诊口苦已消，知其胆热渐清，咳之源头已去，肺之痰热减而未除，故去龙胆草、柴胡、牡蛎，另以木蝴蝶、蝉衣、桔梗、甘草等清肺化痰，祛风利咽。

案2 孙某，女，46 岁，2017 年 8 月 20 日因"反复尿频尿急尿痛一年余"就诊。一年来反复尿频尿急尿痛，多次尿检正常，大便偏干，苔薄黄，舌红嫩，脉细，lmp：6 月中旬。中医诊断：淋证（肾阴不足，下焦湿热）。治法：滋肾养阴，清利湿热。处方：生地 15g、萸肉 10g、丹皮 9g、茯苓 15g、山药 15g、泽泻 15g、知母 10g、黄柏 6g、冬葵子 15g、车前子 15g、金钱草 30g、萹蓄草 15g、女贞子 15g、旱莲草 15g、玄参 15g，水煎服，14 剂。

二诊 尿频急痛明显缓解，更衣日行，先干后溏，胃胀则背酸，舌红嫩，苔黄，脉细软。处方：生地 15g、萸肉 10g、丹皮 9g、茯苓 15g、山药 15g、泽泻 15g、女贞子 15g、旱莲草 15g、玄参 15g、柴胡 9g、郁金 12g、香橼 10g、砂仁 6g、佛手 10g，水煎服，14 剂。

按 本案患者肾阴本虚，复因湿热留于膀胱，膀胱气化不利，故见尿热，阴液虚少则肠道失濡，故大便偏干。舌红嫩，脉细均为肾阴亏虚之象。年不足七七，而月事已两月未至，亦可知其肾水不足。此正"肾虚膀胱有热"之证，法当养阴清利并举，故以知柏地黄丸合二至丸滋肾阴，清虚热；加冬葵子、车前子、金钱草、萹蓄草清热通淋；玄参清热养阴，与生地相合，是增液之意，使小便利而津液不伤，增液之中不用麦冬，是恐柔润太过，反伤中焦阳气。方证得合，故二诊症减。然更衣先干后溏，是景岳所言"初头硬，后必溏"，证属脾气不足，胃胀则背酸，是肝气横逆所致，故知其肝气犯胃，中焦不和，此正湿热之源也。现湿热已去，合当正本清源。然肾阴未复，仍当以补肾养

阴为主，可去知、柏以免苦伤中阳；加柴胡、郁金疏肝；香橼、砂仁、佛手理中焦诸气以治其本。

本患者初诊辨为肾阴不足，下焦湿热，滋阴清热是为常法，人所知之。但湿热之邪，易戕伐胃气，为防滋腻之品碍胃，故虽用增液之意，但未用全方，旨在顾护胃气。二诊果然标去而本现，知其胃气久受肝伐，正是病源所在。但于此案而言，胃欲燥而肾欲润，故疏肝和胃，不用峻剂，只选柴胡、郁金、香橼、砂仁、佛手等药，理气而无温燥之弊；补肾养阴，去知、柏之苦寒，养阴而无伤阳之忧。一方一法之间，已观瞻无数变化，故能进退有度，应手而效。

二、四象既济中气转

王坤根临证以治疗脾胃病见长，脾胃之病，总由脾胃运化失常，导致升清降浊、受纳运化等功能异常，主要有腹胀、脘痛、痞满等脾胃气滞的表现；恶心、呕吐、嗳气、反酸、呃逆等胃气上逆的表现；纳呆、食积等受纳、运化失司的表现；便溏、便秘等升清降浊失调的表现等，故治疗时当以调治脾胃运化为根本目的。王坤根认为五脏六腑均可使脾胃运化失常，非独脾胃自病也，是以他在治疗脾胃病时，除从脾胃本身入手外，大多数是通过整体观念，综合考虑脾胃与其他脏腑之间的关系，通过调理肝、心、肺、肾与脾胃的关系来治疗脾胃病。

关于脾胃与五脏之间的关系，除了从五行生克制化的角度出发外，更应该从脏腑生理功能和气血阴阳之间的相互影响来全面把握。张介宾在《景岳全书·脾胃》中说："脾胃有病，自宜治脾，然脾为土脏，灌溉四傍，是以五脏中皆有脾气，而脾胃中亦皆有五脏之气，此其互为相使，有可分而不可分者在焉。"五脏是一个密切联系的有机整体，以五行生克乘侮为基本方式，在生理上相互为用，共同维持人体正常的气化功能；在病理上也相互影响，即一脏之病可累及他脏，正如《针灸甲乙经·五脏传病发寒热第一》中所说："五脏相通，移皆有次。五脏有病，则各传其所胜。……故病有五，五五二十五变，及其传化。"

正因为脾胃与五脏之气相互影响、相互交融，他脏之病亦会影响脾胃气机而发为脾胃病证，把握五脏与脾胃之间的关系，对于全面理解脾胃病的生理病理机制有很大的帮助，能开阔脾胃病的治疗思路，正如《景岳全书·脾胃》

中所说："五脏之邪，皆通脾胃，如肝邪之犯脾者，肝脾皆实，单平肝气可也；肝强脾弱，舍肝而救脾可也。心邪之犯脾者，心火炽盛，清火可也；心火不足，补火以生脾可也。肺邪之犯脾者，肺气壅塞，当泄肺以苏脾之滞；肺气不足，当补肺以防脾之虚。肾邪之犯脾者，脾虚则水能反克，救脾为主；肾虚则启闭无权，壮肾为先。"在治疗脾胃病时，除了治疗脾胃本身，还要兼治相关脏腑，根据具体病变从其余四脏调治脾胃气机，这就是张景岳所说的"能调五脏即所以治脾胃也"（《景岳全书·脾胃》）。

王坤根从五脏论治脾胃首重肝胆对脾胃的影响。盖五行之中肝属木而脾属土，两者之间的生克乘侮关系特别密切，这也深刻影响了脾胃之间的生理病理关系。生理上，木性克土，能助脾土条达气机不令壅滞。故肝木疏泄有度则能使脾土运化健旺、气血生化有源，并能帮助调节中土之升降以斡旋气机，正如唐容川在《血证论·脏腑病机论》中所说："木之性主于疏泄，食气入胃，全赖肝木之气以疏泄之，而水谷乃化……胆中相火如不亢烈，则为清阳之木气，上升于胃，胃土得其疏达，故水谷化。"

病理上，木、土关系又会因其盛衰不同，在生克乘侮上带来一系列变化。木气郁滞，疏土无力，则土运不及而壅滞不行，故当肝气郁滞疏泄不及时，脾胃的运化受纳就会受到影响，出现胁痛、情志不畅、纳呆、善太息等症状；木气旺盛，疏土太过，则土受木气乘伐而升降失调，故当肝气疏泄太过时，脾胃升清降浊不利甚至反作，出现急躁易怒、脘胁胀痛、嗳气、反酸、泄泻等症状；土气虚弱，不耐木气疏泄，木气乘土，故当脾胃虚弱化纳无力时，肝气易横逆犯脾，而见乏力、纳呆、腹痛、泄泻等症状；土气壅盛，木气疏土不利，或木气不足，不能疏泄壅盛之湿土时，木气反被困厄，故当脾胃运化失司，食积、水湿内生时，易困阻肝气而变生它病，而见纳呆、胃胀、反酸、口苦等症。

从五脏功能来说，肝脾之间的关系除了上述木土之间的疏泄与运化、升降之相互为用外，尚有人身之精微生化输布和贮藏之间的相互协调。盖肝体阴而用阳，有疏泄、藏血之能；脾为后天之本，有运化、统血之功。朱丹溪在《格致余论·阳有余阴不足论》中说："主闭藏者肾也，司疏泄者肝也"，肝能调畅一身之气机，使人身所需精微物质得以输布全身。肝气疏泄有度，全赖肝血的濡养，肝血充足则肝气疏泄有力，气机畅达；肝血不足则肝气疏泄无力，郁滞难行。

脾胃为气血生化之源，脾气健运则气血充盛，遂使肝血得充，疏泄有力；

若脾胃受损，生化无源，则肝亦受其所累，疏泄失司；而精微输布不利，变生内邪，又会加重脾胃之患。这种因肝脾功能失调所致疾病的病机可以统称为肝脾不调，是临床常见的一种脏腑兼证。叶天士在《临证指南医案·木乘土》中说："肝为起病之源，胃为传病之所，……凡醒胃必先治肝，……培土必先制木。"因此治疗脾胃病应重视从肝论治。

王坤根认为临床所见诸多脾胃病证如痞满、胃痛、泄泻等，皆可由肝脾不调导致。肝脾不调主要是肝脾之间由于肝气过旺、肝气郁滞、肝血虚少、脾气壅滞、脾气亏虚等原因相互影响所致。根据肝、脾气血虚实的不同，主要可分为肝旺脾滞证、肝旺脾虚证、肝郁脾滞证、肝郁脾虚证、肝虚脾滞证、肝脾两虚证等证型。治疗上病证相参，随证立法，予以调和肝脾，主要治法有抑肝运脾法、抑肝健脾法、疏肝运脾法、疏肝健脾法、养肝运脾法、养肝健脾法等。

立法既定，王坤根常以经典方为基础方，或数方合用，或适当加减化裁。常用丹栀逍遥散抑肝清肝、四逆散疏肝理气、四物汤养血养肝、平胃散燥湿运脾、四君子汤益气健脾，并根据患者具体情况加以合用化裁，据症加减药物。如气虚甚者加黄芪、太子参、仙鹤草等健脾益气；血虚甚者加酸枣仁、枸杞子、鸡血藤、女贞子、黄精等益精养血；肝郁甚者加郁金、佛手、香橼、川芎、枳壳等行气解郁；脾滞甚者加陈皮、半夏、木香等燥湿运脾。

肝为阴木，胆为阳木；脾为阴土，胃为阳土；一脏一腑互为表里阴阳，其表里之间自然相互联系相互影响。因此，王坤根认为肝脾关系还应该包括胆与脾胃的关系。

胆为决断之官，奇恒之腑，有藏泄胆汁助运中土，主司决断调节脾胃气机的作用。其性喜宁谧，能调枢机，决一身之阴阳。胆为阳木，秉承春生之气，是阳气初生的起点，胆气主升，能助肝木升发调达，一身气机之升亦源于此，故而《素问·六节脏象论》云："凡十一脏，取决于胆也。"

胆气宁谧不受邪扰、升发疏泄正常，则脾胃气机升降出入正常，中土得运，从而能维持人体正常的生理功能。正如《杂病源流犀烛·胆病源流》所说："十一脏皆赖胆气以为和。"如果胆受痰热之邪所扰，失其宁谧之性，升发太过，而使木气失于疏泄，横犯中土，脾胃升降失司，胆胃不和，胆气挟胃气上逆，而见呕逆、反酸、嗳气诸症，正如《素问·至真要大论》所说："少阳之胜，热客于胃，呕酸、善饥。"若胆气失于疏泄，胆腑失于传化，胆汁施泄无度，不能助胃之腐熟、脾之运化，而出现腹胀、纳呆、泄泻等症。李东垣在《脾胃论·脾胃虚实传变论》中所云："胆气不升，则飧泄、肠澼不一而起矣"，即是此意。

王坤根临证治疗胆胃不和之证重在祛胆腑之邪、疏利胆腑气机，使胆气恢复静谧之性而升发疏泄有度，从而恢复中焦气机升降。在选方用药上常以黄连温胆汤清其胆热，和降胃气。临证时见胆热较甚者加栀子、丹皮、青蒿、黄芩等清透胆热；胆热移胃则加蒲公英、蛇舌草、连翘等清热和胃之品；肝胆火旺者加龙胆草、栀子、茵陈、制大黄等泻热之品；痰湿较重者加白术、茯苓等健脾化湿之药，痰热较甚者用天竺黄、胆南星等以增清化痰热之力。

《素问·五运行大论》云："脾生肉，肉生肺"，肺属金，脾属土，二者存在母子相生的关系，"脾为元气之本，赖谷气以生，肺为气化之源，而寄养于脾者也"（《薛生白医案》），肺和脾在气的产生和津液输布代谢方面存在密切联系。肺主一身之气，其宣发肃降，有利于脾之升清，胃之降浊，肺主通调水道，有助于脾运化水液的功能，防止内湿的产生；而脾转输津液，散精于肺，不仅是肺通调水道的前提，也为肺生理功能的正常进行提供了物质基础。

肺、脾不仅在生理上关系密切，在病理上也相互影响。若肺失宣发，通调水道失职，一身之气郁滞，脾胃升降失司，运化失常，则见泄泻、吐利等症。《临证指南医案·虚劳》指出"人身左升属肝，右降属肺，当两和气血使升降得宜"。若肺降不足，肝气横逆，乘侮脾土，则见胃痛、呕吐、腹痛、呃逆、嗳气、痞满、便秘等症，可随证选用葛根、桔梗、苏叶、苏子、杏仁、旋覆花等，升中有降，降中有升，一则可助脾升清，助胃降逆，一则可助运化水湿，则诸症可愈。

土为金之母，中气虚馁，土不生金，乃有肺虚，肺虚治节无权，脾胃升降失常，则出现纳食不化，腹胀便溏，甚则水肿肢倦，气短懒言等。《景岳全书·补略》："凡气虚者，宜补其上，人参黄芪之属见也"，故王坤根临证于脾虚不运，升降失常者多用黄芪、党参补益肺脾。其治疗脾胃气阴不足，也会从清金润肺入手，如其自创的治疗肝胃阴虚所致胃痛泛酸的柔肝和胃饮，其方中就有百合乌药汤，陈修园："百合其色白而入肺，肺主气，肺气降则诸气皆调"（《医学从众录》），配以同样可养肺阴之沙参、麦冬，因而胃痛泛酸可消。

"脾为后天，肾为先天，脾非先天之气不能化，肾非后天之气不能生"（《傅青主女科·妊娠》）。脾之运化水谷要依靠肾中精气资助促进，肾之

精气也依赖脾胃转输的水谷精微充养，正如《景岳全书·脾胃》所云："是以水谷之海，本赖先天为之主，而精血之海，又必赖后天为资"。脾之转输水液要依靠肾阳之温煦蒸化，而肾主水司开阖的作用也依赖脾气的制约。脾肾两脏相互协作，共同完成水液的新陈代谢。《素问·水热穴论》说："肾者，胃之关也，关门不利，故聚水而从其类也。"肾阳不足，不能温煦脾阳，脾阳不振，又可损及肾阳，终致脾肾两虚，表现为消化及水液代谢失常。

胃为水谷之海，肾为贮藏水谷精气之处。胃气以通降为顺，胃之通降除依靠肝之升发、肺之肃降外，还须借助肾气之摄纳、温煦。如肾气衰惫，摄纳无权，则胃失和降，不能受纳，出现呃逆、呕吐等胃气上逆之症。肾气通于胃，若肾阳虚衰，火不煖土，脾运失健，浊邪上泛，则可见脘痞、呕恶、泄泻、水肿等症，此时平胃、二陈多难致效，王坤根常以真武汤合苓桂术甘汤温肾助阳，以化水饮。对于肾阴不足，水不济上，而致胃阴不足，症见胃痛、泛酸、便秘、嘈杂等者，又每从滋补肝肾之阴以生胃津。其自创柔肝和胃饮即是从一贯煎加减而来，肝肾之阴得复则胃阴自生，诸症可痊。

对于肾病及胃者，自当从肾论治，但对于脾胃病非肾病所致者，王坤根认为在治疗中兼用补肾法亦具重要意义，《慎斋遗书·用药权衡》中说："补者不必正治，但补肾令脾土自温，谓之补"。故他临床对脾胃虚寒，升运乏力，或兼肾阳虚者，常用仙灵脾、菟丝子、肉桂等温肾之品，并根据情况适当选用健脾、和胃、降气之品，一则防滋腻之品碍胃，二则脾运得健也可促进滋补之品吸收。

心为五脏六腑之大主，主血脉，藏神志，脾主统血，运化水谷，胃主受纳，脾胃为气血生化之源。一方面，心气依赖脾胃化生的宗气资助，心血依赖脾胃化生的营气充养，心主血脉的功能需要依赖脾统血的功能，才能使血正常循行。正如《脾胃论·脾胃盛衰论》中云："夫饮食入胃，阳气上行，津液与气，入于心，贯于肺，充实皮毛，散于百脉。脾禀气于胃，而灌溉四旁，营养气血者也"。另一方面，脾胃虽为气血生化之源，但也需心气心阳的气化、温化作用才能化生血液，如《血证论·阴阳水火气血论》所言："食气入胃，脾经化汁，上奉心火，心火得之，变化而赤，是之谓血。"心脉通达，方能温脾胃助运化。

从五行生克来说，心为火脏，脾为土脏，心为脾之母，脾为心之子，母病及子，子病也可及母。脾胃正常的运化功能需要心血的滋养，若忧思过度，暗耗心血，一者心神失养，神无所主以致气乱，气乱则气机不畅，脾胃运化失常；二者心血暗耗则脾失所养，运化失司，此为母病及子。如翁介寿在《吴医汇讲·思伤脾怒胜思解》中所说："盖脾处中州而属土，喜健运而恶郁结，思则气结，故曰伤也。况思虽为脾志，而实本乎心，心者，脾之母也。今以多思而心营暗耗，母气既虚，则所以助脾者亦寡矣。"若脾胃虚弱，一方面气血生化乏源，血不养心，心神失养而为病；另一方面脾虚水湿不化，痰浊蒙蔽心神，或饮食失节，食积化火，扰乱心神而为病，此为子病及母。

母病及子主要包括虚实两端，实者多因心火亢盛而致胃火上炎，症见胃痛、消谷善饥、反酸、牙龈肿痛、口腔溃疡等；或因热伤血络导致胃络瘀阻，症见胃痛、胃痞、痳痦等。虚者多因心阳不足而致脾阳虚衰，症见腹泻、心悸气短等；心血不足而致脾气虚弱，症见纳差便溏、心悸不寐；心阴虚而致胃阴不足，症见胃痛、嘈杂、胃痞、泛酸、心烦不寐等。王坤根指出临床子病母病症状往往交相错杂，需细辨病之先后，症之主次，随证或以导赤清心泻火，和降胃气；或以血府逐瘀活血通脉，泻热安胃；或以归脾养血安神，以健脾胃；或以一贯煎滋养心胃，和胃降逆；或以四神温补心阳，补脾益肾。临床上许多脾胃病与精神心理因素有关，医多从肝治之，忽略了心为五脏六腑之大主的作用，从五行生克的角度子病治母也是一种思路。

医案 金某某，男，50岁，2017年12月19日因"胃脘不适半年"就诊。患者晨起胃脘隐痛，连及两胁，性情偏急，郁怒易发，现服用硫糖铝口服混悬液、埃索美拉唑镁肠溶片症状未缓解，更衣尚调，眼圈色暗，口臭。舌红暗，苔灰腻，脉弦滑。中医诊断：胃脘痛（肝胃郁热）。治法：疏肝、和胃、清热。处方：柴胡9g、郁金12g、半夏12g、陈皮15g、茯苓15g、黄连3g、吴萸3g、白芍20g、甘草10g、海螵蛸20g、香附10g、元胡20g、蒲公英30g、徐长卿15g、八月札10g，14剂。

二诊 2018年1月9日：药后胃痛已消，矢气仍多，更衣日行，成形，早醒。舌红，苔薄黄，脉细缓。处方：柴胡10g、郁金15g、黄连5g、吴萸3g、白芍20g、甘草10g、海螵蛸15g、香附10g、元胡15g、蒲公英30g、徐长卿20g、八月札15g、制半夏12g、陈皮15g、茯苓15g、三七粉6g、广木香10g，7剂。

按 王老师辨胃痛，认为以肝胃郁热证最多，此案即是其中一例，肝热犯胃证王老师常以自拟柴郁二陈汤合左金丸治之。若胃痛甚加元胡、徐长卿、苏木之辈；反酸甚，加海螵蛸、煅瓦楞子；热甚加黄芩、栀子之类。

本案晨起胃脘隐痛，连及两胁，性情偏急，郁怒易发，此肝气犯胃之典型见症，由其口臭，舌红暗，苔灰腻，脉弦滑，知其尚有湿热内蕴。即以柴郁二陈汤合左金丸治之；加元胡、徐长卿活血定痛；海螵蛸软坚抑酸；白芍柔肝止痛。二诊诸症大减，前方继进，加三七、木香以行气活血，仍是定痛之意。

二陈汤出自《太平惠民和剂局方》卷四，"治痰饮为患，或呕吐、恶心，或头眩心悸，或中脘不快，或发为寒热，或饮食生冷、脾胃不和"，实为理气化痰和中的基本方，六君子汤、导痰汤、顺气导痰汤等诸多名方皆从此化裁而出。王老师常以此方为基础调理胃疾，其因有二：一是浙江地卑多湿；二是胃气不和，则水谷不化，气机受阻，诸证蜂起，故和胃必须理气化湿，正和本方之组合原则。柴胡配郁金为王老师习用之疏肝药对，一气一血，一疏一活，相辅相成，若气郁化火者辅以左金丸、蒲公英等，临证每获良效。用治肝气诸痛王老师除柴胡、郁金外尚加香附一味，用治胃痛固可，胁痛、腹痛等症属肝气横逆者亦可用之。

第三节　脾胃相连宜分治

脾胃分治思想作为中医理论体系的重要组成部分，源于《黄帝内经》，经历代医家的充实完善，至叶天士重视胃阴学说，正式提出"脾胃分治"。其间李东垣重视脾阳，提出"甘温除热""升阳散火"等治法；《临证指南医案》中提出"纳食主胃，运化主脾，脾宜升则健，胃宜降则和。太阴湿土，得阳始运，阳明燥土，得阴自安，以脾喜刚燥，胃喜柔润也"之论；王旭高则倡导脾胃共论而分治。王坤根认为诸家所论虽有侧重，然皆善于遵循脏腑生理特性，结合社会环境及地域特点，据病之所偏，而发挥其治。因此了解脏腑之性为脾胃分治的基础。

一、明脏腑之情

五脏本身所具有的生理特性，称为脏腑之性。其不仅决定了五脏的生理功能及病变时的具体特点，而且影响着疾病治则、治法甚至用药规律，因此，对围绕生理特性变化的各种脏腑情况都应加以明确。

对"脏腑之性"的相关论述，始见于《黄帝内经》。《素问·五运行大论》

中记载到肝性为"暄";心性为"暑";脾性为"静兼";肺性为"凉";肾性为"凛",后来王冰进一步注解,从"温和""热""兼寒热温凉之气""清""寒"依次对肝、心、脾、肺、肾五脏之性加以概括,从中可以看出五脏之性与自然界四时之气皆有相通对应之处。取象于自然界而与五脏对应的"木""火""土""金""水"五行,便是对以上五脏之性形象而简约的概括。所谓顺其性为治,逆其性为乱,若适应脏腑的生理特性,则能辅助脏气祛邪,使疾病趋愈。譬如肝体阴而用阳,肝疾阴血亏虚则喜酸收,肝病气机郁滞则喜辛散。反之,五脏气争,功能不彰,邪气留而难除,甚则使病情加重,如寒邪郁遏肺卫,宣发肃降失职,主气功能失常,进而痰喘咳疾生也。是以"木郁"则"达之","火郁"则"发之","土郁"则"夺之","金郁"则"泄之","水郁"则"折之"(《素问·六元正纪大论》)皆是针对五脏之性受到抑制而确立的相应治法。此外,《黄帝内经》还从气候、季节、饮食、情志等方面对五脏之性加以阐述。针对五脏的生理特性,《金匮要略·脏腑经络先后病脉证第一》甚至明确提出:"五脏病各有得者愈,五脏病各有所恶,各随其所不喜者为病。"

概而述之,王坤根认为诸脏腑生理特性和功能各不相同,对气候、饮食等方面喜恶不同,由此造成的病理变化也迥然相异,故临床诊治疾病时须根据脏腑的生理特性,兼顾各脏所欲、所恶,远离脏腑之"恶",顺从脏腑之性,使各脏生理特性得以正常抒发,相互之间依存有序,承制有节,始终保持动态平衡,才能维持人体正常的生理功能。而脾胃同居中州,在诸脏中具有枢纽作用,虽共为后天之本,生理特性却大相径庭,因此察其所异,或统而共理,或分而调治,皆当顺从脾胃的生理特性。

二、顺脾胃之性

脾胃为后天之本,气血生化之源。脾胃二者,以膜相连,纳运相济,共主腐熟水谷、升清降浊、化生气血之职。迨其病,亦每每相互传变,终致脾胃同病。然胃主纳,喜润恶燥,以降为顺;脾主运,喜燥恶湿,以升为宜。脾胃一脏一腑,一阴一阳,一升一降,在阴阳属性、生理特性、脏腑体用皆为对立相反。吴瑭在《医医病书·治内伤须辨明阴阳三焦论》中就指出:"补中焦,以脾胃之体用各适其性,使阴阳两不相奸为要。如对中焦寒湿,伤在脾胃,详分伤脾阳、伤胃阳、伤胃阴,辨证十分精细,论治丝丝入扣,不但

理法方药明辨如是，临床医案所治亦与所论相符。"因而王老师讲求治法用药须顺从脾胃之阴阳之性、升降之性、喜恶之性，从而促进脾胃自身的阴阳动态平衡及整体的阴平阳秘，达到和谐共济的目的。现就从脾胃燥、润、升、降、纳、运等生理特性和喜恶及影响脾胃之性相关的脏腑出发，对脾胃分治做一理论浅析。

（一）润燥相济，各有所喜

脾与胃虽同处中焦，五行中皆属土，相为表里，润燥互济，相互协调共同作用，然又因其特性各异，喜恶有别，故当消息而论。脾属太阴湿土，喜燥恶湿。胃为阳明燥土，喜湿恶燥。叶桂针对两者的特性作了总结："脾胃体用各异，太阴湿土，得阳始运；阳明燥土得阴自安，以脾喜刚燥，胃喜柔润也"（《临证指南医案·脾胃》），由此也说明了脾胃的喜恶与其生理功能相关。脾属己土，主运化，虽以升为健，却多阴多湿，易遭湿困。《素问·至真要大论》直接概括为"诸湿肿满，皆属于脾"，盖脾虚不能运化，水湿泛溢，而见周身浮肿诸症。因而临床用药亦当忌柔宜刚，顺喜燥恶湿之性。胃为戊土，主受纳，以降为顺，以通为补，其所以能受纳腐熟，全凭胃中津液的润导。然胃多气多火，其致病也，多从燥伤阴，胃阴既伤，失于濡润，则失其通导和降之能，须待津液来复，胃气才能下行，故胃喜柔润。《临证指南医案·脾胃》就考虑到苦寒败胃，而摒弃辛开苦降及苦寒下夺的方法，主张"甘平，或甘凉濡润，以养胃阴，则津液来复，使之通降而已矣"，此即叶桂主张的从甘平、甘润滋养胃阴、和降顺胃之法。不难看出，脾胃两脏，虽阴阳相依，燥湿相济，然辨其寒热虚实，宜燥宜润，固当从其所喜。

（二）升降相因，禀赋所异

"枢则司升降而主乎中者也"（《类经》），脾胃同居中焦，脾主升，胃主降，两者一升一降，相交相因，升降之间互制互助，在人体气机升降中起着重要的枢纽作用。脾之所禀，升也，"脾宜升则健"（《临证指南医案》），脾气不升，不能运化水谷精微、不能升清及上奉气血濡养官窍，故临床多见脘腹胀满、神疲萎倦、诸窍不明等症状；脾气不升反降，清气下陷，会产生腹泻便溏、大便滑脱不禁、内脏下垂等病证，此即《素问·阴阳应象大论》所言："清气在下，则生飧泄"。然胃以通为用，以降为顺，诚如《医学衷中参西录·医论》所指出的"阳明胃气以息息下行为顺。为其息息下行也，实时时借其下行之力，传送所化饮食达于小肠，以化乳糜；更传送所余渣滓，达于大肠，出为大便。

此乃人身气化之自然，自飞门以至魄门，一气营运而无所窒碍者也。"从中可知，胃气通降下行顺畅，磨谷、化物、清浊分明、糟粕得下这一系列功能才能正常运行。若胃失和降，则出现脘胀、食少等症状，当降不降，反升为滞、为逆，还可见到嗳气、呃逆、恶心、呕吐诸胃气上逆之象。如同《临证指南医案·脾胃》所载："胃宜降则和……胃气上逆固病，即不上逆，但不通降亦病矣"。若能详辨脾胃升降之性，使之升降适宜，清气得升，浊气得降，则中焦气机顺畅，出入有序，生化有源。

（三）纳运相承，清浊有序

胃为水谷之海，饮食水谷入胃，腐熟消化，进一步传至小肠、大肠，《素问·五脏别论》中描述为："水谷入口则胃实而肠虚，食下，则肠实而胃虚"。可见通过胃气下行的生理特性，始终保持着胃肠的虚实交替，自上而下，蠕动不已，维持着胃的受纳功能。脾主磨，承接胃中乳糜而运化之，《难经集注》杨玄操谓："脾，俾也，在胃之下，俾助胃气，主化水谷"，联系上下可知，胃以纳为先，脾主运在后，脾胃二气，互为表里，相承有序，则谷化而能食。此外，人的"清浊之气皆从脾胃出"（《脾胃论·阴阳升降论》），脾为精微物质之使，从胃受纳的水谷精气，通过脾的运化、升清，上传于肺，而行春夏之令，奉心化赤，充养营血，或变生宗气，布散周身，营养四肢百骸，肌肤皮毛。胃主沉降，经过脾气的升清散精，所产生的食物残渣，继续由胃气的降浊作用，达于大肠而出。对于胃气的此种降浊功能，《医述》简明扼要地论述为："饮食入胃，有气有质……得脾气一吸，则胃气有助，食物之精得以尽留，至其有质无气，乃纵之使去，幽门开而糟粕弃矣"。若浊气失降，一切眩晕、脘胀、噎膈、便秘诸如此种，皆由此而生。脾胃两脏，纳运相承，无有偏甚，清浊才得以各归其道。清浊有序，清气上升，浊气才能更好地下降，浊气下行，才更有利于清气上升。若清气不升，浊气不降，清浊反作，就会造成气血逆乱。正因脾胃两者相贯，一方功能受损，往往引起另一方继而为病，相互错杂，造成识证、辨证的困难，因此，临床诊治时，更须分清病在脾、在胃的区别，分别治之。

三、察脾胃之变

《素问·四气调神大论》曰："反顺为逆，是为内格"。因脾胃脏腑之性各异，故逆其性为疾时，病变不一。总结其病理特点如下：脾易虚、易寒、易受湿

困。脾以运为健，以阳为用。若脾气不足，运化失司，则表现为纳少、腹胀、神疲乏力、少气懒言、面色萎黄等症；若气虚为甚，升举无力，则多见久泄、内脏下垂、眩晕等表现；待气损及阳或兼有寒邪内侵，伤及脾阳，则可见腹部冷痛，畏寒肢冷，面色㿠白，舌淡胖苔白，脉沉迟无力诸症；脾主运化水湿，脾运困顿，为湿所滞，故常以水湿痰饮内停为病变特点。而胃则易壅、易热、易于上逆。胃以降为顺，失其通降导浊之能，而渐生壅滞，出现胃脘胀满疼痛、厌恶食物、大便臭秽，所谓"阳道实"是也（《素问·太阴阳明论》）；胃为阳明燥土，依赖胃阴的润导，失于和降，滞而化热，故见口干口苦，甚则大便干结，小便短黄；胃气不降，浊气上逆而生膜胀，另可多见嗳气，反酸、呕吐诸症。

四、行分治之法

王坤根治疗脾胃疾病，注重顺脾胃之性，察其所变，调其所逆，而立行气助运、运脾化湿、健脾益中、和胃顺降、清热养阴、活血化瘀、扶正祛邪七法。

1. 行气助运法（升降脾胃）

脾胃为气机升降的枢纽，一运一纳，一升一降，皆贵在流通，是以痰、食、湿、瘀间或扰之，一有郁滞，则结聚而不得发越，当升者不升，当降者不降。故脾胃病变，突出体现在气机升降的紊乱，升而无力，则上可见眩晕；下可见泄泻、气坠、脱肛。降而不畅，胃气上逆，而见嗳气、泛酸、口中异味；气阻于中，多致脘胀、脘痛。治疗上当调畅气机，如用枳壳、木香、阳春砂和降胃气；柴胡、升麻、桔梗升举脾气。对于郁滞之轻者，常选苏叶、苏梗、香附、陈皮，取其轻清芳香，畅通气机，以复升降。

2. 运脾化湿法

脾主运化，所化者乃水谷精微、停痰蓄饮。若脾运怠缓，水谷精微聚而不化，痰饮湿邪结而为甚，俱成困遏脾土之证，可见脘腹胀满、口中黏腻、胃纳呆钝、便溏不爽、舌质淡胖、苔白腻、脉濡缓等。此时多从仲景"病痰饮者，当以温药和之"之意，王坤根认为仲景所言虽指痰饮，其间蕴含的却是对脾温运之性、药物寒热温凉之性的掌握。是以自创三术二陈一桂汤，方中二术助脾化湿，并伍以姜半夏、陈皮、茯苓燥湿化痰，莪术活血行气，肉桂少火生气而复脾运。若痰湿之邪与谷气相薄，胃中宿滞夹浊，则加入藿香、佩兰、阳春砂、豆蔻诸芳香辛散之品开泄逐之；若湿邪化热，则伍黄芩、黄连等清化脾土。皆因症施治，从虚从实，从寒从热。

3. 健脾益中法

若脾气虚弱或湿浊、痰食困脾日久，羸弱之象渐显，出现神疲乏力、久泄脱肛等中气不足之象，则应健脾益中。脾虚气滞而见腹胀、舌淡苔白腻，健脾兼须理气，可选香砂六君子调治；气损及阳，畏寒冷痛，得热则舒，当用理中丸温中散寒；脾主大腹，脾虚而变现在肠，泄泻面色萎黄者，方取七味白术散，补运之中，兼有升清之能；脾虚升举不利，内脏下垂，清窍失养，而见脱肛、头晕等症，此时益气当佐升提，方取补中益气汤；气虚兼阴伤，口唇干裂，大便干而不硬者，则加山药、麻仁滋养脾阴。

对于补脾之品，王坤根对白术最具心裁，白术健脾燥湿，四君子汤即取其意，《本草正义》赞其"最富脂膏，故虽苦温能燥，而亦滋津液……万无伤阴之虑"，基于此，他认为生白术大剂量使用，能生津健脾，为胃行其津液，临床上用于脾虚便秘效果甚佳，若兼大便干结，再伍以生地等滋阴濡润之品，既补充肠腑津亏不足，又可免一味滋润所致脾虚壅滞，失于运化。其治疗脾虚便秘，常以生白术为主，少则 30～45g，重则 90～120g，重用生白术，运化脾阳，实为图本之治，深达仲景《金匮要略》"伤寒八九日，风湿相搏，身体疼烦……若大便坚，小便自利者，去桂加白术汤主之"之意。

4. 和胃顺降法

"脾胃者，仓廪之官，五味出焉"（《素问·灵兰秘典论》）。胃为水谷之海而主受纳，以通降为顺，一旦为疾，多出现顺降功能的异常，常有宿食不化，纳食不降，甚则上而为逆。故治疗胃病的关键在于和胃、顺降、消食、导滞。胃失和降，食则即逆，而见呕吐、厌食者，王坤根习用橘皮、竹茹、生姜、姜半夏、苏叶、黄连等加减调之，药虽寥寥，却囊括多方：橘皮、竹茹二味，一则清热安中，一则理气和胃；生姜、半夏，取小半夏汤意，既可辛开散结，又可降逆化饮，则气机舒展，胃气得安；苏叶、黄连为《湿热病篇》的苏叶黄连汤，功在清热化湿、和胃止呕，苏叶，味辛，入手太阴肺经，能降冲逆之秽浊，又宽中行气机之郁滞，寄肺降而胃亦和之意，一药而两擅其功；黄连，味苦性寒，清热和中，少量使用有健胃之效。

若饮食不节，内有积滞，而见食之乏味，食后胀满，嗳腐吞酸，又当消食降浊，王坤根辨证选药，可谓变化无穷，用法各异。山楂擅除肉积，又能入肝经行气活血、散结消浊，《医学衷中参西录》谓其："化瘀血而不伤新血，

开郁气而不伤正气"，因而形体丰腴，嗜食厚味者多选用之；麦芽消食而具有行气解郁之能，谷麦芽兼健脾胃，是以脾胃虚弱兼有积滞者最为适宜；六神曲，因其气腐，既能消导助运，又兼除湿之务，症见苔腻腐者更佳；莱菔子，味辛行散，消食化积之中尤善行气消胀，腐滞胃肠所致的矢气臭秽，大便不畅者又恰当其用。王坤根认为在治疗脾胃病时，辨证正确是一方面，用药合宜与否又是另一关键，用药如用兵，对所使用的每味药的四气五味、主治功效皆当了熟于心，务使与脾胃之性相互恰切。

《灵枢·本输》曰："大肠、小肠，皆属于胃"，析而观之，在功能上肠腑的通畅亦责之于胃，所以肠腑应当顺胃降之性治以导滞。凡属高年、体虚之人，苦寒难进，不耐攻伐，王坤根即择取麻子仁丸、五仁丸加减润而通腑；若气机壅滞，腹胀腹痛，肠鸣矢气者，药用木香、槟榔、枳壳、厚朴、莱菔子调气行滞，配以当归、生地滋阴生津，组成行气通腑之方；若口干口臭，腹胀较甚，大便干结如粒，舌红、苔黄燥，则取承气类导之，兼有便血，另加生地榆、生槐米清肠止血。凡此之类，皆详察虚实而调之。

5. 清热养阴法

胃失和降，浊气不行，易于郁而化热，甚则灼伤津液。胃中津亏气少，更不利于顺降，所以，治疗脾胃疾病，当重视清热养阴。若素体阳旺，或嗜食辛辣，而见口苦口干，牙龈肿痛，脉来洪大等胃火炽盛之症，药用黄连、黄芩、栀子苦寒直清里热，泻火解毒，或合用防风、升麻、连翘发散郁火，间用石膏、知母辛寒清阳明之热。若口微苦，火热之象不著，消食易饥者，或辅助检查提示慢性胃炎者，甘寒如蒲公英、芙蓉叶、竹茹之类皆为此而设，清热而不伤阴，有清有养，是调治胃疾的常用药物。而津伤甚者，顺胃阴润导之性，或以沙参、百合、麦冬甘凉生津，或合乌梅、白芍、甘草酸甘化阴；对于阴伤而肝气犯胃者，则从一贯煎化裁引申，自创柔肝和胃饮。

6. 活血化瘀法

痰湿气郁日久皆能使气血不畅，而血行不畅是瘀之渐，叶桂有言"初病在经，久痛入络"。于此可见，行血之法有在经在络的区别，因而其用药亦各有所偏，应当细究。王坤根将活血化瘀药分为和血、活血、破血三类。所谓和血，即养血活血，丹参、当归、鸡血藤，此三者为其习用之药；活血化瘀之类又以川芎、桃仁、红花、赤芍、三七、延胡索为其所喜用；破血之品，大抵不出三棱、莪术、炮山甲、水蛭、虻虫之类。王坤根认为，气以通为补，血以和为贵，其治疗胃脘疼痛时，常选延胡索活血止痛，加香附理气行血，以助和血止痛之功，使气血同调，避免大量活血药物的破血之忧，祛瘀不伤正。

7. 扶正祛邪法

扶正祛邪的思想始终贯穿于王坤根治病的终始，因为疾病的发生，关于正邪两个方面。若正虚邪实，或虚实夹杂者，单纯补泻均不利于疾病的恢复，治疗时往往攻补兼施。若正虚邪已渐，当七补三攻；若邪气盛实而正虚不著，或正气虽虚而邪盛急重，当三补七攻；若邪气虽盛，正虚明显，则当五补五攻。此中难以把握的是扶正与攻邪的权重，攻邪药物的缓急，所以他强调对正邪盛衰的变化趋势要有整体掌握，做到心中有数，方能攻可大胆驱邪，补而于病无碍。

五、彰分治之论

（一）溃疡病责之于脾，胃炎责之于胃

在随吴宝森先生学习期间，受其潜移默化的影响，王坤根得益较大，尤其是他提出的"溃疡病责之于脾，胃炎责之于胃"的独特观点，更是对王坤根治疗脾胃疾病的论治思路有非常深刻的影响。吴宝森先生认为溃疡病的胃脘作痛常常表现为节律性、慢性周期性发作，食后可缓，当属"时痛时止，得食则舒"的脾胃虚弱之证；而胃炎痛，则多半是持续性疼痛，食后反觉痛甚不舒，或伴饱胀、压迫感，此当属胀痛拒按，得食尤甚的肝气犯胃证。王坤根认为虽然消化性溃疡有在胃和在十二指肠的区别，亦有邪盛、正虚偏重的不同，但只有当胃和十二指肠的防御和修复机制遭到破坏时，才会形成溃疡，此即"邪之所凑，其气必虚"，故溃疡病本虚之机皆寓其间。而胃炎虽有寒热虚实之异，内滞之机亦同，从虚从实，皆因滞而变，因此当以和降胃气为先。此外，就脾胃生理功能而言，脾主肌肉，胃之肌肉亦需脾所运化之水谷精微濡养，因此溃疡病在治疗的过程中皆须从脾加以扶正，或健脾益气或滋养脾阴以护膜。胃则唯恐壅滞为疾，故当行气消滞，务使气机通畅。综上考虑，王坤根在治疗脾胃病时尤重脾胃分治。

（二）分治非独治

王坤根认为，脾胃分治是为治疗脾胃病提供一个辨证思路，然而疾病是动态变化的，因此落实到具体的治法上则不能一概而论。讲求脾胃分治，是

浙江中医临床名家·王坤根

为了更好地入乎其内，根据患者的症状去细心体察病变的部位、性质、顺逆之势，当须如《素问·至真要大论》中所说"必伏其所主，而先其所因"。而在治疗过程中，则要出乎其外，立足于整体，从宏观的层次去把握疾病整体动态变化、相互之间的联系。因为在疾病发展的过程中，有时一个证型中夹杂另一个证型；有时症杂病久，难以抓住主症，其间可能又蕴含同一个病机；有时看似与脾胃紧密相关，而单独治脾理胃又恒法罔效。是以王坤根认为脾胃分治的关键在于明属脾、属胃之理，精髓在于守其常，知其变，要兼顾原则性、整体性和灵活性。程国彭有言："知其浅而不知其深，犹未知也；知其偏而不知其全，犹未知也"。单纯从脾从胃分而独治，不是脾胃分治的要义，如若能够顾得脾胃之性，各从其欲，治脾不碍胃，调胃不阻脾，依据病情的需要，或单独而治，或一方中脾胃分而统治，或又能把握脏腑之间的相协相助之性，守其相克相侮的禁忌，兼以调理相关的脏腑，可谓得脾胃分治之全义。

1. 脾与胃

脾胃两者脏腑之性虽各异，因同居中焦，紧密相连，临床多相兼为病。对于此类病人王坤根认为仍当分其性而治，不过尚须通达权变，或先治胃后调脾，或先理脾后顾胃，其中又有统而共理之类，皆应得病之情，方知治之大体，若失其情，则多有误。从《临证指南·胃脘痛》朱氏一案中可得窥见，案中治疗肝厥胃痛兼有痰饮之人，原用苦寒辛通为法，已得效验，后因误用黄芪、白术、人参健脾益气之药固守中焦，导致痰气阻闭，反而痛极痞胀。案中因肝木克土而致胃脘痛，因兼有痰饮，复加健脾益气之药，貌似亦合脾之性而有运脾化饮之功，殊不知芪、术、人参助满碍中，气闭热生，而逆肝胃脏腑之性，且效不更方仍当从急为治。临床上王坤根治疗此类疾病，可谓颇洞叶桂之旨。关于脾胃分而析之，统而共理，又数仲景发挥最为尽致，《伤寒论》中的半夏泻心汤，从症状而言，既有脾失健运，不升反降出现的肠鸣下利，也有胃气上逆的干呕表现，都拂逆了脾胃之性。脾寒胃热，升降失常，水湿中阻，气机痞塞，遂成心下痞满。从其组方而论，具有辛开苦降、寒温并用、甘补调中的特点，半夏既可和胃降逆，又能燥湿益脾，以顺脾喜燥恶湿之性，两相兼顾，故为方中主药；黄连、黄芩苦寒清热，以清胃中实火，又凭"苦能燥湿"而无伤脾导泄之弊，同样体现兼顾脾胃之性，以求和中；人参、大枣、甘草，味甘俱能补益脾胃而助复脾升降之职，唯干姜味辛而散，取其温中暖脾化饮之职。

2. 五脏与脾胃

脾胃居于中焦，为上下升降之枢纽，诸脏须借助脾胃的升降、喜恶等生理特性，完成其生理功能；同时心肺肝肾等脏腑的生理特性，同样配合脾胃抒发其脏腑之性。其中以肝胆与脾胃的关系最为突出。王坤根常言："治脾胃不治肝，非其治也"。肝为风木，其性宣发冲和，有助于脾土的升发，《素问·五常政大论》有言："发生之纪，是谓启陈；土疏泄，苍气达，阳和布化……其令条疏"，说明脾土的升发依赖肝木的条达。若肝郁失疏，则易横逆犯克脾土，出现脘腹胀满、腹痛腹泻等木不疏土，土郁不升的症状。且脾胃互为表里，肝失条达，亦可影响胃的顺降功能，而表现为脘胁作痛，脘痞纳呆。叶桂总结更为明确："肝为起病之源，胃为传病之所""肝病易于犯胃"（《临证指南医案》）。胆为中精之腑，性宣通泄，内藏精汁，而助胃肠的和顺，《医轨》对此也做了说明"胆汁为人身五脏精血津液所结晶……六腑无此胆汁，则六腑失其传化之能，五脏无此胆汁，则五脏失去接济之力"。从上可知，胆胃同属六腑，皆以降为顺，以通为用，五行中亦属木与土的关系，因而胃土的和降下行，依赖胆木的疏泄，胆气和降，胃才能顺其性。反则为逆，对于胆胃不和，忤逆其性的病理表现，《灵枢·四时气》有提及："邪在胆，逆在胃，胆液泄则口苦，胃气逆则呕苦"。由是观之，脾升胃降的生理功能离不开肝主疏泄、胆主通降功能的辅助。因此，王坤根治疗脾胃病，在顺应脾胃之性的同时，多顾及肝胆对脾胃的影响，而选用逍遥散、柴郁二陈汤、柴芍六君汤、柔肝和胃饮、黄连温胆汤诸如此类。

此外，尚须论及的是胃气的下降，须赖肺金清肃的协调；肺气不宣，脾气亦难以升畅；脾气升运，亦得益于心火的温煦及命门之火对脾土的温升。因此王坤根认为脾胃分治须从五脏整体的辨证关系中加以把握。

六、验案举隅

赵某某，男，64岁，2018年6月29日初诊。主诉：胃脘胀满不适2个月余。胃脘胀感，无嗳气，大便不成形，右手臂、手指麻木，舌淡红，苔薄黄根略腻，脉细缓。2018年6月胃镜示：慢性萎缩性胃炎伴糜烂。中医诊断：胃痞（肝胃气滞）。治法：疏肝和胃，理气和中。处方：柴胡9g、郁金12g、姜半夏12g、陈皮10g、茯苓15g、苏梗12g、香附12g、苏叶12g、阳春砂（后下）6g、蒲公英30g、葛根30g、姜黄15g、生姜10g、大枣10g，7剂。

二诊 胃胀较前明显减轻，大便仍不成形，日行1～2次，右手臂、手指麻木稍有改善，舌淡红苔薄黄腻，脉细缓。上方去苏叶，加炒川连6g、炒黄芩12g，继服14剂。

三诊　胃脘胀满未作，大便1～2日一行，先干后溏，舌淡苔薄，脉细弱。辨为脾虚夹湿之证，治以健脾化湿。上方去柴胡、郁金，加炒党参15g、炒苍术12g、炒白术12g、炒米仁30g，14剂。

　　四诊　自诉服药后胃脘不适又作，隐隐作痛，脐下小腹胀感，舌淡苔薄黄，脉细濡。处方：炒柴胡9g、郁金12g、姜半夏12g、陈皮10g、茯苓15g、苏梗12g、香附12g、葛根30g、姜黄15g、阳春砂（后下）6g、蒲公英30g、炒川连6g、炒黄芩12g、厚朴12g、枳壳12g，14剂。

　　五诊　患者诉服药后胃脘不适一度顿减，仍偶有不适。效不更方，守方再进14剂。后宗此方加减调整，服用1个月余，未再就诊。

　　按　患者年过花甲，脾胃虚弱，土虚木克，肝气犯胃，胃气壅滞，故见胀满；脾虚运化无力因而便不成形；舌淡红，说明微有不足之象；苔薄黄根略腻，进一步印证了胃气失和，湿浊郁热之象渐显；右手指、手臂麻木示兼有气滞，血行不畅失于濡养之机。权衡脾胃虚实，则脾虚不甚，胃滞为重，故施以分治之法，先当和胃以顺胃濡降之性，因肝主一身之气，故兼以调肝，以柴郁二陈汤加减，药后效显。三诊时因胃脘不适未作，遂以健脾化湿为治，然胃脘不适再作，出现隐痛，脐下小腹胀感。详审病证，盖其胃脘不适虽一度未发，然脾胃之气尚弱，邪气未尽，炒党参、炒白术、炒米仁、炒苍术补气碍中，闭门留寇，正如《伤寒论》398条所及"病人脉已解，而日暮微烦，以病新瘥，人强与谷，脾胃气尚弱，不能消谷，故令微烦，损谷则愈。"患者胃镜提示慢性萎缩性胃炎伴糜烂，王老师认为慢性胃炎虽有虚实寒热不同，多少兼有郁滞之机，因而仍当从胃论治，苏梗、香附、苏叶、阳春砂、蒲公英、厚朴、枳壳皆是此意，故更方之后再次缓解。综观治疗过程，至三诊之时，患者胃脘胀满较前明显改善，因念及脾虚之证，而易其方，反增不适，知加减、审势度情之误，遂即调整用药。期间虽易其治而不应，然皆从脾胃之性出发，俱属"脾胃分治"之义。但须注意的是在疾病诊治的过程中，还应做到综合分析，审情度势，烛幽达变。

第四节　阴邪得化气血从

　　关于阴邪的论述，《素问·调经论》云："夫邪之生也，或生于阴，或生于阳。其生于阳者，得之风雨寒暑，其生于阴者，得之饮食居处，阴阳喜怒。"从致病因素的角度，将饮食居处、情志失宜等方面产生的病邪，称为"阴邪"。

现代多认为阴邪指病邪中的寒、湿等邪气，因其致病易伤阳气，阻碍气机而命名。王坤根认为阴邪致病，不当囿于寒湿之属，也不应简单从饮食居处等病因范畴进行划分，须知阴邪之所成，其因非一，可从外而感，亦可由内化生，其内涵应从"阴成形"的角度加以扩充，实质上是包含饮浊、湿浊、痰浊、瘀血、脂浊等秽浊之邪，具有闭塞脏腑，凝滞气血的特点，是以他认为此处阴邪从病机上兼有"郁"的本质，从形质上具有"浊"的特性。

溯其成因及其病变，王坤根认为诸阴浊之邪非能自生，必因情志、饮食、风寒暑湿，或表或里，或脏或腑诸多因素影响气血，延及脏腑，导致脏腑气血功能失常，气机不畅。一有郁滞，气血津液等精微物质便留而为浊，停而为瘀，形成气滞、痰凝、血瘀、湿聚、脂积等病理因素，进一步伤及气血、阻滞脏腑，化生百病。正如《寿世保元》中所言："且气之为病，发为寒热，喜怒忧思，积痞疝瘕癥癖，上为头旋，中为胸膈，下为脐间动气，或咳噎，聚则中满，逆则足寒，凡此诸疾，气使然也。血之为病，妄行则吐衄，衰涸则虚劳，蓄之在上，使人忘，蓄之在下，其人狂，逢寒则筋不荣而挛急，挟热毒则内瘀而发黄，在小便则为淋痛，在大便为肠风，妇人月事进退、漏下崩中，病症非一，凡此诸疾，皆血使之也。"由上可知，阴浊之邪原由气血不和而生，其致病未有不伤及气血者。若气血失和，病变由此丛生。同样，现代医学的冠心病、糖尿病、高脂血症、高血压、动脉粥样硬化等疾病，在中医辨证上虽有阴阳脏腑之别、寒热虚实之分，然必有阴浊之邪痹阻，气血不得流通之本。

《素问·调经论》早已指出"人之所有者，血与气耳"，所以治疗此类疾病的根本仍在气血，关键在于"疏其血气，令其条达，而致和平"（《素问·至真要大论》）。然人之气血周游一身，多种阴浊之邪的致病过程中均可贯穿气血失调的病理变化，朱震亨就针对气血怫郁提出气郁、湿郁、食郁、痰郁、热郁、血郁诸六郁病症；此外，诸脏的病变，也普遍存在气血失和的病机，譬如，阴浊之邪，痹阻心脉，遂作心痹；凝滞胸中大气，胸阳不展而成胸痹；膏脂血浊裹滞恋肝，渐为肝浊；湿邪蕴久，阻滞经脉气血，脂液不循常道，而为膏淋。总之凡致血浊气滞的，皆可凝聚为疾，又当如何分陈治理？

王坤根认识到诸阴浊之邪，痰、食、湿、脂浊等不解，导致气机不畅，壅及血分，进而气血皆窒，故在治疗阴浊之邪所致的疾病时，主以气血为纲，诸脏为目，施以化浊之法。现以其所擅"代谢综合征"及"心血管疾病"为例分述之。

一、代谢综合征

代谢综合征（metabolic syndrome，MS），西医定义为一组以肥胖、高血糖（糖尿病或糖调节受损）、血脂异常［高甘油三酯血症和（或）低高密度脂蛋白胆固醇（HDLC）血症］以及高血压等聚集发病、严重影响机体健康的代谢紊乱症候群。王坤根从人体自身代谢的动态平衡角度出发，认为血糖、脂肪、蛋白等皆为人体精微物质，正常情况下其代谢处于相对平衡、协调有序的状态。而一旦某种病因作用机体，平衡有序状态遭到破坏，病及气血，则气血壅滞，五脏失其调和疏利，水谷精微不得消磨，不归正化而渐为有形之滞，故理气、活血、祛湿、化痰、解郁等法，皆为代谢综合征必备治法。然诸脏各有其性，有其特有的生理特点、病理转化，苟能于各法之中参脏腑之特点而用之，则无遗蕴。王坤根认为代谢综合征的发病主要责之于肝、脾、肾三脏功能失调，气化失常，故血糖、血脂、蛋白诸精微化浊，因而在立法时须兼顾诸脏之性，遵《素问·汤液醪醴论》"平治于权衡，去苑陈莝……疏涤五脏"之旨，而立"清肝化浊""运脾化浊""益肾化浊"三法。

（一）清肝化浊

《内经·经脉别论》曰："食气入胃，散精于肝，淫气于筋"。由此可见，肝为脾胃散精之所，又因其为刚脏，内寄相火，所藏之精微物质皆依赖肝气的疏泄、相火的敷布而输散周身。当邪犯肝脏，气机升降失常，相火无以布阳散精，则为郁为热，其精微之物留滞成浊，遂致壅遏。王坤根认为阴浊之邪恋肝，治疗上要统筹好祛浊以化清、清肝以利浊两者间的关系。其中祛浊乃对症必然之举，而清肝者，既有清疏以顺肝之性，解其郁化之火，亦合尤在泾所谓"积阴之下，必有伏阳"之意。代表方以大柴胡汤合茵陈蒿汤加减：柴胡9g、黄芩12g、赤芍12g、枳壳12g、姜半夏9g、制大黄6g、绵茵陈15g、焦山栀9g。

方解：大柴胡汤原用于治疗少阳阳明合病，具有和解及泻下的作用，此处化其方而衍其意，方中柴胡配黄芩，一疏一清，清肝布阳而利三焦；佐以枳壳理气解郁，与柴胡相伍，加强疏利气机之功，并奏升清降浊之效，与辛温之半夏相配，又具辛开之能；绵茵陈、焦山栀、制大黄三者，乃为茵陈蒿汤之组成，蠲除湿热尤良；且易白芍为赤芍，冀其行血疏肝，血中活滞，合酒制之大黄，宣膏脂之窒血。本方不仅调气解郁，尚可祛血中之瘀浊、气分之湿热，故代谢综合征属痰、湿、瘀、郁、脂所滞者，皆在其列也。

在施用清肝化浊法时，王坤根亦注重阴浊之邪易兼邪、致多变的特点，临诊察症按脉，必对病情全面分析，详审阴浊之所在，细查病变之所淫，临证处方依据患者兼及之脏腑辨证分型，合理加减，其大要可列举如下。

1. 兼平肝

兼平肝适用于肝阳偏旺夹浊上扰之证，而见头晕耳鸣、头痛、乏力、目眵偏多，宜平肝潜阳，王坤根常以天麻钩藤饮加减，习用天麻、钩藤、石决明等药；或选用董建华的"三草一子汤"，药用益母草、豨莶草、夏枯草、车前子平肝降压。若肝阳化火者，助用桑叶、菊花、夏枯草，三者合用，既可清肝降火，宁肝火之燎散，又具疏调之性，摒苦寒重镇之郁遏。若痰浊偏甚者，加用姜半夏、陈皮、茯苓，取"二陈"之法去痰湿诸浊之源，肝阳、肝火无所依附，则肝旺易平，肝火易清。上述药味，可单用，亦可兼顾，皆当视病情而定。

2. 兼利胆

胆汁为肝之余气凝聚而成，若血脂血糖等代谢紊乱，精微蕴滞于肝，日久渐成脂肪肝，以致肝失疏泄，胆汁排泄失畅而为积成石。因而代谢综合征兼有胆管结石者，王坤根常喜用金钱草、郁金、鸡内金、海金沙、石韦"四金一石"，以冀散滞、通瘀、顺气。如此，则胆腑通利，气行浊化，而阴浊积石自消，所谓通可去滞也。此四药与大柴胡加减相比，一消阴浊积石于有形之间，一疏无形之气血，辨证加减共进，既化阴浊，又调气血，方为至善。

3. 兼解郁

代谢综合征兼有情绪急躁、工作压力大、晨不易起者，最为适宜。大柴胡中柴胡、黄芩本就有疏肝解郁的作用，方可选逍遥散疏肝理脾，此处妙在合用健脾之意，白术、茯苓既能益脾散精又能利湿祛浊，使精微阴浊之邪消然潜散。王坤根在解郁之时，又独具匠心，常喜投生地、丹参、川芎、桃仁、红花、香附诸药，其中不乏气中血药，血中气药，由此可知，王坤根对代谢综合征中所蕴"郁"之病机，不仅限于《素问·六元正纪大论》中所述的"木郁达之"，更从气血上达郁，以开为先。

4. 兼祛湿

兼祛湿方可合用甘露消毒饮、三仁汤等加减利湿解毒以疏肝，使肝气得

畅，水湿得行，胶着之阴邪因而易解。多用于血脂偏高、脂肪肝、高血压，兼有乙肝大、小三阳等肝炎病史者，其辨证着眼点在于昼日思睡，舌红苔黄腻诸湿热困阻之象。

5. 兼益气

《直指方》中强调："气为血帅，气行则血行……气有一息之不运，则血有一息之不行。"据此举一反三，气行无力往往可导致血滞、血瘀，同时势必还可产生痰浊、水湿、脂浊诸患。故王坤根临证，凡见代谢综合征兼有气虚之象，譬如形体丰腴而腠理疏松者，常喜重用黄芪扶助正气，俾元气愈旺，越能鼓舞化浊之力。他认为黄芪补气偏行、偏动，能利水湿而化饮邪，畅气塞而解血壅，《本经疏证》明言："黄芪一源三派，浚三焦之根，利营卫之气，故凡营卫间阻滞无不尽通，所谓源清流自洁者也"。

6. 兼化瘀

兼化瘀并有瘀阻之证尤宜，因精微化浊及痰湿停滞，络脉不通，血府不畅，而致瘀血阻滞，王坤根习用血府逐瘀汤活血祛瘀，行气化浊。此外，他在遣用活血药物时，尤其讲究章法，如红花辛温走散，《药品化义》称其"血中气药，能泻而又能补"，多用破血，少用则能养血，以助疏肝气，解散留滞，令血调和；桃仁则破血之功偏多，能散肝经之血结，高血脂、高血糖等血中之浊明显者，用之尤善；丹参有养血和血之功，虽有"一味丹参，功同四物"之说，但王坤根认为丹参之养血非四物汤补血以养血，实乃通过祛除体内积滞以畅血气，而达到养血和血的效果，且其味苦性寒，阴浊郁滞化热者最适；又如鸡血藤、当归皆能补血活血，但鸡血藤甘苦性温，善舒筋通络，而当归养肝之体，补而不滞，消积散瘀，行而不峻，治疗阴浊郁滞在肝者尤为适宜；三七则有瘀祛瘀，无瘀生新；大黄酒制，其性转温，下行之力缓而善行血分，破瘀而能推陈出新。

另外，王坤根在辨证论治的基础上结合现代药理研究，施以治疗专药。如血糖偏高或糖尿病患者，惯用地骨皮、地锦草、鬼箭羽、黄连、生地、乌元参、苍术、玉米须、麦冬、绞股蓝；肝功能异常者，常以半枝莲、蛇舌草、田基黄、垂盆草、叶下珠护肝降酶；而针对血脂高的病患，屡用丹参、荷叶、生山楂、决明子、泽泻化脂降浊；尿酸偏高者，又可选择性地添加枳椇子、水红花子、土茯苓、绵萆薢、六月雪诸药。

医案 沈某某，男，49岁，2017年11月10日初诊。既往有脂肪肝、高血压、高血脂，自服缬沙坦胶囊、非诺地平，辅助检查提示：甘油三酯5.53mmol/L，高密度脂蛋白0.93mmol/L，同型半胱氨酸26.2μmol/L，胆固醇5.82mmol/L。刻诊：面色红赤，目糊，两胁胀痛，夜间盗汗，口有异味，形体丰腴，舌淡红、苔黄腻、脉弦滑。证属肝阳夹浊，治以清肝化浊。处方：菊花10g、桑叶15g、夏枯草15g、半夏12g、陈皮10g、茯苓30g、米仁30g、泽泻15g、佩兰15g、黄连6g、黄芩15g、黄柏9g、焦山栀9g、生地15g，7剂。

二诊 两胁胀痛药后明显减轻，口中仍有异味，加蒲公英30g清热和胃，14剂。

三诊 口苦口酸明显减轻，偶有盗汗，午后矢气频多，继进14剂巩固治疗。

（二）运脾化浊

"脾以运为健"。运者，乃转输、流动之意，水谷精微借脾气之运转，进而和调于五脏，洒陈于六腑。《素问•经脉别论》对此便有明言："饮入于胃，游溢精气，上输于脾，脾气散精"。脾疏散精微的功能一旦失衡，便可在脏腑、经络、气血、津液等方面发生多种病变，从而导致痰湿瘀浊填塞脏腑。《素问•奇病论》云："五味入口藏于胃，脾为之行其精气，津液在脾，故令人口甘也，此肥美之所发也。此人必数食甘美而多肥也。肥者令人内热，甘者令人中满，故其气上溢，转为消渴。"提出嗜食伤脾，致脾之运化、升清功能欠佳，不得为胃散精，水谷精微化湿生痰留滞体内，继而发为消渴的病变。《素问•通评虚实论》又曰："甘肥贵人，则膏粱之疾也。"即是恣食肥甘厚味之品，损伤脾胃，影响精微的输布，脂质壅积，渐成膏粱之变。是以代谢综合征常以阴浊诸邪壅实为临床特点，临床多表现为形体丰腴、昼日思睡、疲乏无力、口中黏腻、口干、大便稀溏、头发油垢、面起褐斑等症状。循《素问•五脏别论》："所谓五脏者，藏精气而不泻也，故满而不能实"之诫，脏腑精气应当盈满流通而不得壅实，故在治疗此类病证时，须以运通为要，在脾则宜从运脾化浊论治。

因脾的生理功能即为主运化、主升清，代谢综合征之病位在脾者，常表现为脾主运化、升清功能的失调。王坤根自创运脾化浊经验方三术二陈一桂汤：苍术12g、白术12g、莪术12g、陈皮10g、半夏9g、茯苓15g、肉桂3g，用于肥甘厚味过度，形体丰腴，舌苔白腻，脉滑或缓，血脂高，有糖尿

病的患者。

方解：《景岳全书·郁证》云"凡诸郁滞，如气、血、食、痰、风、湿、寒、热……一有滞逆，皆为之郁，当各求其属，分微甚而开之，自无不愈"。故以二术运脾化湿，使脾得以散其精微，其中苍术苦温辛香，偏于燥湿而兼有醒胃之功；白术甘苦微温，强于健脾。此二味，一补脾之体，一复脾之运，此乃深谙"凡欲补脾，则用白术；凡欲运脾，则用苍术"（《本草崇原》）。姜半夏、陈皮、茯苓是为二陈，可燥湿化痰，堵其痰湿之源，以消阴浊。痰湿阻遏气机、中州失健，气行既滞且怠，血运遂致不畅，故以味辛性温之莪术，活血行气，尚兼祛瘀消积之妙。肉桂量虽少，然其意深远，一方面含有阴浊之邪当以温药化之之意，另一方面则着眼于五脏的气化功能，通过少量肉桂恢复生生之气，协调脏腑气机升降出入，使气、血、津、液及精的生成、输布、排泄各从其道。至此痰、湿、瘀、脂浊诸阴浊之邪皆可分而化之、温而消之。从本方的立意和组成细究，张景岳所谓："……知病所从生，知乱所由起，而直取之，是为得一之道"概如此矣。

医案　口黏

郏某某，男，51岁。初诊日期：2016年10月18日。主诉：夜寐口黏10年余。症见夜寐口涎，质黏，口有异味，口干，形体丰腴，舌淡红，苔薄腻，脉缓。既往高血压病、高脂血症、糖尿病病史，平素服用苯磺酸氨氯地平片，阿托伐他汀钙片，二甲双胍控制；有冠状动脉粥样硬化心脏病史，2013年11月左回旋支冠脉置入支架2枚；有饮酒史。中医诊断：口黏（湿热困脾，痰瘀互阻）。治法：运脾化湿清热。处方：莪术12g、炒白术12g、苍术12g、姜半夏9g、陈皮10g、肉桂2g、茵陈12g、焦山栀9g、黄连10g、黄芩12g、蒲公英30g、丹参15g、荷叶10g、决明子15g、生山楂12g，14剂。

二诊　药后夜间口涎、口黏、口臭显减，舌淡红，苔薄，脉缓。上方增入茯苓15g，葛根30g，14剂。

三诊　药后口中异味缓解，疲乏无力，偶有心悸，舌淡，苔薄，脉缓。上方加红花6g，14剂。

四诊　自诉诸症平稳，未见明显不适。上方去蒲公英，14剂。

（三）益肾化浊

肾者，主蛰，封藏之本，精之处也。肾主之精，不仅包含源于父母的生殖之精，亦时时受充于经脾气转输后的脏腑之精。肾精化生的肾气对周身脏腑之气及精微物质的化生、固摄等皆有重要的调节作用。若肾虚失固，则肾藏精的功能失职，蛋白尿、尿浊等症状接踵而至，故代谢综合征而见下焦失固，精微外泄者，法宜补肾固摄，正如《临证指南医案·吐血》所谓："下焦宜封宜固"。肾又与膀胱相表里，两者同属下焦，肾主水，其气蒸腾，助膀胱气化。若湿浊流注下焦，阻碍膀胱气化，而见小便不利，或灼热，或短滞；若膏脂血浊，及代谢之糟粕，闭阻窍道，以致涩而不畅，清浊不分，又必须疏凿水道，通以济塞。终以恢复"下焦分别清浊"（《难经正义·三焦评》）为务。

方选用六味地黄汤加减：生地 15g、萸肉 12g、丹皮 9g、山药 30g、茯苓 15g、泽泻 9g，适用于形体丰腴，腰脊酸楚，小便混浊，辅助检查提示尿蛋白、尿酸增高等，舌红或淡红，苔腻，脉缓或滑。

方解：代谢综合征而见尿蛋白、尿酸偏高凡此种种者，皆湿热下注或肾气亏虚，下焦功能失常。治当复其分别清浊之职，使水谷精微化生及湿浊排泄趋于正常。六味地黄汤原治疗肾精不足之证，王老师借其"三补"以益精化气；借"三泻"以清泄湿热。方中以熟地滋阴补肾，填精益髓而生血，而恐过于滋腻，反助阴浊之痹阻，故王坤根取生地替之，而今之生地，因鲜者多为药房所不备，故实指干地黄，据《神农本草经》有载："味甘、寒。主折跌绝筋，伤中，逐血痹，填骨髓，长肌肉，作汤除寒热积聚、除痹。"除补益精髓外，尚能克血中之痹；另用山茱萸温补肝肾，收敛精气；山药培土健运，且可固肾，脾肾互助，得其封藏运化之功。若纯用滋补之药，虽能缓解症状于一时，然阴浊之邪内敛，旋即生变。是以用泽泻宣泄导浊；丹皮清泻肝火，守内寄之相火；茯苓淡渗利湿以助运，三者并图，可祛阴浊之横逆，且邪去补药乃得其力，开阖之间，补泻得宜，其功奏矣。若代谢综合征辅助检查提示尿中蛋白，王老师常用六月雪、泽兰叶、谷精草、玉米须等；若兼见尿酸偏高，常加水红花子、玉米须、土茯苓、六月雪等。

医案 崔某某，男，42 岁，2017 年 5 月 12 日初诊。患者平素应酬难辞，恣食肥甘，形体丰腴。刻诊：头面油垢，发白易脱，疲乏无力，阳痿早泄，周身不舒，游走不定，舌淡红，苔黄腻，脉细缓。B 超提示颈动脉斑块形成，辅助检查示尿酸偏高。证属肾虚湿浊留滞，治拟益肾化浊，兼以运脾。处方：生地 12g、山药 30g、萸肉 15g、茯苓 30g、泽泻 15g、丹皮 12g、莪术 15g、苍术 15g、白术 15g、姜半夏 12g、陈皮 10g、肉桂 2g、绵茵陈 15g、焦山栀 9g、绞股蓝 30g，14 剂。

二诊 头面油垢明显减轻，夜间寐劣有所缓解，大便不成形，阳痿早泄，腰膂疼痛，舌红嫩，苔薄腻，脉沉。另增丹参20g、荷叶20g两味，以助降脂化浊之能，14剂。

二、代谢综合征防护

随着生活水平的提高，高蛋白、高脂肪类食物的增加，王坤根结合现代人们生活习惯的改变，在辨证论治的同时，尤其重视代谢综合征的日常防护，常嘱咐病人要有适当的运动，并配合恰当的饮食。现将其要略概括为以下两点。

（一）知动

代谢综合征的患者，大多喜卧好坐，脏腑脾胃的功能失于振奋，水谷精微布散不利，多化为膏脂痰浊，聚于脏腑、经络，形成高脂血症、糖尿病。对此，王坤根每每告诫患者要适当增加运动，以促进阳气的化生、气血的运行和精微的消磨。其中之理，就如同陈寿《三国志》中华佗所言"人体欲得劳动，但不当使极尔，动摇则谷气得消，血脉流通，病不得生。譬如户枢，终不朽也"。

（二）慎食

代谢综合征的发生与饮食密切相关，《素问·通评虚实论》说："消瘅扑击，偏枯痿厥，气满发逆，甘肥贵人，则高粱之疾也。"大抵过食肥甘，水谷精微在体内堆积为膏脂；抑或损伤脾胃，致使湿浊内生，酿蕴成痰。每值此，王坤根又谆谆告知患者要学会将好日子当成苦日子来过，饮食要清淡，荤素搭配要合理，膏粱厚味可以食用，但量宜少，仅限品尝。须知"安身之本必资于食……不知食宜者不足以存生"（《千金要方·食治》）。

三、心血管疾病

心血管疾病是心脏及其血管疾病的统称，泛指由于高脂血症、血液黏稠、动脉粥样硬化等所导致的心脏及其血管的病变。王坤根认为高血脂、动脉粥样硬化等状态皆可归属阴浊之邪所致的各种病理改变，如是，则知其中不乏瘀血、痰浊、脂浊诸内生之邪。然而从疾病治疗的标本而论，单纯从痰、瘀等阴浊之邪的角度考虑，未免失于其本。故论治心血管诸疾，其缓者，尤要溯其阴浊之邪的生成之因，并要立足于心的功能特性。

心的特性功能，此处主要涉及心为阳脏而主温煦和心主血脉两部分。如《灵枢·阴阳系日月》说："心为阳中之太阳"，心之用，全赖于本脏所蕴藏的阳气，阳气充裕，其温煦、振奋、推动的功能才得以正常发挥，方可"奉心化赤"以濡养诸脏；鼓动周身气血，使之充盈通利；继而可消除阴霾浊邪。是以心阳、心气不足，常可出现胸痹心痛、心悸汗出等病，概如《金匮要略·辨胸痹心痛短气病脉证并治》所谓："夫脉当取太过不及，阳微阴弦，即胸痹而痛，所以然者，责其极虚也。今阳虚知在上焦，所以胸痹心痛者，以其阴弦故也"以及《伤寒论》中提到的："太阳病发汗过多，其人又手自冒心，心下悸……"。乃阳气不足，推动无力，血行不畅，凝聚而痹阻心脉；或心阳不足，痰浊内聚，上犯心胸，清阳不展，阻痹脉络；或阳气内弱，心气不足，内虚而为悸。所以王坤根认为在治疗上，一要顾护心阳之本，补气、通阳以温血脉，消阴浊于未成之际；二要化已成之阴浊诸邪，如痰浊、瘀血、脂浊之类。

心以血为体，心之功能的正常发挥，不仅依靠心阳的温煦和推动，亦需心之阴血的濡润，故《难经·二十二难》中说"气主煦之，血主濡之。"阴血不足，阳不得阴助，心阳生化无源，温运无力，不但心失所养，更生痰、瘀、脂浊等阴浊诸邪。为此，王坤根在治疗心血管疾病时非常重视心阴与心阳两者的辨证关系，一方面强调心阳的作用，治疗上亦重在化浊祛瘀；另一方面也通过益气养阴，以冀化气生阳之效。

（一）温心阳

《素问·生气通天论》曰："阳气者，若天与日，失其所则折寿而不彰，故天运当以日光明，是故阳因而上，卫外者也"。心之阳，如天之日，水谷精微要灌溉周身，必须要通过"上焦如雾"（《灵枢·营卫生会》）的宣散过程，其中除肺气宣发肃降外，还须赖以阳气的温运、宣通。若心阳不足，水谷精微不得宣布周身，停滞为浊、窒闭成瘀，湿、瘀、痰、浊等各种阴邪浊气逐渐痹阻心脉。另且胸阳不展，下焦阴寒之邪易乘虚上犯。因此，临床上归属"胸痹""心痛"范畴的冠心病、病态窦房结综合征等心血管疾病，其发病，多有心阳不足的基础。治疗上除祛瘀、化浊等治外，要在求得其本，温通心阳，使上焦阳气充沛，则无论湿、瘀、脂浊等阴邪，皆易得散。此亦《金匮要略·水气病脉证治》所言"大气一转，其气乃散"之意。

1. 角药-黄芪、桂枝、丹参

黄芪、桂枝、丹参是王坤根治疗心血管疾病常用的角药，桂枝辛甘性温，

善助心阳，故心阳不振者多用之；盖心阳虚者，心气亦多兼不足，因而合用黄芪以补气；气阳虚者，温运不利，血行滞涩，久而化瘀，故用丹参以活血养血，使攻而不破。三者配伍，正合胸痹阳微阴弦的基本病机，共奏温补心气、宣通心阳、畅利心脉之能。

2. 桂枝甘草汤

《伤寒论》中桂枝甘草汤原本治疗发汗过多，损伤心阳所致的心悸。取桂枝辛温，入心经，通阳气；炙甘草甘温，益气补中，两者相伍，有温通心阳之功，且炙甘草之培中，能滋化阳之源，《本经逢原》以"炙之则气温，补三焦元气，……养阴血"概其功效。本方药味虽少，而功效专，王坤根常用以治疗冠心病、心绞痛、心律失常诸心血管疾病证属心阳不足者。

（二）化阴浊

心血管疾患，有因心之气、血、阴、阳不足而致，亦有因瘀血、脂浊、痰饮引发，其中又不乏因虚致实者，但最终多迁延而成虚实夹杂。王清任在《医林改错》中就有因元气亏虚，停留而瘀的见解。王坤根认为痰、瘀、脂浊等阴浊之邪是心血管疾病的重要致病因素。如《古今医鉴》所载"心脾痛者，亦有顽痰死血……种种不同"。如冠心病患者偏高的血脂，冠脉内形成的斑块，皆归属中医痰瘀阴浊的范畴。是以王坤根治疗痰浊痹阻、瘀血阻络诸证，据"血实"而"决之"的原则，尤重宣痹通阳、活血化瘀，强调化阴浊，祛实邪，痰瘀同治。常用方剂有瓜蒌薤白半夏汤、丹参饮和冠心Ⅱ号等。

1. 瓜蒌薤白半夏汤

《金匮要略·辨胸痹心痛短气病脉证并治》："胸痹不得卧，心痛彻背者，瓜蒌薤白半夏汤主之。"此为痰浊积聚，痹遏胸阳，阻塞血脉所致，临床可表现为胸脘满闷，伴有苔腻等症状，故治疗上当以"宣通阳气"为要，通其阳，而阴霾自散。方中薤白辛、苦、温，归心、肺、胃、大肠经，《本草求真》谓其为"实通气、滑窍、助阳佳品也"。用之则上焦之痰滞立消，阳气得散而化轻清；半夏其味辛温，体滑性燥，以辛开其结，温化其浊，燥助其阳，滑以入阴，引阳而和阴，使阴浊之邪散而不聚，取其姜制，更助辛散之力；瓜蒌性寒味甘苦，入肺、胃、大肠经，纯阴性寒，《本草思辨录》以"栝楼实之长，在导痰浊下行，故结胸胸痹，非此不治"概括其功，其与薤白、姜半夏合用，刚柔相济，彰其导痰之长，又补其不足。王坤根临证应用此方时常加入葶苈子，葶苈子化痰降气，利水逐邪，《本草经解》云："葶苈气寒可以去热，味辛可以散寒，下泄可以去积也"，《本草崇原》言其"主治癥瘕积聚，结气，饮食寒热，破坚逐邪，通利水道"，正合心血管疾病痰、瘀、脂浊闭阻心脉之病机。

2. 丹参饮

丹参饮主治心痛、胃脘诸痛，具有行气活血，祛瘀止痛之效。原方中丹参为一两，檀香、砂仁各一钱，丹参用量是其余的五倍，重用丹参，功专活血祛瘀，且丹参活血通络而养血，使瘀祛而新生；然血之所行，赖气以助之，故配以阳春砂、檀香行气止痛，适用于瘀滞气阻之证。临床使用时，王坤根多以降香易檀香，且降香一味尚具辟秽之能，《本草经疏》誉其为"香中之清烈者也"，是以对于瘀血兼痰、脂诸浊者更为适宜。琥珀一味可镇惊安神，散瘀止血，利水通淋，《别录》言其"主安五脏，定魂魄，消瘀血"，《日华子本草》言其可"壮心，明目磨翳，止心痛、癫邪，破结癥"，故王坤根临证使用丹参饮时亦常伍入以增活血散瘀之功。

3. 冠心 II 号

冠心 II 号由丹参、赤芍、川芎、红花、降香五味药组成，该方是已故著名中医临床家郭士魁先生所创。其结合冠状动脉粥样硬化的病理基础，认为瘀血内阻是冠心病的基本病机，贯穿冠心病各证型之中。此亦与王坤根认为"痰、湿、脂、瘀诸阴浊之邪，凡致血气瘀滞者，皆可发病"之论有相合之处。因此本方以祛瘀活血为急，方中重用丹参活血养血为君；川芎辛散温通，活血行气；桃仁活血行滞，兼以润燥；红花祛瘀止痛，三者共为臣药，降香化瘀止痛，芳香止痛而开心气。全方活血祛瘀而不破，行气而兼顾化浊之用。

（三）益阴气

《素问·生气通天论》中载："阴者藏精而起亟也"。何为亟也？张景岳注："亟，即气也"，说明体内贮藏的阴精是气的来源，由此也蕴藏着阴阳互根互化之理，王冰注为："阳气根于阴，阴气根于阳，无阴则阳无以生，无阳则阴无以化"。这实际上也是对"独阴不生，独阳不生"（《春秋繁露·顺命》）的精准阐释。心体阴而用阳，心阳的强弱，在一定程度上依赖心阴血的盛衰，若心阴、心血充盈，心得其养，则阳气生化有源。因此，王坤根十分重视心阴与心阳之间的化生规律，在辨证的基础上，善于通过调节阴阳的关系治疗心血管疾病。如用生脉饮、甘麦大枣汤滋阴益气，于一众补阳药中，借以涵养心阳。然而，此二方之用意，又不仅限于此，如配伍在辛温芳香化浊、辛

散活血化瘀的药物中，又可谨防耗气伤阴。王坤根认为心血管疾病老年患者往往年逾古稀，五脏趋衰，其心阴未有不亏者，或者经冠状动脉介入及搭桥术者，其心血亦未曾有不伤者，若仅以活血化瘀、祛浊通络治之，必损阴耗血，非但无益，反增其害。

1. 生脉饮

生脉饮由古方"生脉散"衍生而来，生脉散源自张元素的《医学启源》，两者虽有剂型的不同，却都由人参、麦冬、五味子组成。方中以人参补气复脉，麦冬质润滋阴，五味子酸温生津敛神，三药合用而增上焦氤氲之气，是以心得养肺得润。《医方考》因人参、麦冬、五味子三者具有"清""补""敛"之功，使得脉气得充，故以"生脉"命名之。吴鞠通则从阴阳互根的方面加以阐述："生脉散酸甘化阴，守阴所以留阳"，因而心阳得阴之助，则益能化阴浊之邪。王坤根在临床使用时喜易人参为太子参，更增益气养阴之功，并常加入黄精、玉竹二味：黄精补气养阴，可健脾、润肺、益肾，《本草便读》："黄精味甘而厚腻，颇类熟地黄……按其功力，亦大类熟地，补血补阴，而养脾胃是其专长"，肾阴得复则可上滋心阴，脾气得健则化源不绝，心之阴血得以充养；玉竹培养脾肺之阴，功与黄精相似，但其甘平滋润，补不碍邪，最适于痰瘀脂浊闭阻心脉之心血管疾病。

2. 甘麦大枣汤

甘麦大枣汤出自《金匮要略》妇人杂病篇，原为脏躁而设。后世渐引此治疗精神、情绪诸疾，其治实重在心。方中小麦能养心阴、益心气、安心神，兼具除烦补虚之职，《金匮要略心典》就称其为肝之谷，"而善养心气"。大枣协同甘草甘润补中，滋养营血。所谓"损其心者，调其营卫"，本方药虽仅三味，但温润而济，气血双补，心肝脾诸脏皆赖此而荣，故心脉得养，肝血充溢，脾统有度，因而善治心之诸病。实乃滋其化源，阴血盈满，从而从根本上达到治心的效果。

以上便是王坤根治疗心血管疾病考虑的主要方面及常用方药，临证之时，常多方结合使用，又注意圆机活法，不失其宜。

医案 丁某某，男，68岁，2018年1月30日因"夜间憋闷间歇性发作3年余"就诊。患者3年前无明显诱因出现夜间憋醒，后间歇性发作，舌红，苔薄黄，脉弦滑。辅助检查：彩超：心功能无殊，颈动脉多发斑块；生化：低密度脂蛋白3.22mmol/L，胆固醇6.05mmol/L。曾一度服用阿司匹林、阿托伐他汀。既往有高血压、哮喘病史。中医诊断：胸痹心痛病（痰瘀互阻）。治法：宣痹通阳，益气活血。处方：黄芪 30g、丹参 20g、赤芍 12g、川芎 10g、三七 6g、瓜蒌皮 15g、薤白 12g、制半夏 12g、降香 9g、阳春砂（后下）6g、红景天 15g、太子参 15g、麦冬 12g、五味子 9g，7 剂。

二诊　药后夜间憋醒未作，胸闷胸痛未见，大便正常，舌红嫩，苔黄糙，舌底脉络迂曲。调整用量为赤芍 15g、川芎 12g、姜半夏 9g，7 剂。后未再诊。

第六章

桃 李 天 下

对于人才的培养，王坤根从来都不遗余力。也许是因为在他成才之路上得到过许多优秀老师的指点和提携，耳濡目染，他也把自己的所学所知毫不保留地传授给学生。这些学生有些是长期跟随他侍诊学习的研究生和徒弟，有些只是短期跟随他抄方的规培医生，当然，还有他早年担任授课老师的班级学生，他都悉心指点。他会在繁忙的诊病间隙以寥寥数语对症状经典的病人的诊治思路简单介绍，对于学生在诊疗结束后提出的问题会耐心解答，对于规培医生请他过目的文章会抽时间认真修改，更不必说自己的研究生和亲传弟子了。他平易近人，学生都愿意亲近他，聆听他的教诲，因此在学习中结下了深厚的师生情谊。他的学生们有的在临床已奋斗了几十年，或成为市级名中医，或步上领导岗位，或在各自的科室发挥着重要的作用；有的刚刚步入临床，对未来充满憧憬和向往，准备为中医药事业奉献自己的青春。

第一节　春起江南初课徒

除了在梅蓉卫生所时培训的赤脚医生，王坤根在桐庐卫生进修学校授课期间的学生应该是他最早期的学生了。这些学生大部分都已是当地中医骨干，但是现在很多失去了联系。我们找到了两位长期以来与王坤根保持着联系的学生，回忆起过去在学校里听王老师讲课，已是市级名中医的他们感慨万千，并欣然提笔写了下面的话。

一、臧明

臧明，男，1956年2月出生，中共党员，大专学历，中医主任医师，杭州市名中医，浙江省五一劳动奖章获得者。现兼职浙江省针灸学会理事，杭州市针灸推拿学会常务理事，桐庐县中医学会理事，桐庐济民医疗康复门诊部主任，曾兼任桐庐县第五、六、七届政协委员。

1972年，我初中毕业留城，被分配到桐庐中医院做中医针灸学徒。那时的我似乎是顽童，没有追梦的方向，幸运的是，我最终坚定了方向，执着于针灸之终身专业，执着于中医的传承与发扬，从而进入多姿多彩的中医针灸临床之门，时已近五十载。

曾有幸拜遇恩师王坤根名中医，他先后两次为我们任课执教，使我掌握了完整而全面的中医理论体系。1979年2～8月在桐庐县卫校参加中医基础理论培训班，当时王坤根老师是桐庐县卫校主持工作的副校长，兼任中医基础理论课程教学。1981年9月至1982年8月我又在浙江省卫生厅主办的浙江省中医研究院"浙江省针灸医师晋升晋级提高班"学习，其时王坤根老师在浙江省中医研究院临床研究室心血管组从事冠心病研究，也兼任我们中医理论学科教学工作。王老师每次授课都面带微笑，条理清楚，通俗易懂，内容丰富，引人入胜，精彩纷呈，扣人心弦，令人如痴如醉，思绪万千，回味无穷，使我终生难忘，受益匪浅。在讲述"气"的内容时，从自然清气到脏腑之气，从气之生理功能到病理变化；从真气、宗气、元气、卫气、水谷之气、经脉之气的区别，到经脉调畅、气血调和。他教我认识到针灸治病以调气为用，正如《灵枢·刺节真邪》所说："用针之类，在于调气""气速效速，气迟效迟"，让我明白针灸治疗的目的是"以通为顺，以和为度"，并和我们探讨"调和经脉之气"的针刺手法的运用。为我的针灸临床打下了坚实的理论基础，使我在随后的临床实践中视野开阔，经过不断地潜心探索，临床得心应手，独具一格。

在我的中医临床生涯中，时常接受恩师的言传身教和学术引领，编辑学术论文近20篇，发表学术论文12篇：① 1991年3期《浙江中医杂志》针灸治疗小儿原因不明性腹痛36例；② 1991年12期《浙江中医杂志》委中刺血治疗内科疾病的经验；③ 1992年10期《浙江中医杂志》化脓灸治疗顽固性虚损症的体会；④ 1996年6期《中国针灸》针刺治疗周围性面瘫280例；⑤ 1997年7期《浙江中医杂志》造筋散治疗晚期足踝部腱鞘炎；⑥ 1998年3期《浙江中医杂志》针灸治疗截瘫17例体会；⑦ 1999年10期《亚洲医药》针刺后溪配委中刺血首诊治疗急性腰扭伤探讨；⑧ 2007年1期《浙江中医杂

志》针刺下风池、阳辅为主治疗偏头痛 64 例；⑨ 2009 年 1 期《浙江中医杂志》补肾温针法治疗老年肾阳虚腰痛 100 例；⑩ 2009 年 12 期《中华中医药学刊》"治未病"贴膏辨证选穴冬病夏治治疗支气管哮喘疗效观察；⑪ 2010 年 6 期《中华中医药学刊》《太平圣惠方》的灸法理论；⑫ 2011 年 4 期《中国针灸》针灸治疗脊柱相关性腹痛 46 例。

在中医师承教育上，我已带教中医学徒 6 位。其中何书奎、李立波、朱敏铌、陈霄苕四位已先后通过浙江省卫生厅出师考试，并相继获得中医师资格，现都在基层从事中医临床工作，亦得到社会的广泛认可和好评。其中何书奎中医师还获得杭州市三八红旗手荣誉称号。

上善若水，臻于至善。伴随着我中医人生，在名医之路上留下闪光的足迹，实现着一个个新的篇章。

二、姚梦华

姚梦华，男，1957 年 7 月出生，中医儿科专业，主任中医师，1984 年毕业于浙江中医学院，获学士学位。原工作单位为桐庐县中医院，目前已退休，被聘用在桐庐县中医院桐君药祖国医馆工作。曾任或现任学术职务为中华中医药学会儿科分会委员，浙江省中医药学会儿科分会委员，杭州市中医药协会常务理事兼儿科分会副主任委员，桐庐县中医学会理事长。曾任行政职务为桐庐县中医院业务副院长、院长、书记，桐君药祖国医馆馆长。2016 年被评为杭州市名中医。

1976 年 9 月，我高中毕业后被分配到桐庐县公社卫生院当了一名中医学徒。1978 年桐庐县卫校举办中医培训班，我去参加学习，王坤根老师当时担任桐庐县卫校校长兼中医基础理论授课老师。王老师中医理论基础扎实，临床实践经验丰富，讲课理论联系实际，深入浅出，引人入胜，引起了我对学中医的极大兴趣。其时，我正利用业余时间复习文化课准备参加高考。1979 年高考分数上线，我选择读中医，被当时的浙江中医学院录取，开始了系统学习中医知识的历程。

1979 年，国家为了缓解中医人才后继乏人的局面，在全国通过考试从民间和基层卫生院选拔中医人才。王坤根老师以浙江省第一名的成绩被选拔到省级医疗单位工作，开始了深入探索中医临床和理论的新征程。我 1984 年大学毕业后分配到桐庐县中医院工作，起初从事中医内科，后从事中医儿科工作。临床碰到疑难问题，我曾多次电话或当面向王坤根老师请教，也曾多次在学术会议上聆听王坤根老师的学术报告，收集拜读王坤根老师的学术文章，受益匪浅。现举几个在王坤根老师学术经验指导下治愈的案例。

1. 慢性胃炎案

严某某，女，66 岁，2017 年 3 月 30 日初诊。患者胃脘隐痛 2 个月，伴有胀满，口苦面干，夜寐不佳，梦多纷扰，形体消瘦，大便正常，苔薄净，舌偏红，中有裂纹，脉弦细。半年前胃镜检查为慢性胃炎伴糜烂。初辨为胃脘痛，胃阴不足，用叶氏养胃汤加乌梅、佛手、绿梅花、白芍、酸枣仁、合欢皮、蒲公英治疗，胃脘痛未缓解。因思王坤根老师柔肝和胃饮治疗阴虚胃脘痛效果好。处方：北沙参 15g、炒麦冬 15g、当归 15g、生地 15g、枸杞子 15g、百合 30g、乌药 9g、白芍 12g、山药 30g、佛手 6g、绿梅花 5g、蒲公英 15g、甘草 6g，7 剂，服后胃脘痛明显好转，睡眠亦有改善，效不更方，原方加减调理 2 个月，胃脘痛明显好转。

2. 外感盗汗案

王某某，女，5 岁，2017 年 5 月 12 日初诊。主诉盗汗 1 周。患儿 1 周来盗汗，汗湿衣襟，白天嬉戏如常，纳谷欠馨，大便偏干，伴有鼻塞，余无不适，苔厚腻，舌尖红。初辨证为阴虚火旺，夹有食滞，用当归六黄汤加消导药治疗 5 天，盗汗未止，苔厚腻好转，反增咽痛，偶有咳嗽，忽想到不久前拜读过王坤根老师风热盗汗案，思之颇合其病机，改用：桑叶 8g、菊花 8g、银花 6g、连翘 8g、黄芩 8g、前胡 8g、桔梗 6g、黄芪 12g、防风 6g、炒白术 8g、辛夷 8g、芦根 12g、杏仁 8g、浙贝 8g、浮小麦 10g、炒甘草 3g，服 5 剂，盗汗全无，咽痛咳嗽也好转。此体虚小儿，感冒风热轻症，郁于肌表，风性开泄，故令人盗汗也。以后多次用辛凉解表或清暑解表法治疗小儿春、夏季感冒夜间盗汗案，大多有效。

3. 反复口疮案

徐某某，男，35 岁，2018 年 12 月 24 日初诊。主诉口疮反复发作 5 年，再发 3 周。患者 5 年来口疮反复发作，一般口疮 2 个月能自行缓解，不出半月又发，如此循环，反复不已，甚感痛苦。多次服用中药，检视前医处方，用过银翘散、泻黄散、玉女煎、凉膈散、知柏地黄汤、补中益气汤、清热解毒加益气养阴药等等。刻诊，舌边及口唇上各有口疮 2 枚，色稍红，平素体质尚可，唯感下肢畏寒，苔薄白舌淡红，脉弦缓。该患者主症明确，兼症不

多，辨证时我陷入长思。但忽然记起王坤根老师在《从病案谈辨证论治》著作中指出：临诊应抓住主症，结合兼症，提炼病机，确定证型。本案病机是什么？因思该患者虽值壮年，但多年在生意场上奔波，口疮反复，下肢畏寒，乃脾肾不足，肾阳亏损，虚火上浮，不妨用潜阳封髓丹加减一试：附子（先煎）9g、肉桂（后下）3g、砂仁（后下）6g、干姜6g、盐黄柏9g、煅龙骨（先煎）15g、煅牡蛎（先煎）15g、炙龟甲（先煎）10g、甘草6g、黄连3g、连翘9g。5剂。方中附子、干姜温散寒邪；黄柏、连翘清降浮火；黄连、肉桂引火归元、交通心肾；砂仁辛温，能宣中宫阴邪、纳气归肾；龟板通阴助阳，与龙骨牡蛎共同潜镇浮阳，纳气归肾；甘草调和上下又能伏火。该病人因出差，半个月后来复诊，说服中药第一剂后口疮反增多且痛，服第二剂后口疮忽然消失，下肢畏寒也好转，真乃神奇，要求巩固以防复发，遂以金匮肾气丸收功。

王坤根老师是我矢志中医事业的引路人，又是提高我中医学术水平和临床能力的良师益友，我将在今后的临床工作中，不断学习王坤根老师的学术思想和临床经验，提高自己的中医理论和临床水平。

第二节　风暖学林新枝繁

在王坤根的职业生涯里有约20年的时间从事着中医管理工作，他奉献了大量时光给浙江省中医药事业和浙江中医药大学附属第一医院的建设发展，并且心无旁骛，直到2005年他退休后才全身心重回临床。重回临床的王坤根除了从事繁忙的诊务工作，另一项重要的工作就是培养人才。从2005年开始，他招收了三位硕士研究生。这三位学生非常优秀，后来继续深造，均已获博士研究生学位，还有一位正在从事博士后研究工作。回想起当初跟随王老师的学习经历，他们都倍感荣幸。

一、孙海燕

孙海燕，中医学博士，主治中医师，第六批全国老中医药专家学术经验继承人，陈意全国名老中医药专家传承工作室成员，浙江省中医药学会内科学分会青年委员。先后师从全国名老中医药专家传承工作室指导老师兼全国名中医王坤根院长、全国名老中医药专家传承工作室指导老师兼浙江省首批国医名师陈意主任和连建伟教授。现从事中医内科临床、教学和科研工作。

步入中医之道，时近二十载。回想过往，在校之时，经历过中医与西医的思维之争，形而上与形而下、哲学与方法论、文化与历史等远高于医学的思考，似乎成为年少时"生命中不能承受之轻"。幸而我从众般迷乱中坚定了方向，开启的却是另一番执着，执着于中医之道、执着于以中为主的中西医并重、执着于中医的传承与发扬……于是，在七年制临床与导师的双向选择之时，我坚定地希望能够师从一位年长的传统中医，带我进入多姿多彩的中医临床之门。

同学们一个学期前就早早开始和临床导师联系，而我还在等候学校官方迟迟未出的导师名单。等到临床前几个月公布的时候，同学们大多已和导师确定好了，可我竟并未着急。一则，还不想分科，感觉大内科的临床基础还没有扎实到足以分科的程度；二则，心里还是在默默期待侍诊一位年长的传统中医导师。保持中医的美好，以望、闻、问、切的方法及辨证论治的思维切实地解决临床问题。终于，我看到了"中医内科王坤根"，虽然很陌生，没有给我们上过理论课，但是身在"中医内科"，又年逾花甲，我立马准备去临床跟诊拜访。

上午八点匆匆赶到诊室时，王老师已经在看诊了，诊室门口簇拥了一堆候诊的病人，还时不时有患者进入诊室加号。我不敢徘徊太久，怕第一次来就迟到给老师留下不好的印象，于是赶紧唐突地自我介绍了一下，王老师很亲切地让我坐在录计算机处方的师兄旁边跟诊。我看着一位位病人来加号、一位位病人来诉说病情，王老师始终不厌其烦、面带微笑、宽慰病人。有患者说症状好转，他开心欢颜；有患者仍感不适，他详问病况、悉调处方；有患者心绪不展，他解语宽心。香苏饮、二陈汤、猪苓汤……王老师报出处方后，再适当根据患者病情予以加减调整。不知不觉，看诊到了下午三点多，王老师都没有进午餐，坚持把加号的病人逐一耐心地看完了。

随后的诸周，我坚持跟诊，除了专业上的收获以外，相处更多、了解更多、体会到的感动也越来越多。原来，王老师居然是浙江省中医院的院长，作为学生的我两耳不闻窗外事，恍然得知后，看到更多的是王老师行政工作的操劳和繁杂。除了院长的管理工作，每天他都会早早来到办公室，那里往往已有一批病人在等候了，有些是复诊患者，有些是老家桐庐来的病人，病情或轻或重或简或繁，或施以中药或协调住院，每个病人都得到了很好的诊治和安排。如此，一直忙碌到八点，再继续忙碌于他的管理工作。如果遇到专家

门诊的时间，就移步专家门诊继续看诊，每次都是连续不停地一直看到下午三四点多，把病人安置妥了，才去吃饭。老师经常说："病人们都是一大早从外地赶过来或者早早来排队挂号，要是看晚了，回家也迟了，甚至有些当天还回不了家，给他们看完了，我再吃饭，心里安心踏实。"在这波澜不惊的语言背后，潜藏着的是怎样一颗同情心！拥有着的是怎样一种悲天悯人的大医情怀！于是，我更坚定了自己想要跟师的决心！幸运的是，在进入临床实习之前，终于得到了王老师肯定的答复和学校官方的认可。在骄阳似火的七月，我满怀着对临床的憧憬开启了令人期待的实习生活。

第一年病房各科轮转，第二年跟随导师及其所在学科，同时完成毕业论文。时间一晃而逝，回想这两年真是弥足珍贵。老师的教导也仍在耳边历久弥新："要打好病房西医学科理论的基础，扎实中医经典理论，训练临床思维"。老师时常这么教诲，而他自己也是如此身体力行！来看诊的患者，需要进行西医检查的，老师并不排斥，而是动员患者进行必要的西医检查，并对患者的检查结果进行解析，告知患者病情，然后应用扎实的中医功底进行辨证论治解决患者的病苦。老师坚持以中为主的中西医结合，为我们学生树立了典范！

老师的办公室里堆满了各种书籍，书橱里、办公桌上，有西医的，也有中医经典。在忙碌的行政和临床之余，他精勤不倦、笔耕不辍，仍在继续不断地看书，学习西医的新进展、新指南，温习中医的经典和古籍，师尚如此，更何奈吾辈？！每次门诊跟诊结束，和老师告别，看着他逐渐远去的背影，心里总是有种莫名的感动！感动于老师的认真、执着与坚毅！

二、沈淑华

沈淑华，中医学博士、中西医结合消化病学博士后，主治中医师，中华中医药学会体质分会青年委员、浙江省中医药学会体质分会秘书、王坤根全国名中医传承工作室秘书。先后师从首届全国名中医、浙江省首批国医名师王坤根教授，中华中医药学会方剂学分会主任委员、浙江省首批国医名师连建伟教授，中国中西医结合学会消化专业委员会副主任委员、浙江省医学会消化病分会主任委员吕宾教授。现从事治未病健康管理临床、科研和教学工作。

2003 年 7 月，在高考志愿上，虽然自幼对中国传统文化与生物医学都怀有浓厚兴趣，但我还是选择了浙江中医药大学与浙江大学联合培养的中医学七年制专业，同年9月，正式开启了我的漫漫习医之路。

在校期间，我对中、西医学课程都充满热忱，并坚持以形而上的思维方式学习中医，以形而下的思维方式学习西医。学医贵在实践，中医学习尤其如此。从大三开始我就利用课余时间跟随中华中医药学会方剂分会主任委员连建伟教授侍诊。因为连教授的推荐，硕士研究生阶段我有幸得到了时任浙江中医药大学附属第一医院院长王坤根教授的栽培。正是在这两年的耳濡目染与言传身教中，我领悟到如何才能成为一名真正合格的现代中医师。

王老师指出，作为现代中医师，首先，要有深厚的人文素养，因为传统文化是中医学发生发展的土壤，只有具有较高人文素养的医者才会对人的价值、人的生存意义有更深层次的关注。其次，要有扎实的中医功底，他们不仅会从课堂上了解中医，也会从中医古籍里认识它，更会在跟师学习与临证的实践中感悟它。再次，要有宽广的综合素质，他们不会排斥其所在时代的科技成果，会在继承传统的同时学习现代医学与科学知识，会利用所学为中医药科研事业不断添砖加瓦，更会在临床实践中做到博采古今、兼收并蓄。

王老师指出，中医学历来具有博采众长的风采，如乳香、没药、阿魏、番泻叶、西洋参等均为舶来之品，当代中医师也不应拒西方医学技术于千里之外。对于那些先贤认为的死证、难证，当代中医师应当寻求更为优越的诊治方法。若能在中医信念坚定、中医理论扎实的基础上，积极学习并掌握现代医学知识，不仅不会导致"中医西化"，甚至还能进一步提高中医药诊疗疾病，尤其是器质性疾病的疗效。

第一，通过对现代医学诊断技术的掌握，我们可以扩展四诊信息，从而做到先期而治。例如对于面色萎黄、经行量多，B超提示子宫肌瘤的患者，我们不必再等到"胎动在脐上"时才用桂枝茯苓丸消瘀化癥；以发热、咳嗽为主诉，肺部听诊及X线提示肺部感染、胸腔积液的病人，我们也可在"咳唾引痛"之前即以十枣汤泻肺逐饮。

第二，通过对现代医学病理生理知识的掌握，我们可以补充甚至纠正对部分疾病病因病机的认识。例如，对于一部分仅以胸骨后疼痛为主诉的胃食管反流病患者，传统中医理论对痛证的认识主要分为"不通则痛"与"不荣则痛"两大类，若考虑到胃食管反流病的典型体征并辅以内镜检查或PPI试验，便可进一步认识到，此类疼痛乃反流物刺激食管黏膜所致，患者虽无恶心、呕吐、嗳气等表现，病机仍应归属为胃气上逆。

浙江中医临床名家·王坤根

此外，积极吸纳中药现代药理学研究成果，使用一些针对病理环节的中药，亦是提高临床疗效的一种手段。如在治疗慢性萎缩性胃炎伴肠化、不典型增生时，王老师常会选择一些对癌前病变有逆转作用的中药，如理气之枸橘李、八月札；活血之郁金、莪术；清热之蛇舌草、半枝莲、藤梨根等。

转眼间，学医临证已十五载，中医现代化"路漫漫其修远兮，吾将上下而求索"，无论今后走多远，我都不会忘记自己为什么要出发，将始终铭记恩师"中西互参、以中为主"的教诲、夙夜匪懈、矢志不渝，不负中医药文化"创造性转化、创新性发展"的历史使命！

三、童宏选

童宏选，中西医结合专业博士，主治中医师，先后师从全国名老中医药专家传承工作室指导老师兼全国名中医王坤根、哈佛大学医学院研究员北京中医药大学特聘教授卢涛、中国中医科学院中医基础理论研究所所长胡镜清，中国中医科学院院长中国工程院院士张伯礼。目前于中国中医科学院从事博士后研究工作，主要从事中医基础理论、流行病学、生物信息学、信号通路等方面的研究。

接触中医，学习中医，研究中医，已十余载，回望初心，爱之赤诚。

2005年，我进入浙江中医药大学开始中医学习生涯。医为仁术，救人治病，需当谙练。五年本科，我一步一步学习，从中医基础理论到《伤寒论》、《金匮要略》，从中医、中药、方剂再到中医内、外、妇、儿等各科，中医知识的浩瀚让我惊叹而又痴狂。五年的理论学习让我从最初的一知半解，到逐渐形成并完善中医知识体系。然而，中医学是实践科学，如何利用学到的理论知识去解决病人的实际问题呢？多读书、拜名师、勤临床，对于提高中医诊疗水平，哪样都不能少。结束学校理论学习阶段，我将要进入两年的临床学习阶段，这就面临着硕士阶段的导师选择问题。我渴望能够得到中医名家的指点和引领，更深入地感悟中医、传承中医、实践中医，从而帮我打开中医临床的这扇大门。

2010年9月，同学们都开始陆陆续续联系硕士生导师，不少人很快就确定下来。学校官方导师名单中导师很多，真的让人不知道该如何选择。我查阅了许多导师的介绍，也看了他们的著作、论文及门诊情况。这时候王老师出现在我中医学习的世界中，他的临床经验、学术修养、人格品德深深地吸引了我。我记得，那是 2010 年 11 月中旬的一天上午，我拿着简历，怀着忐忑的心情，等待在王老师的诊室门外，王老师上午的门诊直到近下午才结束，我递上简历后，老师问了一些我的基本情况，让我回去等通知。这是我们的第一次见面，见他和蔼可亲、耐心细致，我是多么希望能跟随他学习中医临床知识啊！要想选择好的导师，往往都要面临竞争，还有许多人也报了王老师。而我最终能成为那个幸运儿，也许这就是所谓的缘分吧。

两年多的跟师学习是充实的，受益终身。刚开始跟随王老师门诊，我还无法协助老师，许多基本操作也不会，计算机录入方药的速度也不是很快，王老师总是会详细指导我该如何做。在看病的时候，遇到典型病人，老师会讲解该病人的诊治过程，为什么这么辨证、又该如何治疗。老师十分强调中西要兼顾，西为中用，他的中医知识非常扎实，同时不忘学习西医知识。他常告诫我，要学好中医，用好中医，同时也要学好西医，利用这个工具为中医服务，最终能够服务病人。在中医理论方面，他常敦促我多读、多背经典，门诊时也常会检查我学习的情况，这也促使我在这一段时间对《伤寒论》、《药性赋》等典籍有了更进一步地了解，并能够通篇背诵。另外，王老师对手写门诊处方要求也很高，记得我第一次手写处方时，王老师仔细跟我讲书写的格式并且要求字体美观清楚。为此，我每天坚持练字，一段时间后虽然有所进步，王老师仍嘱咐我还需继续练习，练字就是练心……

王老师每天门诊很早就到，早上往往 7 点不到就到了诊室，这时候有些老病人已经来了，他就会先为这些病人诊治，安排需要检查的病人早些去检查，让大老远过来的患者能够早些回去。每次门诊病人很多，上午的门诊经常延续到下午 1 点多才结束。他都会为他们诊治完才匆匆吃个中饭，再继续为下午挂号的患者诊治。病人虽多，但是老师总是会详细询问每一位患者病情，仔细检查患者，望、闻、问、切、视、触、叩、听，皆为能够准确诊断并合理治疗患者。王老师一周 5 天都有门诊，常常把自己累着，有时候他痛风发作，关节疼痛，走路也困难，仍然坚持门诊，这种心系患者的风范使我感动，并将终生效仿。

王老师治学严谨、医术精湛，时刻为病患着想，不愧为仁医、仁心、仁术，能够做他的学生，我是幸运的。回首那段日子，仍历历在目，现在自己也成为一名医生、科研工作者，每次给患者处方时，总会想起王老师会怎么处理这样的病人，想起王老师开的方子，这些都让我在诊治病人时更加得心应手、游刃有余。工作之余，总会想起王老师勤学的身影，我仍会一如既往地像王老师一样，多读书，读好书，不断提高自己的医学水平，更好地

服务患者。

能够成为您门下的弟子，备感荣幸。吾将不忘初心，像您一样疗疾病之苦，做精诚之医！

第三节　承师路上群贤至

2007 年第四批全国老中医药专家学术经验继承工作开始启动，王坤根自己接受的也是传统师带徒形式的中医教育模式，他也倡导这种模式。确实，医学是一门需要丰富经验的学科，积累经验需要大量的临床实践，需要不断地探索与总结。如能经常跟随在良师身边，得到悉心传授，无异于如虎添翼。因此，师带徒是一种非常好的学术经验传承模式。

前三批的传承工作，恰值王坤根从事管理工作期间，他无暇顾及。从第四批开始，他每批都招收两名学生，从第四批的代建峰、智屹惠，第五批的张弘、孙洁，一直到第六批的黄立权和蔡利军，目前共计带了六名徒弟。对这六名幸运儿，他悉心传授，毫不保留。师承工作有大量的文字需要处理，学生写的医案、读书心得、月记、学位论文和发表的文章他都要认真阅读修改并写出评语，他的评语不是简单的评论，而是引经据典，细细分析，且包含了他多年的经验积淀，令学生获益良多。他的师承学生目前在各自的学科领域都已是中坚力量。

一、智屹惠

智屹惠，中医学博士，副主任中医师，第四批全国老中医药专家学术经验继承人，王坤根全国名老中医药专家传承工作室负责人，中国医师协会胰腺病专业委员会急性胰腺炎（学组）委员，浙江省中西医结合学会第一届感染病专业委员会青年委员会委员。曾先后师从江苏省中医院曹世宏教授、中南大学湘雅医学院黎杏群教授。现从事重症医学临床、教学和科研工作。

我有幸师从王坤根教授已 11 年，回想起当初与老师能结下师徒缘分，要深深感谢当时浙江省中医院（后简称省中）的人事科长叶武教授。

大约是 2007 年冬季，我接到人事科的电话通知，让我带上相关材料到人事科报名参加第四批师承的考试。我其实是一个很迷糊的人，接到通知没有多问一句话，次日就携带要求的材料到了人事科，彼时连第四批师承是什么都不了解。当时是叶武科长接待我，她询问我要报考哪一位导师，我瞠目结舌。我2004年博士研究生毕业才来到省中，因为之前有工作经历，并没有参加轮转，直接进入到重症医学科工作，由于工作环境相对封闭，尽管工作了三年多，对医院的情况并不了解，更无缘结识这些知名专家，根本不知道要报考哪位导师。也许是看出了我的尴尬，叶科长娓娓说道："你可能不太了解各位导师的情况吧？如果你没有特别的意向，要不要我给你推荐一位导师？"这真是雪中送炭，我忙点头道谢，她说："你看王坤根院长怎样？"听到这个名字，我一下想起前不久一位同事跟我说起的一件事。

我们重症医学科里一位脑血管意外的病人持续高热，抗生素轮番用尽，不见好转，甚至无法确定患者是感染性发热还是中枢性发热，焦急的家属提出要请老中医会诊，于是我同事试着联系了王院长。本来没打算这么有名的专家能答应过来会诊，想不到一个电话王院长真的来了，四诊之后他很客气地表示："如果你们觉得可以，我给开一张方子试试"。他只开了一剂中药，服下后患者的体温真的下降了，第二天，他又亲自过来开了两剂中药，三剂药下去，病人居然恢复了正常体温，我记得同事激动地与我道："想不到中药真的这么神奇！而且，这个病人之前的脉是无根的，三剂药下去连脉象都有力了！"

想到此，我连忙问叶科长："王院长的专长是？""消化、肿瘤、心血管，其实王院长各科都擅长的。"叶科长本人就是心内科的教授，我更信服了，感到非常高兴，因我之前跟随的老师专长分别是呼吸和脑血管病，消化是我一直想学而未能实现的，现在能有这么好的机会真是难得。我谢过叶科长，立即填写了报考意向。

我已多年未曾碰过中医书了，怀着忐忑的心情参加了考试，想不到运气意外得好，居然通过了考试，与代建峰一起幸运地成为王老师第四批师承的学生。现在想来真是惭愧，因为担心考不上丢人，我居然之前从未拜访过王老师，直到考试通过，才与代建峰一起拜会了王老师。初次见王老师，感觉他是一位风度翩翩的慈祥长者，身量虽不高，但精神矍铄，圆圆的脸上常挂笑意，他送给我与代建峰一本《脾胃论》及一本《血证论》，嘱我们好好学习。我其时已知道他曾多年从事管理工作，除了做过浙江省中医院的院长，还当过浙江省中医药管理局的局长，可是在他身上完全看不到一点架子，只有老师对学生的慈爱与关怀，我很诧异，也很欣喜，更感幸运。

正式侍诊王老师，就发现王老师与众不同之处，他在述方时会解释自己用的是哪几张方，为什么这么用，虽然只有短短几句，但提纲挈领，言简意赅。他的病历书写可谓是一丝不苟，主诉、症状、舌苔、脉象、病机俱全，可以说是病历范本。我当时觉得他的病人这么多，病历书写大可不必这么详细，这就可以节约一点时间，也能早点吃上午饭，不必像现在这样总要拖到下午 1～2 点钟。后来我才发现这样做的好处。那是在我去信息科调取王老师的门诊资料，想要整理一些医案时，王老师详细的病历记录真是太宝贵了，对我们理解老师的诊疗思路帮助很大。

王老师的另一个与众不同之处是给联系电话。我在临床工作也有不少年了，遇到患者或家属想要电话号码总是婉言拒绝的，一方面是不想同患者及家属有更深一层的联系，不想由此引出不必要的麻烦；更重要的是不想我有限的休息时间再被病人和家属打扰。因此，当我第一次看到王老师主动给患者电话号码时是很惊讶的。那是一个病情比较复杂的患者，王老师看诊结束后，随手取了一张挂号单，在背面写下了自己的电话号码，一边叮嘱他："如果服药后有什么问题，可以用这个号码和我短信联系。"我想他的病人这么多，只要有 1/10 的患者咨询，就够烦的了，我把这个疑问跟王老师说了，他回答我："我们以前做小医生的时候都是要上门回访病人的，现在有手机，方便多了。"这让我很惭愧，后来再有患者向我索取电话号码，我也会毫不犹豫地给了。事实证明，这样做并没有给自己带来太多困扰，但医患关系却可以明显改善。

我在监护室工作，过去很少开中药，偶尔开中药多半是针对重症胰腺炎胃肠功能衰竭的病人，大便不通，腹胀如鼓，西药罔效，这时会想到中药治疗，多半也就是一剂大承气汤，效果不理想就加大剂量，从来不多做思考。有一次，一个慢性阻塞性肺疾病（COPD）的老年女性患者，因为拔管困难已在我这里住了几个月，出现了胃肠功能障碍，大便秘结，腹胀明显，我照例一剂大承气汤，大便是解出了，可是腹胀依然，反复如此，肠内营养都难以进行了，一个 COPD 的患者营养跟不上，何谈脱机拔管？我没辙了。那时刚跟王老师抄方没多久，我于是请求王老师帮忙给看一下。王老师很爽快地来了，监护室的病人无法言语，交流困难，王老师耐心地通过书写与病人沟通病情，四诊后他委婉地同我说："这个病人不是大承气汤证，你试试桃红四物汤。"老师指出我辨证不准确让我很惭愧，作为一个中医大夫，辨证论治的基本功都不扎实，还当继承人，真是打脸。但扪心自问，我确实已经很久没有认真四诊了，都是想当然地开方，原因一方面是监护室患者不能言语，有些甚至不能书写，无法有效表述自己的症状，气管插管的病人连望舌苔也要护士协助，令得四诊确实非常耗时费力，还有更深一层的原因是心理上也觉得如此危重的病人用中药能有多大用处。根据老师的指点，我赶紧更方为桃红四物汤，又合用了一些理气导滞之品，真是神了！几剂药下去，病人的腹胀明显减轻，随症加减，腹胀居然消失了。这令我再一次见识了中药的神奇。

那以后，我逐渐给经管的每一位患者都辅以中药治疗，不怕麻烦，认真四诊，也发现中医药在监护室可以大有作为，无论是应用最广泛、效果最理想的胃肠功能障碍的治疗和预防，还是严重感染病人提高免疫功能、耐药病人辅助抗感染治疗、压疮病人促进创面愈合……都能起到让人刮目相看的作用。我的第四批师承毕业论文的内容就是关于中医药治疗胃肠功能衰竭，而胃肠功能障碍的中医集束化治疗也是我们科的研究方向之一。后来我们科成为国家中医药管理局"十二五"重点培育专科，我们也荣幸地请到王老师担任顾问，遇到疑难复杂的病人，都会向他请教，或直接请他来科里会诊，王老师也一直非常支持和配合重症医学科的工作，现在重症医学科室的中医药治疗参与率已达到100%。

跟师日久，逐渐发现王老师做每一件事都非常认真，不仅是临证认真、病历书写认真，他的每一次讲课，从一次次修改课件，到一次次给我们试讲，务求没有一点错漏且浅显易懂，就连讲课时间都控制得非常精准。我们交给他的每一份医案、心得、文章他都仔细批改，指出缺陷，并认真写下批语，引经据典，我看了自觉汗颜。他自己的经验心得虽多，但总结发表的文章并不是很多，究其原因，一方面，他的时间大多奉献给了患者，另一方面，他始终认为文章要言之有物，每字每句细细斟酌，耗费心力太多而无法高产。后来我发现，他这认真的习惯由来已久，从他年轻时即是如此。他看书时整理的笔记有几十本之多，整整齐齐地摆放在家里，我曾翻看过，字迹工整自不必说，连心脏解剖结构图和心电图的各种表现都用不同颜色的笔画在笔记上。他在担任浙江省中医药管理局局长和浙江省中医院院长期间，所有的讲话稿都是他自己手书完成的，从不假手他人。我曾诧异他从一名中医学徒出身的乡村医生，没有背景，没有后台，是如何一步步走到今天，除了天资聪颖，勤奋认真应该就是他成功的秘诀，如此认真，又有什么事是不能做到的呢？

认真做人、认真治病、认真治学、认真育人，"世上最怕认真二字"，王老师一直践行着这两个字。我很庆幸能跟随这样的老师学习，老师是我们一生为人的楷模。

二、代建峰

代建峰，中医师承博士，副主任中医师，第四批全国老中医药专家学术经验继承人，潘智敏全国名老中医药专家传承工作室成员，中国中西医结合学会神经病学委员。先后师从全国名老中医药专家传承工作室指导老师兼全国名中医王坤根教授、全国名老中医药专家传承工作室指导老师潘智敏教授。现从事神经内科临床和教学工作。

我有幸作为第四批全国老中医药专家学术经验继承人，成为王坤根老师的学生，是在11年前；跟随王老师学习，是从抄方开始的。

依然记得第一次门诊抄方，是在一个上午，我和一起学习的智同学在8点钟到达诊室，打开老师的计算机，发现已经有5～6个患者就诊结束了。我们知道，王老师早已在他位于行政楼的办公室里开始了他的诊疗工作。王老师走进诊室，端着一杯茶，拿着一个公文包，微笑着说，一些提前约好的病人已经在办公室看过了。随后我们听老师仔细问诊，计算机录入病史，按老师的意见开药。对每一个患者的询问，老师的语音轻柔，充满关爱；每一个患者的诉求，老师都耐心听完，从不打断；每一个患者的病痛，老师都予以安慰和鼓励。40多个病人，老师看完时12点多了，整个上午，老师没有一次起身，只是不停地望、闻、问、切，放在桌上的茶，一口没喝。当随着老师走出诊室时，我感觉下肢发沉且有些肿，不知道老师是怎样的感受。

第一次跟师抄方，我觉得自己体力上没过关。可每次门诊，老师都是这么度过的。曾经问过老师，每天门诊看完会感到累吗？老师轻描淡写地说：看病时不觉得累，有时门诊结束后会觉得稍有疲惫。三年随师侍诊完成时，我觉得自己坐功明显提升了。

老师就诊时带的公文包，是一个手提的有许多层的文件夹，那时门诊系统还没有推行电子化，所有的处方、化验、检查等申请单都是手写，老师的文件夹每层都贴有一个标签，诊疗时用到的处方、B超、放射、化验和检查等不同的单子，分门别类放在不同的隔层里，丝毫不乱，需要时可以一目了然，迅速取出，不用再为找这些单子耗费时间。

三年的中医师承工作，我们要完成周记、月记、病案收集、读书心得等，按传承要求，这些资料还需要老师批阅点评修订。有一次，和几个同学到老师家拜访，听师母说，老师常为修改、评阅这些资料工作到深夜，师母还抱怨说老师年轻时就是工作狂，几乎没有时间照顾家庭。在老师书房里看到了陪伴他多年的读书笔记，厚厚的几十本，里面写满了经典理论、案例记录、名家经验和临床心得，每个字端正娟秀，每一页条理清晰，一丝不苟。看到这些笔记，明白了老师为医学付出了怎样的精力和心血，也明白了老师为什么能对经典理论脱口而出，对名家心得旁征博引，对经方、验方信手拈来，在诊疗时能从容自如，药到病除。

老师患有痛风，时不时会有发作，生活上需要多饮水，适当活动，后来在我们提醒下，老师诊疗时会喝上几口水，但常在门诊结束时，400ml 的一杯水还能剩一半多。老师没有豪言壮语，他常说当年他师傅告诉他：医生不差一口饭、不差一口水。老师在临床中践行这样的信念，就诊时忘我投入，把所有时间都奉献给了患者。

老师从行政岗位退休后，专事治病。老师的治疗理念推崇方证对应与辨证论治结合、中医传统理论与现代医学理论结合、辨证与辨病结合。他像一位身怀绝学的内功高手，又像一位隐逸的高人。他把岁月的历练、世事的沉浮、人生的感悟都化进了对患者的关爱和仁慈里，他对病家的鼓励和抚慰如和煦的春风温暖而亲切；他处方组药时的智慧和自信，如胸有百万雄师的指挥将领，他把多年心血付出所获得的医学知识、临证感悟都用在了怎样解除患者的病痛上，他治病治神，治人济人。

他腹有万卷，学问洞明；他为医精诚，是国医名师。

愿老师身体健康，愿老师能像珍爱自己的患者一样，珍爱自己的身体。

三、张弘

张弘，主任中医师，硕士研究生导师，第五批全国老中医药专家学术经验继承人，浙江省中医药创新类重点学科带头人，王坤根全国名老中医药专家传承工作室成员。兼任浙江省中医药学会常务理事，浙江省抗癌协会理事，浙江省医学会灾难医学分会副主委，浙江省中医药学会营养与食疗分会副主委、中医基础理论分会副主委，浙江省中医药学会、浙江省中西医结合学会呼吸分会常委，世中联急诊专业委员会常务理事，中国医师协会中西医结合分会委员，浙江省医学会呼吸分会委员等。先后师从国家级名中医兼全省呼吸病学基地学科带头人徐志瑛教授、全国名老中医药专家传承工作室指导老师兼全国名中医王坤根教授。现从事

中医内科临床、教学和科研工作。

2012年，我有幸成为王坤根老师第五批全国老中医药专家学术经验继承人，成为王老师众多学生中的一员，经过3年多的跟诊学习和相处，王老师不仅在学术上成为我的良师，他的德行修养更是深深地打动了我。

每次一到王老师的讲课时间，他的诊室都会被学生包围得里三层外三层，大家都对他的课充满期待，很少有人缺席。王老师讲课逻辑缜密，生动有趣，言之有物，让人记忆犹新。并且他毫不吝啬地与我们分享自己的临证经验，他的无私让人钦佩，他的学术成就让人敬仰。业医四十余年来，他在脾胃病的诊疗方面积累了丰富的临床经验，并且博采众方，师古而不泥古，自创了三术二陈一桂汤、柔肝和胃饮、痞痛舒等诸多验方，用于临床，收到了许多好评。

王老师不仅对学生谆谆教诲，对病患更是细心入微。他耐心倾听患者的抱怨诉苦，不厌其烦地宽慰疏解患者。他也经常告诉我们，耐心是一种"药引子"，病人只有情绪得到了舒解，用药时才能事半功倍。我想，这可能就是医者仁心的最好诠释吧。老师的身教，给我留下了很深刻的印象，做一个好医生，首先要有仁爱之心，这样才能"进与病谋，退与心谋"。王老师在临证遣方时，对于患者的症状变化，每加减一味药，每改变一味药的剂量，他常会在口中念念有词，反复推敲，力求做到精准无误。其实他也是通过这种轻声细语，让在旁跟诊的学生，能从中学习到他用药加减的经验。还记得有一位患痞满病的患者，嗳腐吞酸，并出现了夜间盗汗的症状，王老师在前方的基础上只加了一味桑叶，下周复诊时，患者主诉盗汗已有了明显的缓解。当我提出疑问时，老师告诉我们，盗汗不全是阴虚，患者此证属肝经郁热，夜间阳入于阴，热入血分，迫汗外出，故有盗汗，而桑叶清肝经郁热，《本经》记载中其有"除寒热，出汗"的功效，用在此处恰如其分。又有一中年男患者，常年受腹胀嗳气所苦，近期出现晨起指关节活动不利，寻常的骨与关节疾病我们总考虑从肝肾论治，但老师仍选择从脾胃入手，并终获良效。他似乎知道我们的疑惑，主动讲解道：《素问·痿论》云："阳明主束骨而利关节"，患者素有脾胃疾患，因此用一元论解释，可从阳明脾胃论治。王老师的博闻强识在此可见一斑。

王老师临诊有一个习惯，让跟诊的学生记录下自己的临证医案，便于诊后反思和提高，最早的医案甚至可以追溯到十几年前。我有幸见识过王老师的"存货",整整一盒的 U 盘,足足有 50G+ 的内容。记录医案,并时常温故而知新,是王老师一直在做的事。有的老病患,在看病过程中失访时间长达一年余,老师仍能清楚地记得患者的姓名,所患的疾病。惊叹之余,我也深切地认识到,这份超群的记忆力不是先天获得的,而是源于医者对病患的责任感和使命感,源于平时的刻苦精勤。试问年逾七旬的老师都还在努力着,吾等晚辈岂能懈怠怠懒,得过且过?

王老师虽已退休,但作为返聘专家,每周仍有 5～6 天的门诊,每日门诊近百人次。这么大的工作量,年轻人尚且吃力,王老师仍然坚守在一线,这份执着与坚持,使我汗颜。因为热爱,所以坚持;因为坚持,所以收获。收获了病人的感谢,收获了学生的爱戴。希望老师在忙碌之余也别忘了保重身体,让我们长长久久地跟随您,继续向您学习。

王老师对学生的言传身教,对病人的细致耐心,无不体现一个医者的良心与责任,这是跟诊期间,我所学到比医术更为宝贵的东西,真是此中有真意,欲辩已忘言。王老师,学生永远感谢您!

四、孙洁

孙洁,中医基础理论、中医师承双博士,副教授,副主任中医师,第五批全国老中医药专家学术经验继承人。中国中医药学会内经学分会委员,中国中医药学会男科分会委员,中国中西医结合学会泌尿外科学术委员会青年委员,浙江省中医药学会内经学分会副主任委员,浙江省中医药学会男科学分会常务委员,浙江省中医药学会中医基础理论分会委员。师从全国名老中医药专家传承工作室指导老师兼全国名中医王坤根教授。现从事中医男科临床、教学和科研工作。

2012 年的时候,第五批全国老中医药学术经验传承工作开始面向全国招生。当年的政策是学生要自己先与老师联系,获得老师同意后,再参加全省组织的考试。为着这个缘故,我惴惴地带着自己的简历,敲开了王老师办公室的门。出乎意料的是,王老师和我设想的"老院长""中医药管理局领导"完全不一样,非常平易近人。简短谈话之后,王老师就接受了我的请求,就这样,我成为"王坤根工作室"的一员。

在王老师身边跟诊是轻松而愉快的。轻松是因为王老师在面对病人时,总是给人一种如沐春风的感觉。虽然一个上午就要看 70 多位病人,却一点也

感觉不到急促和匆忙，只在从容和缓之中，就看好了那么多病人。坐在一边的我，竟有种"御大块于无形"的举重若轻感。愉快是因为王老师诊疾问病，中正平和，对我这样"学院派"出身的学生来说，仿佛在他的每次诊疗里，都可以看出"古人云"的影子来，可又那么不落窠臼。每每至此，我都忍不住要在心底"手舞足蹈"一番。这样的跟诊，如何不愉快？

比如，王老师的病人素以脾胃病为多，方中常用左金丸。这个方子是我所熟知的，出自《丹溪心法》，擅治肝热犯胃的吐酸、反酸诸症。药只二味，黄连和吴茱萸，按6：1的剂量配比组成。但是，王老师用左金丸，却与大学教材里讲的不一样。既不一定只针对有反酸症状的患者，剂量比也不总是6：1。发现这一点以后，我仔细观察，发现王老师对痞证患者，多有用之。吴茱萸辛而黄连苦，莫非老师用此左金丸，竟有辛开苦降之意？在一次门诊结束的间隙，我请教了王老师。老师微微一笑，说："你这想法不错的。"后来，我在总结王老师经验时，就想针对左金丸专门写一篇短文。这才看到《丹溪心法》原书中，左金丸就是用来"泻肝火""开痞结"的，而黄连、吴茱萸同用者凡三见，也并不限于6：1。原来王老师用左金丸，正是循丹溪原意，而有所创新的。这使得我不得不佩服老师读书之多。

后来，王老师带我们一起总结历届国医大师治疗胃痛的经验。我才发现，原来王老师记得这么多书，并不只是读书多的缘故，更是因为他用心专一。彼时，我们已将国医大师治疗胃痛的相关论述都收集完成，我们几个学生做了初步整理后，决定由我执笔写一份报告提交给王老师。当我提交报告时，发现王老师在给他的那份初始资料上已经做了密密麻麻的笔记，还专门写了好几页纸的体会。当我们一起讨论报告时，他总是能思路清晰地厘清问题的来龙去脉。

我印象很深刻的是，何任先生有张治胃痛的验方：脘腹蠲痛汤。虽然在《何任医案》"潘某案"的按语中说，脘腹蠲痛汤系《张氏医通》沉香降气散加减而成。但是我找来《张氏医通》的沉香降气散，却发现并不能一一对应。脘腹蠲痛汤中除了《张氏医通》之沉香降气散的沉香、香附、砂仁、甘草四味药之外，还多了川楝子和玄胡索两味药。我的报告里分析，这是何老又合用了金铃子散的缘故。可是，王老师却认为，何老化用的应该不是《张氏医通》，而是《医学心悟》的沉香化气散。这样，不但药味更吻合，《医学心悟》中恰好是加了川楝子、玄胡索两味，而且主治也更切当，《医学心悟》中此方是用于治疗"气滞心痛"的，《张氏医通》中此方却是治疗"一切气滞"的，并不专主于痛。

当我惊讶于王老师对方书之熟稔时,才从他的笔记中看到,为了搞清楚这个问题,他已经查阅了历代方书中所有的"沉香化气散",并与脘腹蠲痛汤进行比对分析。而我,只是找到按语中的评论,就止步于此了。自跟随王老师学习以来,我总能时不时地感受到王老师的这股认真劲儿给我带来的动力和无声的鼓励。

很久以后,王老师在一次闲聊中,不经意提起一句话:"我认为做事情,最重要的就是专心,一定要专注在这件事情上,才能把它做好。"这句话,正是对他能获得那么多成绩的最好注脚。我想,如果说在跟随王老师学习的过程中,学到的最有价值的东西是什么,那一定不只是某一方、某一药,而是这种专注的精神吧。

五、黄立权

黄立权,中医学硕士,主治中医师,第六批全国老中医药专家学术经验继承人,中国医药教育协会超声医学专业委员,中国中医药信息研究会青年医师分会理事。师从全国老中医药专家传承工作室指导老师兼全国名中医王坤根院长。现从事重症医学科临床、教学和科研工作。

我虽是学中医出身,但毕业后十余年一直在重症医学科工作,忙于各项西医的医、教、研工作,致使对中医学的学业几近荒废。

2012年,我有幸加入了王坤根名中医工作室。几年的跟师学习和临床实践使我重新认识了中医,感受到中医的魅力。更加幸运的是2017年我成为第六批全国老中医药专家学术经验继承人,使我有更多机会获得王老师的指点。这对我中医的知识结构和学术方向产生了巨大的影响,甚至令我人生走向和人生观也产生了巨大的改变。

说实话,自学习中医以来到跟随王老师前,我对中医的态度是飘忽不定的,跟师后,却在不到一年的时间里彻底消除了我原来的茫然和怀疑,变得尊崇和痴迷于中医。这种巨大的改变,得益于王老师的教诲和熏陶,是王老师用一桩桩眼见为实的临床治愈案例完全改变了我的观念和想法。

王老师给我带来的第一个影响和改变就是彻底改变了我对中医的看法。

王老师教育我们:治病救人,疗效第一。不管中医任何学派,甚至包括一些民间医生,能救人苦痛能活人便是良医,否则皆为虚妄之学,或可

抛弃。

　　跟师的日子里，见到许多患者痛苦不堪抱疾而来，在王老师的悉心辨证治疗下，渐渐好转并最终痊愈；许多被告不治的危重病人慕名而来，在老师的悉心调理下症状缓解，甚至出现很大转机。记得有一个男性 55 岁的胰腺癌晚期患者，被西医院告知已无法手术解决肿瘤。抱着试一试的态度，他的家人陪着他找到了王老师，经过仔细地望、闻、问、切，老师告诉他们，可以中药治疗试一试，而这一试，就是 5 年。这样的例子很多，有多少患者和家属愁眉苦脸而来，喜笑颜开千恩万谢而去。现在来王老这里求医的，已不局限于浙江地区，全国各地的患者都有，甚至还有人从国外慕名而来。

　　我在重症医学科工作，面对的都是危重症病人，以前用中医中药来治疗这些患者我想都不敢想。自从我的师姐智屹惠跟随王老师以来，王老师就经常到我们科来指导，让我们科由刚开始对中医持怀疑态度，到现在早已完全接受中医药治疗危重症患者。2015 年我所在重症医学科成为国家中医药管理局"十二五"重症医学重点培育专科，王老师担任了顾问，指导我们对危重病患者的中医诊疗工作，尤其在危重症患者的胃肠功能衰竭方面，在王老师的帮助下，我们已经做出特色了。在我跟随王老师后，常请教他一些我在临床上用西医解决不了或疗效不满意的患者，他总不厌其烦地说：走，我们去看看。经过王老师的辨证施治，不少患者都得到了恢复。随着越来越多这样的病人在王老师治疗下转危为安，我和我的同事们完全被他高超的医术折服了！

　　王老师对我的第二个影响是他高尚的医德和博大的胸怀，不仅深深折服了我，还进而影响了我的价值观和人生观。

　　王老师早已是杏林大家，德高望重，可他对每一个慕名而来的患者都一视同仁，无论是来自大城市衣着光鲜的白领精英，还是来自穷乡僻壤衣衫不整的农民，他总是和颜悦色，悉心施治，从不区别对待，对有困难的患者无论从时间上还是经济上都尽量给予照顾和帮助。王老师的号往往难求，很多老人和偏远地区的人经常挂不上，老师特意吩咐，他每天必须有 10 个号留给现场挂号的患者。即使这样每天挂号限额还是远远不够，看着远道而来的病人求助的眼神，老师不顾自己已经满身疲惫，总会给他们加号。老师常告诫年轻医生："要对患者好，他们是我们的衣食父母！"在当今医患关系空前紧张，医务工作者的医德广受社会质疑的形势下，从未见老师跟他的病人及陪同有过冲突和矛盾。

王老师教育我们：作为一个医生，治病开药要严守病机，如果心钻到钱里去了，那这个医生永远都不会有长进了。我们本院的医生护士都知道一个不成文的"规定"：找王院长看病，只需要挂普通号！君子远庖厨，大医轻资财，王老师的一身正气，高风亮节，怎不叫人肃然起敬！

王老师年逾古稀，仍在临床一线不停耕耘，他从医50余载，从中医学徒到现在成为首批全国名中医，一直用自己的医术造福百姓。虽然身为中医，但他不排斥西医，甚至不断努力学习西医，有时还跟学生请教，真正做到不耻下问。他总说："科技日新月异，我们要不断学习，各取所长，为我所用，要借力西医和现代科技力量，发展中医，创新中医，让中医更好地为群众健康服务，也让祖国医学进一步发扬光大。"

回顾这六年来的跟师学习的收获，我认为并不在于老师逐字句的教导，而是在无形中潜移默化地让我感受到老师思维和智慧的火花。临床实践中，思之又思再思之后仍无法明白，请教于老师，此时老师循循善诱，逐层分析，让我获益匪浅。无数次跟师学习中，是病人的询问，老师的回答让我顿悟，使我受益终生。

心系患者，救民疾苦！老师至今践行不辍！妙手仁心，大德无私！学生永远遵照执行！

六、蔡利军

蔡利军，中西医结合临床博士，副主任医师，副教授，硕士研究生导师，第六批全国老中医药专家学术经验继承人，王坤根全国名老中医药专家传承工作室成员，中华中医药学会脾胃病分会青年委员，世界中医药联合会消化病分会理事，浙江省医学会消化内镜分会青年委员，浙江省中西医结合学会肝病分会青年委员。师从全国名老中医药专家传承工作室指导老师兼全国名中医王坤根教授，现从事中西医结合消化临床、教学和科研工作。

时光飞逝，转眼参加工作已有十余年。我是2005年进入浙江省中医院的，当时王老师是我们医院的掌门人。作为新员工，一直浑浑噩噩地在各科室轮转中度过，跟王老师在日常工作中几无交集。心中虽有进一步学习中医及深造的迫切想法与愿望，但一时没有很好机会实现。

印象中与王老师的初次交集，应该是他退休后的事情。2008年，适值国

家发展改革委、国家中医药管理局启动实施国家中医临床研究基地建设项目，医院举全院之力筛选具有冲刺临床研究基地的中医特色重点研究病种，我们消化科（脾胃病科）胃癌前病变优势病种被认为初具潜力而入围。当时在科主任孟立娜的带领下我负责有关胃癌前病变申报材料的收集、整理及联络。有一天接到科教科紧急通知，当晚会邀请医院在中医方面造诣深厚、德高望重的专家帮助审定相关申报资料，正是在这个会议上，我得以和王老师近距离地交流和学习。几次接触下来，发现王老师虽然曾是浙江中医学院副院长兼浙江省中医院院长，但为人谦逊低调，跟我们年轻人交流探讨轻言细语，毫无架子，而且他学识渊博，思维缜密，谈及重点病种之理、法、方、药时，往往引经据典，博古通今，使我受益匪浅。此后在卫生部中医临床重点专科及国家中医药管理局重点学科的申报过程中，我与作为脾胃病学科学术带头人的王老师有了更多的接触与交流。在临床上或在学科申报等过程中遇到疑难问题，我们都会向王老师请教，王老师也总是不吝赐教。我们牵头承担的国家中医药管理局"胆胀（慢性胆囊炎）"诊疗方案及临床诊疗路径的梳理、制定都是在王老师的指导下完成的。我也非常幸运地于 2015 年加入王坤根名中医工作室，2017 年作为第六批全国名老中医药专家学术经验继承人，正式师从王老师，从而有了更多的跟师临证学习的机会。

在跟师过程中我深深体会到了"大医精诚""医者仁心"之理念。王老师病患众多，往往诊间门庭若市，工作量极大。很多患者均从外地慕名而来，为了尽量使他们都能及时看上门诊，王老师一般 7 点半就开始接诊。期间仍不断有患者过来加号，时常会干扰正常的诊疗工作，但王老师不恼不躁，都尽可能给他们加号，所以一般都要看到 70～80 号。他一般都是等下午 2～3点门诊结束才吃中饭，实在病人太多才会匆匆扒两口饭。我们有时候都会同他开玩笑说，"王老师，您都 70 多了，身体还这么硬朗！连续门诊 7～8 个小时精力还这么好！我们跟在后面抄方早就累得不行了。"王老师说："临证时因为注意力高度集中，一直在辨证思考，倒没觉得累，但毕竟老了，回家之后还是要休息好一会，第二天体能才能恢复。"我们常劝王老师："病人是看不完的，要好好保重身体，门诊可以限号。"而王老师每每跟我们提及孙思邈"救苦济世"之思想，他告诉我们他来自桐庐草根，深知基层民众之疾苦，求医问药之困难。患者得病，不仅个人深受病患之苦，其家人亦深受精神及金钱耗损之困扰，时时感同身受，故而患者加号均不忍拒绝，让我们深深感受到其大医精诚之普世情怀及救苦济世的拳拳之心。

王老师也非常关注年轻医师的培养与成长，不仅为中医药人才培养进言献策，工作室也定期开展中医学术讲座及讨论，对在临床及理论学习中遇到的问题及时进行梳理讨论与总结，督促我们年轻人"多读经典，多做临床，多跟名师"。跟师第一年他就推荐了一批需要精读的经典文献及书籍，要我们多实践，多交流，多总结，不讲门户之见，建议我们有时间也可采用游学、深读名医医案等多种方式，采百家之长，不断丰富提升自我的中医内涵与素养。

王老师虽为全国名中医，但难能可贵的是不排斥现代医学的检查手段与治疗方法。他常常告诫我们，时刻以病人为中心，将心比心，为患者提供最合适的诊疗方式与方法。所以王老师也经常会建议患者在治疗前完善相关现代医学检查，如胃镜等以明确诊断，自己也经常学习一些现代医学新进展，碰到新的检测项目及指标的解读也时常会向我们咨询。他不耻下问的人格魅力时刻影响着我们，无形间和我们年轻人建立了一种良性平等的交流氛围，年轻人都很愿意在我们工作室学习。

王老师为人师表，谦逊低调，是我辈学习的榜样，能在王老的指导下读经典、做临床是我一生的荣幸。

第四节　桃李天下道相传

随着年事渐高，尽管思维依旧敏捷，精力仍然旺盛，但根据国家相关政策，王坤根已不能再以自己的名义招收硕士研究生。这时他的学生们已纷纷开始招收研究生，而他的学生们也不约而同地想到把自己的部分学生送来跟随王坤根，使这些徒孙们能近距离接触名师大家，得到更好的指导和熏陶。

一、林友宝

林友宝，中医学硕士，住院医师。师从全国名老中医药专家传承工作室指导老师兼全国名中医王坤根教授。现从事中医内科临床工作。

我本科原是生物技术专业，后转专业改学中医。并不是对中医有什么执念，主要是父母认为医生前景好。读完五年本科，自觉对中医认识浅薄，还没有做好当一名医生的心理准备，也没有足够的底气，于是考了硕士研究生。王老师最初并不在导师名单，所以之前并没有了解过，选导师当天偶然看见

黑板上有王老师的名字，想着碰碰运气，就选择了他作为导师。不过至今我仍感觉非常庆幸能遇上王老师。

（1）王老师告诉我做优秀的医生需要做好三个头，"行头，谈头，笔头"。

"行头"不仅指衣着整洁、行为得体，也指品行端方。"谈头"指沟通能力，一方面要与患者有良好的沟通，与病人交流语言要柔和有温度，取得患者的信任；另一方面要会讲课，善于表达自己的学术观点和经验。"笔头"一方面指写作能力，优秀的医师，不仅要会看病，也要善于总结自己的临床经验，并提炼为文章与他人进行交流；另一方面指书写要字迹端正清晰，不能潦草。王老师这么教导我们，也是如此身体力行的。

老师看病，勤勤恳恳，心系病人。跟王老师门诊抄方近三年，老师每天早早来到诊室，即使是痛风发作仍坚持出诊，从不迟到。老师在浙江省中医院虽说只有上午坐诊，但患者比较多，门诊往往要到下午 1～2 点才能结束。他习惯看完后才吃中饭，学生提醒他按时吃饭，他却说："经常晚点吃饭，也是按时吃饭""看完病人，吃饭比较安心，他们也可以早点回去"。王老师数十年如一日，大概他打心底里热爱医学事业，热爱中医事业。

老师看病，善于沟通，仔细耐心。老师在中医四诊"望、闻、问、切"中，首重"问"诊。询问病史，细致详尽，同时要求我们详细记录。焦虑抑郁，"三进三出"的患者，主诉繁杂，老师更显耐心，听他们诉说，适当引导。门诊常碰到患者因胃镜病理显示"肠化，不典型增生"恐其癌变，以致焦虑不安，症状反复。对于此类病人，老师详细讲解，给予宽慰，消除疑虑。因王老师良好的沟通，亲切的态度，深得患者信任。甚至有些患者不满于其他医生"寥寥数语"将其打发，而重新挂号，来王老师这边就诊。

老师做文章，反复推敲，字斟句酌。他常说："写文章像做菜，同样的食材，优秀的厨师可以做更多菜品"。一个观点，经过旁征博引，精雕细琢，就可以形成一篇好的文章。我也非常敬佩老师一丝不苟的治学态度。在写关于何任治疗胃痛时，虽《何任医案》按语说"自拟脘腹蠲痛汤"系《张氏医通》沉香降气散加减。王老师多方查证，发现"沉香降气散"有八种出处，其中《医学心悟》沉香降气散的组成与何老的方子更接近。

（2）老师教导我要善于学习，向书本学习，向患者学习，向自己学习，向同行学习。

现代中医提倡读经典，勤临床，在继承中创新。王老师时常感叹"书到用时方恨少""自己书还是看的不够"，常鼓励我们多看书，在书中汲取营养。同时，老师认为"读透一本医书，也可成一方名医"，古代医书汗牛充栋，择其善者，由精至博。近年来，出现学习经方热潮，王老师认为学习《伤寒论》，不仅是师其方，更重要的是师其法。老师更喜欢推荐我们学习《通俗伤寒论》，更契合江南地方的实际情况，同时学习其中对经方的加减变化。

老师常说"病人是我们的老师"。病人如实反应疗效，督促我们学习，提升自己医术水平。另外还可以虚心向病人学习生活中用药经验。王老师随身带着小册本，会记一些病人提供的土方、单方。王老师所谓向自己学习，是指积累一定的临床经验后，处方用药有时会灵光一现，疗效超过预期，事后再总结提炼，变成自己的临床经验。

总之，跟师三年来我收获颇丰，在今后的学习工作中我将谨记王老师的教诲，提高自己的医学水平，为中医事业的发展添砖加瓦。

二、王雨墨

王雨墨，中西医结合临床医学硕士，住院医师。师从全国名老中医药专家传承工作室指导老师兼全国名中医王坤根教授。现从事中西医结合内科的临床工作。

我本科便是中西医结合临床专业，五年的本科学习，有收获、有迷茫——收获了浅薄的中、西医基础理论，迷茫于中、西医应当在何处结合，带着疑问，我踏上了浙江的大地。因为我的研究生导师张弘教授是王老师的弟子，所以能求学于王老师，也是一个机缘巧合。在跟诊王老师的近两年时光里，不但让我感受到了老一辈医务工作者一丝不苟的工作态度，也汲取到了中医大家的学术思想。

1. 精益求精律己出，大慈恻隐为含灵

王老师时常教诲："当医生要忧患者之所忧，苦患者之所苦"。王老师常舍自己而利患者，站在患者的角度去工作。医院的上班时间为早八点，但王老师的门诊时间永远是早上七点半，为的是给远道而来的患者延长门诊时间，方便其就诊。王老师对患者加号从不拒绝，这导致原本只有半天的门诊常常要看到下午，且到中午时，王老师会让跟诊弟子、随教医师轮流就餐，而自己要等所有门诊结束后方才就餐。我曾跟王老师建议，以自己年过七旬之体，按时休息、饮食，实属合情合理，但王老师却开玩笑道："过点吃饭，时间长了，也是'按时吃饭'呀！"跟诊时间长的医师都知道，王老师的患

者常常来自全国各地，有海外华侨，甚至还有外国友人，他实则是怕患者等候时间太久，耽误行程。

虽然求诊者众多，但王老师在行诊过程中一丝不苟。老师门诊的疾病谱覆盖面广，涉及各科，其中尤其"情志病"患者，往往愁眉不展、焦虑多言，老师会不厌其烦地宽慰病人使其宽心，常常是患者看到王老师忧愁消散。王老师告诉我这不仅仅是苦其所苦，也是《素问·举痛论》说："……正气留而不行，故气结矣……"的体现，同样是中医治疗的一部分。这不但是一位优秀医务工作者为我们做出的榜样，更是一位老党员兑现"为人民服务"诺言的表现。

2. 海纳百川常虑缺，医理不凡从天士

王老师为首届"全国名中医"，有着外人看去"耀眼"的殊荣，但他常学习各家学说，如其曾系统研究浙江省首届国医大师何任教授治疗胃痛的理论、经验，系统统计各国医大师治疗脾胃系疾病的理论、经验；甚至会向患者学习生活中用药经验，患者当地某医师经验，在繁忙的门诊结束后记录于专用的小本上。"山不厌高，海不厌深"，这更是王老师给我们言传身教的一课。

王老师从医几十载，阅历丰富、千锤百炼，积累了丰富的中医、西医理论与实践经验。他的中医理论海纳百川，尤以叶天士之法最为擅长。随王老师学习，更是为我打开了叶天士内科理论的"新大门"，比如叶氏的肝胃同治、脾胃分治、润降法、孤邪法、药物气味理论、经气络血理论等等，我通过学习，自己临证时也可苟获良效。

通过学习，我收获丰厚，不仅学会了如何立德从医，还明白了习医术为民的道理。在今后的工作中将不忘老师的教诲，努力提高自己，为民为国，为中医事业而奉献。

三、江张曦

　　江张曦，中医学硕士，住院医师。师从全国名老中医药专家传承工作室指导老师、全国名中医王坤根教授。现从事中医内科临床工作。

回望八年的求医之路，往事历历在目。刚进入大学时，我还是只懂语、数、外的门外汉，在面对各种高深的中医理论知识时，常常与我既有的理科思维发生碰撞，每每只有抓耳挠腮的份，因此，我选择了继续深造。在艰苦的考研期间，我似懂非懂地记下了各种中医理论知识，然而尴尬的是虽有满腹经

纶，但在临床实践中常有迷茫之感。临床辨证时，面对各种表象常与现代医学的各种术语相联系，继而自相矛盾；或者每阅览伤寒各种条文时，常对精简药味组方的效果抱有疑问；又或者对四大经典抱有疑问，不知其对现如今的临床有何帮助？

　　之后进入研究生阶段，面对 33 个月的病房轮转培训，我已做好在中医和西医之间继续矛盾的准备，我很幸运，被安排到王老师这里跟师抄方，当我得知王老师已是国家级名老中医时，心情十分激动，感觉萦绕心头多年的疑问即将解开。依照规定时间，我提前半小时来到诊室，原以为我是第一个到的，但当我打开诊室的门时，眼前的景象震惊到我了，诊室里站满了来诊的病人，在患者的簇拥下王老师已经在接诊了，原想这下尴尬了，然而王老师并没有一丝责怪，反而亲切地问我的来意，得知我是抄方学生后，就示意我坐下，然后又面朝患者继续问诊。坐下后我仔细观察王老师的一举一动，有些患者反复诉说着同样的病情，王老师也是和颜悦色地听着，从未有打断患者的意思，并在之后耐心开导患者，打消他们的顾虑；有些患者复诊时诉说病情好转，王老师也打心眼里为患者开心，并嘱咐患者停药后的各种注意事项；还有些患者反映服药后的不适，王老师也耐心聆听，根据患者的反馈，认真审视处方并加以调整。王老师问诊完病情，随即报出"参术苓甘""归芎地芍"等药名，坐在计算机前的师兄立即飞快地录入，王老师再根据相关症状进行增减。慢慢地，随着一个个病人进来又离开，时间到了 12 点，病人还有 10 余人，王老师仍未有休息吃饭的意思，我询问隔壁师兄才知道，王老师都是看完才吃饭的。王老师一般半天预约只有 35 个号，但是为了千里迢迢来诊病的病人，他从不拒绝患者的加号，所以结束时已到下午 2 点，王老师这才安心地去吃午饭。

　　自此后我便跟着王老师抄方学习，在跟随他的 3 年中受益匪浅，不但学到了许多中医临床知识，更学会了如何做人。王老师不但医技精湛且为人正直谦和、平易近人。对待患者无论贫富均一视同仁。尤其对家庭比较困难的患者用药遣方时常百般照顾。犹记得在诊治一名胃肿瘤术后的病人，王老师知道患者是一名下岗工人，为了治病已经捉襟见肘，生活难以为继后，他每每遣方用药时，药味改了又改，药量减了又减，并时常关照该患者挂普通号来就诊，仔细治疗后还一遍遍关照患者调养事项，令病人及家属都很感动。我看在眼里，也深受感动，常有"大医精诚"的感慨。

　　跟师抄方中我体会到，王老师非常注重辨证论治，既善于运用中医经

典来诊治，又善于运用现代诊疗技术延伸四诊，以求诊断明确，使患者病情得以康复。我曾见王老师接诊一老年患者，自述胸部闷痛，甚则延及背部，时常咳嗽咳痰，行步不利伴有气短。王老师一听患者的症状，立即背诵起"胸痹之病，喘息咳唾，胸背痛，短气，寸口脉沉而迟，关上小紧数，瓜蒌薤白白酒汤主之。"他本已准备开方，但转念又想患者年事已高，可能会有既往病史。经过询问发现患者从未体检，遂建议患者行 CT 检查，一周后再复诊。经检查发现患者纵隔内有一巨大肿块，王老师遂建议患者手术治疗。事后老师教导我们，虽然有时表象很符合古典医籍，但也需要进行必要的现代医学检查，毕竟表象的四诊有时比较主观，如果能加上各种仪器检查结果，就能使诊断更加准确。听此一席话，我关于西医和中医的矛盾也有所明了，两者可以不兼容，但是可以相互参考，西为中用，从而丰富中医治疗的方法和方式。王老师就是这样，积极动员患者进行必要的西医检查，并运用中医理论知识辨证论治患者的病痛，从而为后辈临床实践指明了一条道路。

王老师在注重临床的同时，时常笔耕不辍，诊疗之余常常徜徉书海，并时常在各种期刊中分享读书经验。我们作为他的学生，撰写他的医案和经验时，他总是不厌其烦地给我们指正。在此过程中，我们时常能从中有所得，他的学医诊治经历值得吾辈学习。

3 年的跟师，我看着王老师的白发已略稀疏，但他的眼睛仍然炯炯有神，声音仍然洪亮，常令我喜悦又怅然。王老师年逾古稀，身体仍然康健有力，所以我辈甚是欢喜。老师时常告诫患者"三餐有时，分量八分"，但我常想反问老师"那您呢？"老师日渐年迈，但工作仍是兢兢业业，所以常有惆怅之感。现如今我不在王老师身边抄方，但犹记得他的谆谆教诲，他"精勤不倦，与时俱进"的精神值得我辈学习。

四、童奕斌

童奕斌，浙江中医药大学 2017 级在读研究生，导师张弘，目前跟师于全国名老中医药专家传承工作室指导老师、全国名中医王坤根教授。

推开 3 号诊室的门，就看见靠近窗边坐着一位老者，被白大衣裹着的身体略略前倾，正专注地盯着面前的计算机屏幕，额间、眼角虽已有了皱纹，却挡不住神采奕奕，平实的银边眼镜后的双眼也闪烁着亮光，穿着深色的休闲裤，脚上蹬着一双黑色的老北京布鞋。这便是我初次见到王老师时脑海中所留下的印象。

在此之前，对 3 号诊室已经有太多疑问萦绕心间。每次跟张弘导师门诊之时，早上刚进诊室，就能听见隔壁 3 号诊室门口传出"下一位，某某某"的喊号声；每每经过 3 号诊室之时，总能看到一大堆患者簇拥在诊室门前；待到导师门诊结束，终于可以松懈下疲惫的身躯离开时，还是被 3 号诊室候诊的患者挡着过道。这到底是谁呢？哪位医生有这么多病人？是谁竟可以在休息时间坚持到如此地步？有一天，我终于按捺不住心中的疑问，向我的导师询问，当张老师笑着告诉我说这是她的老师时，一切释然："喔，原来这是我师公啊！"所以，当有一天张老师说让我跟随王老师抄方的时候，我满心雀跃。

就这样，我开始跟从王老师抄方学习，一周、两周……热情往往是短暂的，每天起早贪黑，还时不时要错过饭点，渐渐地我变得烦躁起来，手指机械地重复敲打键盘。直到一天，一位中年大叔刚走进门，便乐呵呵地笑道："王院长，你太厉害了，我胃难受了这么久，怎么都治不好，你的药没喝几剂，明显好很多"。听到这我赶紧接过病历本一看：这不就是王老师的柴郁二陈汤嘛，已经见怪不怪了。王老师说了声："来！"招了招手，示意患者坐下，稍俯着身往前靠了靠，详细地询问了一番，然后沉静地号了号脉，转头向我们问道："你们知道为什么前医的方子里同样有这么几味药，却起不到效果吗？"看着我们茫然的脸，他满面笑容地向我们解释起来，虽然从容却又有点迫切，似乎想灌输给我们什么。当时我不明白像王老师这样一位长期从事临床的专家，为什么每次患者的好转会引起他这么大的反应，内心在刹那间似乎流溢出什么，但却又不甚明了。

有次在与大家讨论休息时间会做什么时，无意间得知王老师从不看电视，即使夜半梦醒难以入睡时，也是翻看医书古籍，待到累了就再继续休息。想起我自己每逢假期，总是兴致勃勃地做好计划要看什么书，开学时却多半是对自己贪玩松懈的懊恼与悔恨。我很惭愧，猛然间为自己立下了一位学习的榜样。闲暇之时，也会对王老师辨病辨证思路、常用的方药等加以总结，日子久了，王老师病历书写的特点、常用的方药剂量我大多了然于胸，指下速度越来越快，王老师对我的要求也逐渐提高了。有一次，已经不记得具体是什么事情了，王老师见我多次都没搞定，点了点头，煞有介事地说了句："要吃落指刨了"随声而下，手指轻轻地在我头顶碰了碰。虽然吃了"落指刨"，

我却感受到了老师对学生的爱护之情，我清楚地记得自己当时低下了头，然后捂着嘴笑了。

跟着老师久了，老师偶尔会带我去病房看一看住院的老病人，有一回，走出病房后，老师转过身来对我说："那个年代大家都很苦，这个病人很可怜的，从小就没了父母，全靠他奶奶把他拉扯大，现在又得了这种病，唉……不过，随着科学技术的发展，很多病越到后面，就越有治疗的希望，我爸的病要搁在现在早就治好了，唉！"在那一刻，我明显体会到这位全国名老中医言语中的无奈，气氛沉寂了稍许，王老师在前走着，我在后面跟着。他走着，我跟着，日子就这样过着，过着……

当我用三剂加减小柴胡汤，将亲戚的急性乳腺炎治好，当亲戚再次向我求助……所有的努力与坚持，都在这一刻变得如此有意义，一股暖流瞬间温暖全身，一直感动着我直到现在，始终激励着我在结束住院医师一日辛劳的工作之余，能稍稍再坚持学习一会儿；激励着我在夜深之时再多看会儿书。因我突然之间明白了，王老师在日常工作间将"进与病谋，退与心谋"诠释成了永恒。因为乐于这份工作，因而在意患者的喜忧；因为乐于此中之道，所以对吾辈新人加以提携与指导。

跟师继续进行着，乐也充溢在其间。

五、岑秉融

岑秉融，中医学学士，住院医师，浙江中医药大学中医外科学硕士研究生在读，跟随孙洁副教授从事中医男科证治方向的研究。师从全国名老中医药专家传承工作室指导老师兼全国名中医王坤根教授。现从事中医男科临床工作。

我是浙江中医药大学的一名在读硕士研究生，导师孙洁老师是王坤根老师的学术经验继承人。导师的专业是男科，为了更好更全面地掌握中医内科知识，在经过王老师同意后，孙老师派我前去跟随王老师侍诊抄方。作为一名中医学生，我对中医名家总是怀有一种倾慕之情，从迈入大学，我就希望能找一个好老师侍诊学习。这一次侍诊也是圆了我的一个梦想。

我第一次见到王老师是在2018年8月10日，老师给我的第一印象跟我想象中的"老领导"形象完全不一样。因接了写稿任务，撰写老师的生平，我们编写小组约好了时间去拜访他，当时他刚结束了一天的门诊在办公室里休息。门一打开，只见一个慈眉善目、精神矍铄的老人出现在我眼前，他热情地邀请我们进去坐，还请我们在食堂吃了一顿晚饭。随着王老师的回忆，我渐渐了解了他的人生经历、从医历程和治学态度。让我印象深刻的一点就是他说的："做任何事情都要从源到流进行梳理，如此才能全面、系统，不留遗漏。"虽然这种学习方法比较耗时，但确实让我少了很多疏漏，而且经过这样的学习也让人记忆更加深刻。

第一次跟师的时候，我早早来到了诊室，发现诊室门口已经有好几个病人等着加号了。王老师的门诊量很大，而且如果没有什么特别情况，他从不拒绝病人加号。有时候我们觉得他太辛苦，就不让病人加号了，结果他知道后还是让我们帮患者加了号。他说："我的病人全省各地都有，有的太远了，过来一趟不容易，我个人累一点没有关系，能看的还是都看了吧"。就这样，每次门诊的时候无论患者有多少，他都是看完为止。多的时候一次门诊就有七八十个病人，王老师每次从早上七点半看到下午两三点，除了有时中午一点多抓紧时间吃个饭外，不浪费一点时间。虽然病人很多，但他看病时依然耐心细致，思路清晰，如行云流水般，一点都不忙乱。

王老师在看病的过程中还不时会对我们讲述他的想法，比如他判断这个病人是什么病机、应该用什么方、要有怎样的加减、为什么会有这样的加减，还记得有一次他这样对我们说："用药就跟用兵一样，要有法度，要锱铢必较，每增 1g 或每减 1g 都要有所依据，不能乱来。"有时候看到一个典型的舌脉或者典型的症状，他会高兴地叫我们一起观察体会学习。这样一边看诊、一边学习，往往一不留神一上午就过去了，跟他门诊时总能学到很多东西。

在跟诊过程中，每当我们有什么疑问提出来，王老师都会耐心为我们解答，甚至还会结合具体病人的病情教导我们。有一次，一个不寐患者就诊结束后，跟诊的一个同学向王老师提了一个问题："为什么在问不寐患者的睡眠情况时，要具体到他是睡不着，还是容易醒。"王老师回答他："不寐的病机总属阳不入阴，但是也有不同，我认为如果他是睡不着的，那就是阳盛不易入阴；如果是睡着了容易醒，那就是阴虚敛阳不利。我在治疗上也是不一样的，所以一定要问清楚。"当天没过多久，又来了一个患者说自己夜间容易醒的时候，王老师突然眼睛一亮，笑着对我们说："你看，像这个病人，我就不考虑他是阳盛，因为他能睡得着。那为什么还会醒呢？阳气出于阴了嘛！这就要考虑他是阴虚不能收敛阳气，所以阳才会出阴。那么治疗上两者也就

不一样了。像上一个病人我们就要清他的阳盛，所以我用的黄连温胆汤；但是这个病人是阴血不足，所以我们就要用什么？酸枣仁汤。还有呢？归脾汤，这一类的方子来补养阴血治疗失眠。"这使我不得不感到王老师临证之精妙细微，非深入掌握中医理论者、非临床经验丰富者不能得其要。

除了诊间教学见缝插针之外，王老师还在结束了一天的门诊之后不辞辛劳为我们讲课。我还记得当时正值冬令进补之际，王老师给我们讲课的题目就是"怎样开膏方"，一股脑儿地将他的多年开膏方的经验和心得体会浓缩在一个半小时内传授给我们。这堂课思路清晰、干货满满，让我听着十分过瘾，也有了巨大的收获。课后我才发现，王老师为了这堂讲课，利用自己的休息时间，分门别类，手写罗列了十多页讲课大纲。

有一次，我心血来潮写了两篇跟师心得，希望得到王老师批改指正，但又担心老师诊务繁忙，没有空闲。没想到王老师知道后很高兴，让我把心得给他看。他在繁忙的诊务和繁重的著书工作中，利用自己宝贵的私人时间，认真批改了我的心得，并指出了两篇心得的优劣和各自需要修改、改进的地方。同时他还鼓励我，希望我能每跟一次门诊就写一篇心得，如此坚持积累，未来必会有大的收获。

不知不觉中我跟随王老师门诊抄方也有一段时间了，每次去都会有不一样的收获。在这段日子里，我学到了很多也成长了很多，王老师对学生的用心和关怀，使我深受感动；从王老师那里，我学到的不仅是他的临床经验，更重要的是他那一丝不苟的治学态度。

大 事 概 览

1945 年 10 月 19 日，王坤根出生于萧山所前镇传芳村一户农耕人家。

1947 年，王坤根不幸从二楼坠下昏迷，幸得乡里一郎中以黄酒、童便送服三七粉将其救活，从此与中医结下不解之缘。

1958 年 9 月至 1961 年 7 月，少年时期的王坤根就读于桐庐县窄溪中学，毕业后经梅蓉联合诊所老中医范士彦面试，收为关门弟子。

1961 年 9 月至 1966 年 9 月，王坤根师从范士彦 5 年制中医学徒，经过勤奋学习，顺利出师。

1966 年 9 月至 1975 年 9 月，出师后的王坤根留在桐庐县梅蓉卫生所工作，9年的辛勤耕耘，王坤根在当地名声渐起，口碑颇高。

1975 年 9 月至 1976 年 10 月，王坤根在杭州市红会医院进修。

1976 年 10 月至 1977 年 12 月，王坤根被安排到桐庐县桐君卫生院工作。

1978 年 1 月至 1979 年 12 月，王坤根接受桐庐县卫生局指派，领衔筹建桐庐县卫生进修学校，担任主持工作的副校长，并首开中医班，承担部分课程的教学工作，为基层培养了一大批"留得住"的中医药人才。

1979 年 12 月至 1983 年 12 月，1979 年王坤根参加了当时在全国范围开展的中医招贤考试，以全省名列第一的优异成绩，选拔调入浙江省中医药研究院临床研究室心血管组开展临床研究工作。

1983 年 12 月至 1998 年 2 月，王坤根调入浙江省卫生厅中医处担任分管业务的中医处副处长。

1986 年，中医处改名为中医药管理局，王坤根担任副局长职务。1991 年，正式成为浙江省中医药管理局局长，开始主持工作。在任职的 14 年里，他是浙江省中医药事业"七五""八五""九五"发展规划的制订者和实践者；

在全国率先实施了全省中医医院分级管理评审工程；开拓了中医科研管理工作，使浙江省成为全国最早独立管理中医科研的省份之一。任职期间，王坤根担任了1994年召开的"浙江省第二次振兴中医中药大会"的会议筹备工作及主报告起草的主要成员。1997年《浙江省发展中医条例》顺利出台，王坤根是组织协调调研工作和起草《条例》的主要成员。

1998年2月至2006年5月，王坤根调任浙江省中医院担任党委书记及院长职务及浙江中医学院副院长、中医系主任职务。任职期间主要抓了浙江省中医院的硬件建设和学科建设工作，建立浙江省中医院下沙院区，以"一院两区"的模式进行管理，完善学科建设，扩大教师队伍和教学规模，为浙江省中医院的持续发展奠定了基础，为培养中医人才创造了条件。期间，2003年荣获浙江省卫生厅授予的"全省优秀思想工作者"称号；2004年荣获浙江省医院管理学会授予的"浙江省优秀院长"称号；2005年荣获中国医师协会授予的"第二届全国优秀医师"称号。2006年5月王坤根正式退休。

2008～2011年，担任第四批全国老中医药专家学术经验继承工作指导老师，培养了代建峰、智屹惠两位继承人。

2012～2016年，担任王坤根全国名老中医药专家传承工作室指导老师，悉心培养工作室的13名各级医师成才，工作室2016年以优异的成绩通过验收。

2012～2015年，担任第五批全国老中医药专家学术经验继承工作指导老师，培养了张弘和孙洁两位继承人。

2017年至今，担任第六批全国老中医药专家学术经验继承工作指导老师，目前两位继承人蔡利军和黄立权正在跟随他侍诊学习。

2017年5月，当选首届全国名中医。

2017年12月，当选浙江省首批国医名师。

学术传承脉络

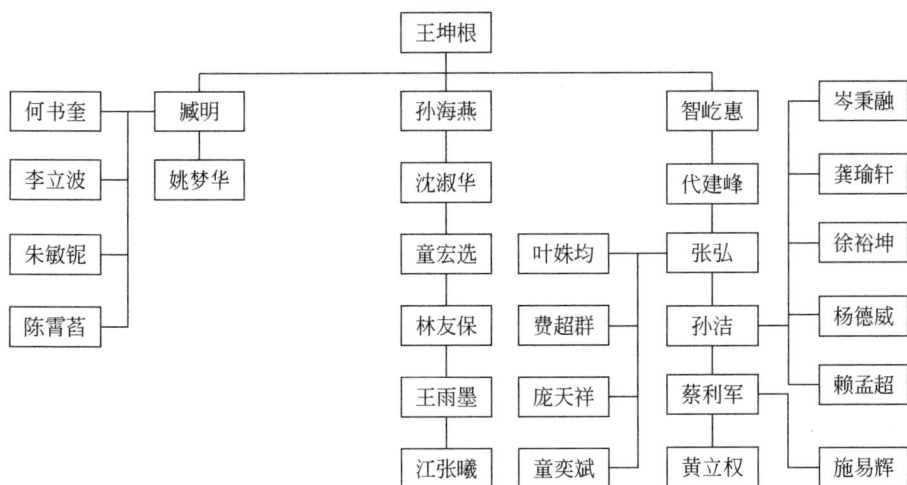

```
                              王坤根
        ┌──────────────┬──────────────┬──────────────┐
┌─────┐  ┌─────┐      ┌─────┐        ┌─────┐        ┌─────┐
│何书奎│──│臧明 │      │孙海燕│        │智屹惠│        │岑秉融│
└─────┘  └─────┘      └─────┘        └─────┘        └─────┘
┌─────┐  ┌─────┐      ┌─────┐        ┌─────┐        ┌─────┐
│李立波│  │姚梦华│      │沈淑华│        │代建峰│        │龚瑜轩│
└─────┘  └─────┘      └─────┘        └─────┘        └─────┘
┌─────┐              ┌─────┐  ┌─────┐ ┌─────┐        ┌─────┐
│朱敏铌│              │童宏选│  │叶姝均│ │张弘 │        │徐裕坤│
└─────┘              └─────┘  └─────┘ └─────┘        └─────┘
┌─────┐              ┌─────┐  ┌─────┐ ┌─────┐        ┌─────┐
│陈霄苕│              │林友保│  │费超群│ │孙洁 │        │杨德威│
└─────┘              └─────┘  └─────┘ └─────┘        └─────┘
                     ┌─────┐  ┌─────┐ ┌─────┐        ┌─────┐
                     │王雨墨│  │庞天祥│ │蔡利军│        │赖孟超│
                     └─────┘  └─────┘ └─────┘        └─────┘
                     ┌─────┐  ┌─────┐ ┌─────┐        ┌─────┐
                     │江张曦│  │童奕斌│ │黄立权│        │施易辉│
                     └─────┘  └─────┘ └─────┘        └─────┘
```

221